全国商业职业教育教学指导委员会推荐教材

工业和信息化高职高专“十二五”规划教材

高等职业教育财经类**名师精品**规划教材

Financial Statement Analysis

财务报表分析

李莉 主编

林成喜 韩德静 副主编

人民邮电出版社

北京

图书在版编目（CIP）数据

财务报表分析 / 李莉主编. -- 北京 : 人民邮电出版社，2013.8(2016.8重印)
高等职业教育财经类名师精品规划教材
ISBN 978-7-115-32422-1

Ⅰ. ①财… Ⅱ. ①李… Ⅲ. ①会计报表－会计分析－高等职业教育－教材 Ⅳ. ①F231.5

中国版本图书馆CIP数据核字(2013)第156366号

内容提要

本书按照高等职业教育应工学结合的指导思想，以某一会计主体一定会计期间发生的生产经营活动为素材，结合企业会计报表岗位的工作流程，按照财务报表认知与编制、报表解读与分析、财务分析报告编写三个相互衔接的板块来设计教材的内容体系，体现完整的工作过程，具有一定的新意，呈现给读者较清晰的学习和阅读框架，并强调学做结合，实用性较强。

本书可作为高职高专财经类专业学生的学习用书，也可作为有关人员学习财务报表分析知识的参考用书。

♦ 主　　编　李　莉
副 主 编　林成喜　韩德静
责任编辑　李育民
责任印制　沈　蓉　焦志炜
♦ 人民邮电出版社出版发行　　北京市丰台区成寿寺路11号
邮编　100164　　电子邮件　315@ptpress.com.cn
网址　http://www.ptpress.com.cn
三河市潮河印业有限公司印刷
♦ 开本：787×1092　1/16
印张：14.75　　　　2013年8月第1版
字数：377千字　　　2016年8月河北第6次印刷

定价：34.00元

读者服务热线：(010)81055256　印装质量热线：(010)81055316
反盗版热线：(010)81055315
广告经营许可证：京东工商广字第8052号

编委会

序

一个国家经济社会的发展，主要是靠自然资源、物质资源和人力资源，但是我们不能仅依靠对自然资源破坏性的开发和对物质资源的大量消耗、浪费来发展社会经济。由于我国自然资源比较贫乏，物质资源也相对有限，所以我们要实现经济社会的持续发展就要建设人力资源强国。当前，我国处于从一个人力资源大国向人力资源强国转变关键时期，要实现这样的转变就必须大力发展教育。人力资源理论指出教育对于经济的增长有重要作用，以 1926－1957 年的美国为例，其经济增长中有近三分之一是来自人力资源增长的贡献。所以一个国家经济社会要发展，首先就要发展教育，特别是发展职业教育，因为职业教育是为一线生产、服务、管理等部门培养高素质的劳动者和技术技能型应用人才的，这些人才的素质高低直接关系到一个国家经济社会的发展的规模、速度和效益。因此可以说，国家之间的实力竞争，归根结底是人才的竞争，是一线劳动者和技术技能人才综合素质的竞争，所以抓职业教育发展就是抓经济社会发展。

为了更好地促进职业教育商业类专业的发展，教育部和商务部牵头成立了全国商业职业教育教学指导委员会，其主要职能之一就是“研究商业职业教育的人才培养目标，教学基本要求和人才培养质量的评价方法，对专业设置，教学计划制定，课程开发，教材建设提出建议”，推进职业教育课程衔接体系建设，全面推进现代职业教育体系的建设，推动职业教育商业类人才的培养。

进入 21 世纪以来，随着中国经济实力的飞速提升，中国商业获得了巨大的发展，发生了深刻的变化。与商业相关的多个行业领域也重获新生且飞速发展，不仅各行业内部的繁荣程度得到不断提升，行业对外开放程度，行业的法制建设、人才建设等各方面都取得了显著成就，上升到了新的水平。我国商业及相关经济行业的飞速发展，既为商科职业教育的发展带来了勃勃生机，也同时带来了新的挑战。以往商科高等职业教育更多借鉴原专科教学经验，教学内容和教学形式多为原专科教学的“翻版”，尤其是教材，很多经典教材都由从事本专科教学的教师编写。实践证明，这些教材越来越难以满足高等职业教育应用性强及以就业为导向的教学需要。正是基于这样的考虑，2012 年年初，人民邮电出版社发起了“职业教育财经类名师精品教材建设项目”，这个“聚名师、建精品、促教学”的有益之举甫一出台就得到全国多家知名高职院校的支持和响应。同年仲夏，该项目在北京召开了项目启动仪式及专家委员会组建大会，之后历时一年，该项目的成果终能付梓，也就是现在呈现给各位读者的“高等职业教育财经类名师精品规划教材”。

作为“职业教育财经类名师精品教材建设项目”专家委员会的主任委员，我参与了这套教材的筹备、审稿等多个关键环节，认为这套教材与以往高职高专财经类教材相比，在三个方面做的比较好。首先，编者名师汇集，内容紧扣教改。这套教材的编写者、审阅者都是国内商科类院校的知名专家、教授，他们将自己多年教学实践所得，按照职业教育最新的“五个深度对接”的教学改革要求撰写成册，实现了课程教材内容与职业标准对接，充分体现了“做中学，做中教”、“理论实践一体化”的要求，科学地将专业知识和专业技能的培养结合起来，教材内容在确保学生达到职业资格要求的同时，还能促进学生综合职业素养的发展。其次，体例论证严密，呈现形式有创新性。组建了专门的专家委员会对教材的体例、内容进行审定。其中主任委员负责教材宏观方向和思路的把握；副主任委员负责具体教材规划的制定，包括课程规划、写作思路、教材体例、整体进度规划等，通过多级专家审定和多次会议讨论、商定，最终选择符合课程特色和教学改革新要求的教材编写体例和内容呈现形式。最后，资源丰富实用，打造立体平台。为了寓教于学，充分调动学生学习的积极性和主动性，出版社聘请专人运用最先进的教学资源建设理念和手段，为每本教材配套建设了丰富的多媒体教学资源，这些教学资源都经过精心的教学设计，能够与教材内容紧密结合，有效地促进学与教，从而为教师课堂教学注入新的活力。

相信这套教材被广大职业院校使用之后，可以有效地实现对学生学习能力、职业能力和社会能力的培养，促进学生综合素质的发展和提高。

这套教材从专家团队组建、教材编写定位、教材结构设计、教材大纲审定到教材编写、审校全过程都倾注了高职商科教学一线众多教育专家和教学工作者的心血，在这里我真诚地对参加编审的教授、专家表示衷心的感谢。

全国商业职业教育教学指导委员会 王晋卿

2013 年 6 月 26 日

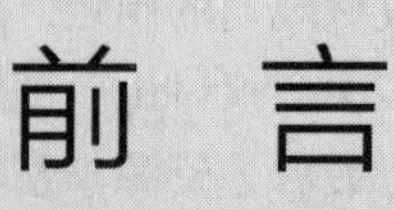

前言
Preface

"财务报表分析"是会计、会计电算化、财务管理等专业的一门核心课程，也是资产评估、税务专业、投资理财、金融管理与实务等专业的主干课程。

全书共分三大板块。第一板块为模块一，是报表阅读与分析的基础，通过本模块设计的五个工作任务，形成一套完整系统的财务报表资料，为后续各报表的阅读与分析奠定基础。第二板块为模块二、三、四、五，主要根据模块一形成的报表数据，解读分析该会计主体的财务状况、经营成果、现金流量以及所有者权益变动情况等财务及经营信息。该板块是本书的核心。第三板块为模块六，是在对四张主要财务报表解读分析的基础上，运用综合财务分析方法，将各报表的相关数据串联起来进行综合分析，解读该主体的经营管理活动及财务状况的全貌，并最后编写形成财务分析报告。

同时，为了让读者能够及时检查自己的学习效果，把握自己的学习进度，每个模块后都有相应的习题和实训。

- 引入新知识或根据会计新法规对相关内容进行编写，如根据财政部发布的有关会计准则解释公告提出的其他综合收益指标对利润表列报项目予以修改调整等，体现了教材先进性。
- 在内容编排上进行了优化，通过任务驱动、知识学习、任务实施、技能拓展等逻辑顺序设计课程教学，体现工作过程系统化。
- 在结构上进行了有机融合，做到先实后理，理实一体。通过任务描述、任务分析、任务实施、拓展提高、任务小结、课后自测及相关实训等环节，融教、学、做为一体，进一步提高学生分析问题、解决问题的能力。
- 进一步贴近企业会计报表岗位的实际工作需求，补充了大量有针对性的习题和实训。

在本书的编写过程中，作者始终以企业的典型案例为载体，采用项目教学的方式组织内容。以模块一形成的报表数据为基础，在作为本书核心的第二大板块中，按照四张主要财务报表分别解读分析该主体的财务状况、经营成果、现金流量以及所有者权益变动等财务及经营信息。通过对第二板块内容的学习，要求学生全面掌握每张财务报表的信息解读和分析方法、分析内容。修订后的教材，内容比以前更具针对性和实用性，内容的叙述更加准确、通俗易懂、简明扼要，更有利于教师教学和读者自学。为了让读者能够在较短的时间内掌握教材内容，及时检查自己的学习效果，巩固和加深对所学知识的理解，每个模块后还附有自测题、实训题。

全书参考学时数为36学时，建议采用理论实践一体化教学模式。各模块的学时分配见下表。

模　块	名　称	学 时 数
模块一	财务报表认知	8
模块二	资产负债表阅读与分析	8
模块三	利润表阅读与分析	6

续表

模　块	名　称	学 时 数
模块四	现金流量表阅读与分析	4
模块五	所有者权益变动表阅读与分析	4
模块六	财务分析报告的编写	6
总计		36

全书由四川商务职业学院李莉担任主编，苏州经贸职业技术学院林成喜、唐山职业技术学院韩德静担任副主编，四川鸿川工程建设有限公司康中和参编。其中，模块一由李莉编写，模块二、三由韩德静编写，模块四、五由林成喜编写，模块六由李莉、康中和共同编写。全书由李莉统纂和定稿。在此，向所有关心和支持本书出版的人表示衷心的感谢！

限于作者的学术水平，不妥之处在所难免，敬请读者批评指正。

编　者

2013 年 6 月

目录
Contents

○●○○○○○○○○○

模块一 财务报表认知

技能目标

1 会编制资产负债表、利润表等基本财务报表;

2 能初步运用财务报表分析的基本方法进行财务报表的阅读和分析。

知识目标

1 掌握资产负债表、利润表等基本财务报表的内容和结构;

2 理解资产负债表、利润表等基本财务报表的编制原理和财务报表项目蕴涵的经营信息;

3 了解财务报告的含义,熟悉企业财务报告体系的主要内容。

阅读材料

沃尔玛的诚信与巴菲特的投资

沃尔玛是世界零售业的巨头。它和著名的投资大师巴菲特之间有着一次高效的合作。多年以来,巴菲特一直把《财富》杂志所调查“最受人景仰的企业”那一票投给沃尔玛,因为他对沃尔玛的诚信和经营能力有着高度的信心。2003 年春天,沃尔玛有意出售麦克林——其属下一个年营业额约 230 亿美元的非核心事业,此消息被巴菲特得知,他立即做出相应的收购投资决策。当时整个收购交易异常简单迅速,巴菲特和沃尔玛的首席财务官面谈了两个小时,巴菲特当场点头同意购买金额,而沃尔玛的首席财务官只打了电话请示首席执行官,交易就宣告结束。29 天后,购买麦克林的 15 亿美元款项,就由伯克希尔—哈撒韦公司直接汇入沃尔玛账户,中间没有任何投资银行介入。这种交易是否过于草率?巴菲特说,他相信沃尔玛财务报表所提供的一切数字,因此计算合理的收购价格对他轻而易举。事后也证明,沃尔玛提供给巴菲特的各项数据的确坦诚无欺。

【启示】提供诚信的信息、具有诚信的声誉是企业的无价之宝

企业伦理是复式记账的基础。简单地说，不对信息用户负责，就没有会计。只讲究会计的技术而不谈诚信原则，财务报表就失去灵魂。对企业经理人来讲，在编制财务报表的过程中，正确的价值观与态度，远比会计的专业知识重要。而具有诚信的声誉会大幅降低企业的交易成本。

任务一 资产负债表的编制

一、任务引入

【基本资料】

（1）企业基本情况介绍。M 股份有限公司于 2001 年 5 月成立，属机械制造行业，是一家主要从事微型小型水泵和园林机械的研发、设计、制造和销售的高新技术企业，生产销售的主要产品为碎枝机等园林机械，研发成功的新产品割草机、扫雪机正在推广中。其所生产的产品以外销为主，出口销售的比例高达 95%以上，其中自营出口的比例达 70%左右。

（2）2012 年 12 月 31 日该公司财务报表及账簿有关资料如下。

① 资产负债表的期初数（略）。

② 2012 年 12 月 31 日账户资料如表 1-1 所示。

表 1-1　　2012 年 12 月 31 日账户资料

账　户	借方余额	贷方余额
库存现金	16 267.00	
银行存款	117 623 988.49	
其他货币资金	24 966 194.76	
应收票据	4 000 000.00	
应收账款	129 683 543.22	
坏账准备		7 548 672.79
预付账款	30 460 751.81	
其他应收款	4 384 516.20	
原材料	28 731 788.09	
生产成本	20 059 606.00	
自制半成品	26 926 761.19	
库存商品	41 408 558.29	
委托加工物资	12 485 700.35	

续表

账　户	借 方 余 额	贷 方 余 额
周转材料——包装物	1 965 841.92	
周转材料——低值易耗品	2 181 017.45	
存货跌价准备		386 374.63
长期股权投资	19 600 000.00	
固定资产	188 791 308.21	
累计折旧		37 084 697.70
固定资产减值准备		926 490.98
在建工程	5 242 208.91	
无形资产	47 925 015.43	
累计摊销	1 396 016.16	
长期待摊费用	1 278 333.33	
递延所得税资产	1 791 728.50	
短期借款		21 161 698.02
应付票据		88 007 638.80
应付账款		113 190 014.68
预收账款		9 417 196.00
应付职工薪酬		5 018 021.74
应交税费		−12 181 159.21
应付利息		41 930.11
其他应付款		5 073 992.41
长期应付款		800 000.00
股本		75 280 000.00
资本公积		221 195 772.25
盈余公积		20 292 29.22
利润分配——未分配利润		96 283 024.37

【要求】

请根据以上资料，编制该企业 2012 年 12 月 31 日的资产负债表。

二、相关知识

（一）财务报表知识

1. 财务报表概述

（1）财务报表的概念。财务报表是对企业财务状况、经营成果和现金流量的结构性表述。财务报表是传输企业会计信息的重要工具，是根据会计账簿记录和有关资料，按规定的报表格式，总括反映一定期间的经济活动和财务收支及其结果的文件。由财务报表和其他相关资料组成的财务报告是企业会计工作的最终成果，是输出企业会计信息的主要形式，是企业与外部联系的桥梁。

财务报表的数据（信息）来源于会计记录。会计首先将核算对象即企业的资金运动具体化为6个会计要素，分成两组：一组为资产、负债及所有者权益，从静态的角度来观察企业资金如何取得和形成（分别以所有者权益和负债来列示），进入企业后又如何被企业加以合理地分布与运用（以各种不同形态、用途的资产来列示）；另一组为收入、费用和利润，从动态的角度来观察企业开展的经营活动引起的资金流入流出即回收及耗费过程（分别以收入和费用列示），以及经营活动的结果即资金增减量的结果（以利润来列示）。在六大会计要素的基础上，根据所反映经济内容的不同，再分门别类以会计科目予以规范表示，并进一步借助于账户这一重要的工具，采用复式记账法，把企业发生的所有与资金增减变化相关的能以货币计量的所有经营活动事项，连续、系统、全面、完整地按照规范的会计信息加工处理程序和方法核算出来，企业的经营活动信息则逐渐地从分散在业务单证（即原始凭证）中整理到记账凭证中、再由会计凭证录入到分类的账簿体系中，经过期末的账项调整、对账、结账等工作，最后编制成财务报表以及附注的文字说明，形成财务报告体系。由此，企业经营活动信息由财务报告这种载体加以客观地反映，呈现在诸多财务报表阅读和分析者面前，被加以利用，发挥出会计最基本的功用。

可见，企业的交易和事项最终通过财务报表进行列示，通过附注进行披露。为了达到财务报表有关决策和完成评价企业管理层受托责任的目标，一套完整的财务报表至少应当包括“四表一注”，即资产负债表、利润表、现金流量表、所有者权益变动表以及附注。

财务报表与财务报告的区别

财务报告是指企业对外提供的反映企业某一特定日期的财务状况和某一会计期间的经营成果、现金流量等会计信息的文件。财务报告包括财务报表和其他应当在财务报告中披露的相关信息和资料，主要由财务报表、财务报表附注、财务情况说明书三部分内容组成。财务报表具有报告的性质，是以表格为主要形式，反映、提供和传输财务信息的书面报告文件，是财务报告的核心组成部分。对外提供的财务报表主要包括资产负债表、利润表、现金流量表和所有者权益变动表。

（2）财务报表的分类。财务报表可以按照不同的标准进行分类。

① 按财务报表编报期间的不同，可以分为中期财务报表和年度财务报表。中期财务报表是以短于一个完整会计年度的报告期间为基础编制的财务报表，包括月报、季报和半年报等。中期财务报表至少应当包括资产负债表、利润表、现金流量表和附注，其中，中期资产负债表、利润表和现金流量表应当是完整报表，其格式和内容应当与年度财务报表相一致。与年度财务报表相比，中期财务报表中的附注披露可适当简略。

② 按财务报表编报主体的不同，可以分为个别财务报表和合并财务报表。个别财务报表是由企业在自身会计核算基础上对账簿记录进行加工而编制的财务报表，它主要用以反映企业自身的财务状况、经营成果和现金流量情况。合并财务报表是以母公司和子公司组成的企业集团为会计主体，由母公司编制的，综合反映企业集团财务状况、经营成果以及现金流量的财务报表。

（3）财务报表的作用。财务报表是提供会计资料的重要手段，是会计核算信息的输出终端。及时、准确、正确、合理地编报和使用财务报表，对满足各使用者的需要，提高各单位经营管理水平以至于加强整个国民经济管理，都具有非常重要的意义。财务报表的作用主要表现在以下几个方面。

① 财务报表是企业内部管理层提高经营管理水平和提高经济效益的重要手段。对编报单位本身而言，通过阅读、研究和分析财务报表，可以使管理层和经济管理人员从资产、负债、所有者权益及收入、费用和利润等各会计要素之间的复杂联系中，把握本单位经济活动、财务收支和财务成果的全面情况，科学地解释过去。通过报表的指标体系分折，寻找本单位在生产经营活动中存在的差距和原因，以便正确地规划未来，经营理财决策，进一步发掘提高经济效益的潜力。

② 财务报表是投资者、债权人等利益关系人进行投资决策的主要依据。通过财务报表，主管财政部门、投资者、债权人和其他外部经济利害关系集团，可以从定期递交的报告中，了解和评价管理层的业绩、受托资源的经营责任及受托者任的履行情况，完整、深刻地认识和掌握会计主体的财务状况和经营成果，获得对其决策有用的会计信息。财务报表有助于投资人、债权人及公众对不同会计主体的经营成绩和财务实力进行比较和预测，使其确定投资或贷款的方向，其结果将促进社会资源流向高收益的行业或企业，达到最佳配置。

③ 财务报表是进行国民经济核算的基础资料。通过财务报表，可以为编制宏观经济计划提供依据，便于了解和掌握国民经济的发展速度，进行重大的经济决策。同时，它也有利于加强财务监督，严肃财经纪律，从而确保社会主义市场经济健康、有序进行。

2．财务报表要素

企业的生产经营活动表现为物资运动与资金运动相结合的结果。资金的取得、运用和退出等经济活动所引起的各项财产和资源的增减变化情况，经营过程中各项生产费用的支出和产品成本形成的情况，就构成了企业会计的具体对象。会计对象是企业的生产经营活动所体现的资金运动，根据资金运动的基本规律，对其进行合理分类，即把会计对象划分为资产、负债、所有者权益、收入、费用和利润 6 大要素，并进一步通过会计核算的其他专门方法、遵循一定的流程，核算出结果，并通过财务报表载体对外列报，这六大会计要素即构成了财务报表的结构和内容，因此，它们又被称为财务报表要素。

（1）资产。资产是企业由过去的交易或事项形成并由企业拥有或控制的、预期会给企业带来经济利益的资源。企业从事生产经营活动必须具备一定的物质基础（或物质条件），在市场经济条件下，这些必要的物质条件表现为货币资金、厂房场地、机器设备、原材料等，我们将其称之为资产，它们是企业从事生产经营活动的物质基础。资产通常按照流动性分为两类：流动资产和非流动资产。

① 流动资产是指可以在 1 年或者超过 1 年的一个营业周期内变现或耗用的资产，主要包括货币资金、交易性金融资产、应收及预付款项、存货和一年内到期的非流动资产等。有些企业的经营活动比较特殊，经营周期可能长于 1 年，如造船企业、大型机械制造企业等，其从购买原材料至建造完工，从销售实现到收回货款，周期比较长，往往超过 1 年，这时就不能以 1 年内变现作为流动资产的划分标准，而是以经营周期作为流动资产的划分标准。

② 非流动资产是指流动资产以外的资产，主要包括持有至到期投资、长期股权投资、固定资产、在建工程、工程物资、无形资产、开发支出、长期待摊费用以及其他非流动资产等。

（2）负债。负债是指由过去的交易或事项使企业承担的、预期会导致经济利益流出企业的现时义务。按照流动性对负债进行分类，可以分为流动负债和非流动负债。

① 流动负债是指预计在一个正常营业周期中清偿、或者主要为交易目的而持有、或者自资产负债表日起一年内（含一年）到期应予以清偿、或者企业无权自主地将清偿推迟到资产负债表日后一年以上的负债。流动负债主要包括短期借款、应付账款、应付票据、预收账款、应付职工薪

酬、应交税费、应付利息、应付股利、其他应付款等。

② 非流动负债即长期负债，是指偿还期在 1 年或者超过 1 年的一个营业周期以上的负债。包括长期借款、应付债券和其他非流动负债等。

（3）所有者权益。所有者权益是指企业资产扣除负债后，由所有者享有的剩余权益，反映企业在某一特定日期，股东（或投资者）拥有的净资产的总额。它具有以下特征。

① 除非发生减资、清算，企业不需要偿还所有者权益。它基本上是企业可以永久利用的一笔资本。

② 企业清算时，只有在清偿所有负债后，所有者权益才返还给所有者。所有者在分配被清算企业剩余财产时的末位次序，决定了所有者承担着较债权人更大的风险。

③ 所有者凭借所有者权益能够参与利润的分配。所有者权益在性质上体现为所有者对企业资产的剩余权益，在数量上也就体现为资产减去负债后的余额。所有者权益包括企业投资人对企业的投入资本、直接计入所有者权益的利得和损失、留存收益等。其中，留存收益又包括盈余公积和未分配利润。

a. 投入资本是指投资者实际投入企业生产经营活动的各项财产物资，也就是企业实际收到的投资者作为资本投入的各种财产物资，所以在实际工作中称之为实收资本（股份有限公司称为股本），包括国家投入资本、法人投入资本、个人投入资本、外商投入资本等。

b. 直接计入所有者权益的利得和损失，是指不应计入当期损益、会导致所有者权益发生增减变动的、与所有者投入资本或者向所有者分配利润无关的利得或者损失。其中，利得是指由企业非日常活动所形成、会导致所有者权益增加、与所有者投入资本无关的经济利益的流入；损失是指由企业非日常活动所发生、会导致所有者权益减少、与所有者分配利润无关的经济利益的流出。直接计入所有者权益的利得或损失主要包括可供出售金融资产的公允价值变动额、现金流量套期中套期工具利得或损失属于有效套期部分等。

c. 留存收益包括盈余公积和未分配利润。

• 盈余公积是指企业按照国家规定从税后利润中提取的各种公积金，包括提取的法定盈余公积金和任意盈余公积金。

• 未分配利润是指企业历年利润分配（或亏损弥补）后，累积结存到本期期末尚未分配的或待下年度分配的利润。

所有者权益与负债有本质的区别。所有者权益并不像负债那样需要偿还，除非企业发生减资、清算，否则企业不需偿还给所有者；在企业清算时，负债具有优先清偿权，而企业的资产在全部清偿负债后剩余的净资产才返还给所有者。但是所有者权益可参与企业的利润分配，而负债则不参与企业的利润分配，只能按照预先约定的条件取得利息收入。

（4）收入。收入是指企业在销售商品、提供劳务及让渡资产使用权等日常活动中所形成的经济利益的总流入。收入不包括为第三方或客户代收的款项，如销售时向买方收取的增值税款等。

企业的营业执照上规定的法定业务，构成企业的日常活动，主要包括销售商品收入、提供劳务收入和让渡资产使用权收入。按业务主次关系不同又可分为主营业务和其他业务活动。广义的收入还包括非日常活动中形成的经济利益流入，如营业外收入等。营业外收入是指企业发生的与其生产经营活动无直接关系的各项收入，如处置固定资产、无形资产净收益、非货币性交易收益、罚款净收入等。

（5）费用。费用是指企业销售商品、提供劳务等日常活动所发生的经济利益的流出，主要包括企业在生产经营活动中的成本耗费和期间费用。广义的费用，还包括非日常活动中发生的经济利益流出，如营业外支出等。营业外支出是指企业发生的与其生产经营无直接关系的各项支出，如固定资产盘亏损失、出售无形资产损失、债务重组损失、罚款支出、捐赠支出、非常损失等。

（6）利润。利润是指企业在一定期间的经营成果。包括收入减去费用后的净额以及直接计入当期损益的利得和损失等。直接计入当期损益的利得和损失是指应当计入当期损益、会导致所有者权益发生增减变动、与所有者投入资本或者向所有者分配利润无关的利得或者损失。利润金额取决于收入和费用以及直接计入当期损益的利得和损失金额的计量。

3．财务报表编报的基本要求

高质量的会计信息是保证会计决策有用的基石。从诸多企业经营的历史来看，不讲究诚信原则的企业，虽然可能暂时成功，但却无法长期地保持竞争力。所以，财务报表所揭示的会计信息应遵循会计准则和公认会计原则的基本要求。为了充分发挥会计信息的作用，确保信息质量，各会计主体单位必须按照一定的程序、方法和要求，编报合法、真实和公允的财务报表。

（1）时间要求。在市场经济条件下，市场瞬息万变，只有及时地将企业生产经营活动的过程和结果以报表为载体快速反映出来，才能使管理层在洞察企业经营现实的同时，根据市场变化情况，及时调整经营策略，从而提高企业的竞争力，保证经营目标的顺利实现。因此，财务报表只有及时编制和报送，才能有利于会计信息的利用。

为了确保财务报表编报的及时性，政府有关部门对各单位财务报表编报时间做出了明确的规定。一般来说，月报应于月份终了后 6 天内报出（节假日顺延，下同）；季报应于季度终了后 15 天内报出；半年报应于年度中期结束后 60 天内报出；年报应于年度终了后 4 个月内报出。这就要求会计部门必须加强日常核算工作，认真做好记账、对账和账项调整等编报前的准备工作，加强会计人员的配合协作，高质、高效地完成会计信息的报送工作。

（2）格式要求。对外报送的财务报表必须按照企业会计准则规定的内容、格式进行财务报表的列报。列报的财务报表主要包括资产负债表、利润表、现金流量表、所有者权益变动表以及财务报表附注。单位内部使用的财务报表，其格式和要求由各单位自行确定。

（3）列报时的具体要求。根据我国企业会计准则的规定，在列报财务报表时，应满足以下要求。

① 以持续经营为基础进行列报。企业应当以持续经营为前提，根据实际发生的交易和事项，按照《企业会计准则》的规定进行确认和计量，在此基础上编制财务报表。企业不应以财务报表附注披露代替确认和计量。企业管理层应如期对企业是否能够持续经营进行评估，若企业处于非持续经营状态，其财务报表应当采用其他基础编制，并在报表附注中加以说明。

② 列报项目真实、准确，不得相互抵消。企业财务报表所填列的数字必须真实可靠，能准确地反映企业的财务状况和经营成果，不得以估计数字填列财务报表，更不得弄虚作假，篡改伪造数字。同时，财务报表上的各项指标，都必须按照准则中规定的口径填列，不得任意删减或增加，凡需经计算填列的指标，应按规定计算填列。特别应注意的是，要求单独列报资产、负债、收入和费用等项目的金额不得相互抵消。单独列报资产、负债、收入和费用等项目，以便使用者更容易理解已发生的交易、其他事项的情况，以及评估会计主体未来的现金流量。资产项目按扣除减值准备后的净额列示，不属于抵消；非日常活动中产生的损益，以收入扣除费用后的净额列示，也不属于抵消。若某些项目非常重要，如存货跌价准备、应收账款坏账准备、非流动资产处置损益等，则应该在财务报表中单独列报。

③ 列报项目前后一致并相互可比。财务报表项目的列报应当在各个会计期间保持一致，不得

随意变更，除非会计准则要求改变，或主体的经营性质发生重大变化，改变后的列报能够提供更可靠、更相关的信息。一般而言，当期财务报表的列报，至少应当提供所有列报项目的上一可比期间的比较数据，以及与理解当期财务报表相关的说明。财务报表项目的列报发生变更的，应当对上期比较数据进行调整，并在附注中披露调整的原因和性质，以及调整的各项目金额。对不能调整的信息应当在附注中披露不能调整的原因及对财务报表使用者决策带来的相关影响。

④ 列报项目全面完整，突出重点。企业对按准则规定应予填报的各种报表和表内项目，要填报齐全，不得随意漏编、漏报；应当汇总编制的所属单位的会计报表必须全部汇总；报表附注和应该编制的附表等资料必须同时编报。另外要注意的是，在编制财务报表的过程中，企业应当考虑报表项目的重要性。对于性质或功能不同的项目，如长期股权投资、固定资产等，应当在财务报表中单独列报，但不具有重要性的项目除外；对于性质或功能相似的项目，其所属类别具有重要性的，应当按其类别在财务报表中单独列报，如将库存商品、原材料等予以合并，作为存货项目列报。

⑤ 报表相关内容说明清楚。财务报表编制以后，按照会计准则和有关方面的要求，对需要说明的内容，诸如财务报表中主要指标的构成和计算方法、本报告期发生的特殊情况等问题，写出简要的文字说明，以便使用者了解与财务报表有关的情况，做出正确决策和判断。企业在所编制的财务报表中应当在显著位置至少披露下列内容。

a. 编报企业的名称；

b. 资产负债表日或财务报表涵盖的会计期间，企业至少应当按年编制财务报表。年度财务报表涵盖的期间短于一年的，应当披露其年度财务报表的涵盖期间，以及短于一年的原因；

c. 人民币金额单位；

d. 财务报表是合并财务报表的，应予以标明。

（二）资产负债表的内容和结构

1．资产负债表概述

（1）资产负债表的概念。资产负债表是反映企业在某一特定日期（月末、季末、半年末、年末）财务状况的报表。它根据资产、负债、所有者权益 3 个会计要素的相互关系，依据一定的分类标准和顺序，把企业在一定日期的资产、负债、所有者权益项目予以排列，并根据账户资料编制而成。

（2）资产负债表的作用。资产负债表主要提供有关企业财务状况方面的信息，即某一特定日期关于企业资产、负债、所有者权益及其相互关系。其作用主要包括以下几个方面。

① 可以提供某一日期资产的总额及其结构，表明企业拥有或控制的资源及其分布情况，使用者可以一目了然地从资产负债表上了解企业在某一特定日期所拥有的资产总量及其结构。

② 可以提供某一日期的负债总额及其结构，表明企业未来需要用多少资产或劳务清偿债务以及清偿时间。

③ 可以反映所有者所拥有的权益，据以判断资本保值、增值的情况以及对负债的保障程度。

④ 此外，资产负债表还可以提供进行财务分析的基本资料，如将流动资产与流动负债进行比较，计算出流动比率等指标，可以表明企业的变现能力、偿债能力和资金周转能力，从而有助于报表使用者做出经济决策。

2．资产负债表的生成依据

一定渠道筹集而来的资金（所有者投入的部分被称为“所有者权益”、借入的资金被称为“负债”）进入企业后形成供企业开展生产经营活动的经济资源（被称为“资产”）。资产、负债、所有者权益三者之间存在数量上的平衡关系，即“资产 = 负债 + 所有者权益”，而且我们将这 3 个会计要素进一步分类细化为会计科目后，等式两边的合计数也必定是相等的。即“资产 = 负债 + 所有者权益”可细化为“流动资产 + 非流动资产 =（流动负债 + 非流动负债）+ 所有者权益”。

将上述 3 个要素存在的数量恒等关系予以表格化，按资产、负债、所有者权益分类分项反映，即形成资产负债表。

3．资产负债表的内容和格式

（1）资产负债表的内容。在资产负债表中，左方列报的资产项目，反映资产的构成；右方列报的负债和所有者权益项目，反映权益结构，即资产的来源渠道。

资产类项目按照流动性来排列，流动性反映资产的变现能力（即变成现金的速度快慢）。流动性强的在前，流动性弱的在后。具体分为流动资产、非流动资产两大类排列，其中：流动资产是指能在一年内或者超过一年的一个营业周期内运用或者变现的资产。流动资产依序排列为货币资金、交易性金融资产、应收票据、应收账款、预付款项、应收利息、应收股利、其他应收款、存货、一年内到期的非流动资产等项目。非流动资产项目依序排列为可供出售金融资产、持有至到期投资、长期应收款、长期股权投资、投资性房地产、固定资产、在建工程、工程物资、固定资产清理、无形资产、开发支出、长期待摊费用、递延所得税资产和其他非流动资产等项目。

负债类项目以各项负债的约定偿还日期的远近为依据进行先后次序的排列，偿还日期近者在前，远者在后。

所有者权益类项目是以资本的永久性高低为依据进行先后次序的排列，永久性高者在前，低者在后。实收资本（或股本）是指投资人的投入资本及资本储备，包括实收资本（或股本）和资本公积两个项目。留存收益是指不能或尚未以股利等形式分发给投资者的部分企业净收益，包括盈余公积和未分配利润两个项目。

上述资产负债表列报的项目在会计处理中细化成具体的会计核算账户后，成为报表数据的主要载体。

（2）资产负债表的结构。在我国，资产负债表采用账户式结构，通常包括表头、表身和表尾三部分。表头主要包括资产负债表的名称、编制单位、编制日期和金额单位；表身主要包括资产、负债和所有者权益各项目的年初余额和期末余额，是资产负债表的主要部分；表尾主要包括附注资料等。资产负债表的表身分为左右两边，左边列示资产，右边列示负债和所有者权益。每个项目又分为“年初余额”和“期末余额”两栏分别填列。资产负债表的具体格式如表 1-2 所示。

表 1–2　　资产负债表

年　月　日

编制单位：　　　　金额单位：（人民币）元

项　目	期末数	期初数	项　目	期末数	期初数
流动资产：			流动负债：		
货币资金			短期借款		
交易性金融资产			交易性金融负债		
应收票据			应付票据		
应收账款			应付账款		

续表

项　目	期末数	期初数	项　目	期末数	期初数
预付款项			预收款项		
应收利息			应付职工薪酬		
其他应收款			应交税费		
存货			应付利息		
一年内到期的非流动资产			其他应付款		
其他流动资产			一年内到期的非流动负债		
			其他流动负债		
流动资产合计			流动负债合计		
非流动资产：			非流动负债：		
可供出售金融资产			长期借款		
持有至到期投资			应付债券		
长期应收款			长期应付款		
长期股权投资			专项应付款		
投资性房地产			预计负债		
固定资产			递延所得税负债		
在建工程			其他非流动负债		
工程物资			非流动负债合计		
固定资产清理			负债合计		
生产性生物资产			所有者权益（或股东权益）：		
油气资产			实收资本（或股本）		
无形资产			资本公积		
开发支出			减：库存股		
商誉			盈余公积		
长期待摊费用			未分配利润		
递延所得税资产			外币报表折算差额		
其他非流动资产					
非流动资产合计			少数股东权益		
			所有者权益合计		
资产合计			负债和所有者权益合计		

法定代表人：　　　　主管会计工作的负责人：　　　　会计机构负责人：

（三）资产负债表的编制方法

资产负债表是反映企业某一特定日期财务状况的报表。资产、负债和所有者权益各项目列报的数据有两项：年初数和期末数。因此，在编制时应根据对应于列报项目的账户的年初余额和期末余额分别填列。其中，资产项目应根据资产类账户年初借方余额和借方期末余额填列，负债及所有者权益项目应根据负债及所有者权益类账户年初贷方余额和贷方期末余额填列。

1．“年初余额”栏的填列

资产负债表“年初余额”栏内各项数字，应根据上年末资产负债表“期末余额”栏内所列数字填列。如果本年度资产负债表规定的各个项目的名称和内容与上年度不一致，应对上年年末资产负债表各项目的名称和内容按照本年度的规定进行调整，填入本年度资产负债表“年初余额”栏内。

2．“期末余额”栏的填列

资产负债表各项目“期末余额”栏的填列主要有以下几种方法。

（1）根据总账科目余额填列。如“交易性金融资产”、“工程物资”、“固定资产清理”、“递延所得税资产”、“短期借款”、“交易性金融负债”、“应付票据”、“应付职工薪酬”、“应交税费”、“应付利息”、“应付股利”、“其他应付款”、“专项应付款”、“预计负债”、“递延所得税负债”、“实收资本（或股本）”、“资本公积”、“库存股”、“盈余公积”等项目，应根据有关总账科目的余额填列。

（2）根据几个总账科目的期末余额计算填列。在资产负债表中某些项目涵盖范围广，则需根据几个总账科目的期末余额计算填列。如“货币资金”项目，应根据“库存现金”、“银行存款”、“其他货币资金”三个总账科目的期末余额的合计数填列；“其他非流动资产”、“其他流动负债”项目，应根据有关科目的期末余额分析填列。

（3）根据明细账科目余额计算填列。部分项目涉及不同总账科目的内容，要根据相应几个总账科目所属部分明细账科目余额计算填列。如“预收款项”项目，应根据“预收账款”和“应收账款”科目所属明细账的期末贷方余额合计填列；“应付账款”项目，应根据“应付账款”和“预付账款”科目所属明细账的期末贷方余额合计填列；“开发支出”项目，应根据“研发支出”科目中所属的“资本化支出”明细科目期末余额填列；“一年内到期的非流动资产”、“一年内到期的非流动负债”项目，应根据有关非流动资产或负债项目的明细科目余额分析填列；“长期借款”、“应付债券”项目，应分别根据“长期借款”、“应付债券”科目的明细科目余额分析填列；“未分配利润”项目，应根据“利润分配”科目中所属明细的“未分配利润”明细科目的期末余额填列。

（4）根据总账科目余额和所属明细账科目余额分析计算填列。部分项目按性质只反映某总分类账户余额一部分，应该根据明细账余额做相应扣减后填列。如“长期借款”项目，需根据“长期借款”总分类账户余额扣除“长期借款”账户所属明细账户中将在资产负债表日起一年内到期、且企业不能自主地将清偿义务展期的长期借款后的金额计算填列；“长期待摊费用”项目，应根据“长期待摊费用”科目的期末余额减去将于一年内（含一年）摊销的数额后的金额填列；“其他非流动负债”项目，应根据有关科目的期末余额减去将于一年内（含一年）到期偿还数后的金额填列。

（5）根据有关科目余额减去其备抵科目余额后的净额填列，以反映其净值。“可供出售金融资产”、“持有至到期投资”、“长期股权投资”、“在建工程”、“商誉”项目，应根据相关科目的期末余额填列，已计提减值准备的，还应扣减相应的减值准备；“固定资产”、“无形资产”、“投资性房地产”、“生产性生物资产”、“油气资产”项目，应根据相关科目的期末余额扣减相关的累计折旧（累计摊销、折耗）填列，已计提减值准备的，还应扣减相应的减值准备，采用公允价值计量的上述资产，应根据相关科目的期末余额填列；“长期应收款”项目，应根据“长期应收款”科目的期末余额，减去相应的“未实现融资收益”科目和“坏账准备”科目所属相关明细科目期末余额后的金额填列；“长期应付款”项目，应根据“长期应付款”科目的期末余额，减去相应的“未确认融资费用”科目期末余额后的金额填列。

（6）综合运用上述填列方法分析填列。“应收票据”、“应收利息”、“其他应收款”项目，应根据相关科目的期末余额，减去“坏账准备”科目中有关坏账准备期末余额后的金额填列；“应收账款”项目，应根据“应收账款”和“预收账款”科目所属明细账的期末借方余额合计数，减去“坏账准备”科目中有关应收账款计提的坏账准备期末余额后的金额填列；“预付款项”项目，应根据“预付账款”和“应付账款”科目所属明细账的期末借方余额合计数，减去“坏账准备”科目中有关预付账款计提的坏账准备期末余额后的金额填列；“存货”项目，需根据“材料采购”（或“在途物资”）、“原材料”、“库存商品”、“委托加工物资”、“周转材料”、“发出商品”、“受托代销商品”等科目的期末余额合计，减去“受托代销商品款”、“存货跌价准备”科目期末余额后的金额填列，材料采用计划成本核算，以及库存商品采用计划成本核算或售价核算的企业，还应按加或减材料成本差异、商品进销差价后的金额填列。

三、任务实施

根据“一、任务引入”的相关资料，编制的资产负债表如表 1-3 所示。

表 1-3　　资产负债表

2012 年 12 月 31 日

编制单位：M 公司　　金额单位：（人民币）元

项　目	期末数	期初数	项　目	期末数	期初数
流动资产：			流动负债：		
货币资金	124 006 031.75	23 436 512.51	短期借款	21 161 698.02	43 196 019.80
交易性金融资产			交易性金融负债		
应收票据	4 000 000.00		应付票据	88 007 638.80	59 678 601.17
应收账款	122 254 586.11	88 686 681.76	应付账款	113 190 014.68	79 894 849.41
预付款项	30 460 751.81	38 714 700.45	预收款项	9 417 196.00	5 243 722.03
应收利息			应付职工薪酬	5 018 021.74	9 986 680.23
其他应收款	4 264 800.52	4 596 432.16	应交税费	−12 181 159.21	−7 048 039.69
存货	133 372 898.66	85 244 074.38	应付利息	41 930.11	77 045.61
一年内到期的非流动资产			其他应付款	5 073 992.41	3 000 000.30
其他流动资产			一年内到期的非流动负债		14 024 640.00
			其他流动负债		
流动资产合计	418 359 068.85	240 678 401.26	流动负债合计	229 729 332.55	208 053 518.86
非流动资产：			非流动负债：		
可供出售金融资产			长期借款		16 033 110.00
持有至到期投资			应付债券		
长期应收款			长期应付款	800 000.00	800 000.00
长期股权投资	19 600 000.00	1 000 000.00	专项应付款		

续表

项　目	期末数	期初数	项　目	期末数	期初数
投资性房地产			预计负债		
固定资产	150 780 119.53	89 871 411.34	递延所得税负债		
在建工程	5 242 208.91	2 519 095.54	其他非流动负债		
工程物资			非流动负债合计	800 000.00	16 833 110.00
固定资产清理			负债合计	230 529 332.55	224 886 628.86
生产性生物资产			所有者权益（或股东权益）：		
油气资产			实收资本（或股本）	75 280 000.00	56 280 000.00
无形资产	46 528 999.27	8 120 137.61	资本公积	221 195 772.25	167 844.25
开发支出			减：库存股		
商誉			盈余公积	20 292 329.22	9 203 030.41
长期待摊费用	1 278 333.33		未分配利润	96 283 024.37	53 210 988.04
递延所得税资产	1 791 728.50	1 559 445.81	外币报表折算差额		
其他非流动资产					
非流动资产合计	225 221 389.54	103 070 090.30	少数股东权益		
			所有者权益合计	413 051 125.84	118 861 862.70
资产合计	643 580 458.39	343 748 491.56	负债和所有者权益合计	643 580 458.39	343 748 491.56

法定代表人：张祥荣　　主管会计工作的负责人：余广林　　会计机构负责人：余广林

任务二　利润表的编制

一、任务引入

【基本资料】

企业基本情况介绍。

① 本任务仍以 M 股份有限公司 2012 年所发生的经济业务事项作为编制利润表的背景资料。

② M 股份有限公司利润表上年同期数（略）。

③ 续上例：M 股份有限公司 2012 年 12 月各损益类账户的累计发生额如表 1-4 所示。

表 1–4　损益类账户累计发生额表

账　户	借方发生额	贷方发生额
主营业务收入		770 521 806.04
其他业务收入		12 505 869.36

续表

账　　户	借方发生额	贷方发生额
主营业务成本	619 125 658.94	
其他业务成本	14 099 106.40	
营业税金及附加	2 550 720.65	
销售费用	46 719 056.36	
管理费用	28 325 883.65	
财务费用	7 389 036.46	
资产减值损失	303 113.79	
投资收益	4 117 708.61	
营业外收入		5 741 289.19
营业外支出	1 988 396.40	
所得税费用	13 392 465.19	

【要求】

请根据以上资料，编制该企业 2012 年 12 月的利润表。

二、相关知识

（一）利润表概述

1．利润表的概念

利润表是反映企业在一定期间经营成果的会计报表。

通过利润表可以反映企业经营业绩的主要来源和构成，反映企业在一定会计期间收入、费用、利润（或亏损）的数额、构成情况，帮助报表使用者全面了解企业的经营成果，判断净利润的质量及其风险，分析企业的盈利能力，预测净利润的持续性等。如将赊销收入净额与应收账款平均余额进行比较，计算出应收账款周转率；将销货成本与存货平均余额进行比较，计算出存货周转率；将净利润与资产总额进行比较，计算出资产收益率等，可以反映企业资金周转情况及企业的盈利能力和水平，便于报表使用者判断企业未来的发展趋势，做出经济决策。

2．利润表的结构

利润表通常有单步式和多步式两种结构。单步式利润表是将当期所有的收入列在一起，然后将所有的费用列在一起，两者相减得出当期净损益。多步式利润表是通过对当期的收入、费用、支出项目按性质加以归类，按利润形成的主要环节列示一些中间性利润指标，分步计算当期净损益。

财务报表列报准则规定，企业应当采用多步式列报利润表，将不同性质的收入和费用类别进行对比，通过这些中间性的利润数据有助于使用者正确理解企业经营成果的不同来源。企业可以按照下列 3 个步骤来编制利润表。

第一步，以营业收入为基础，减去营业成本、营业税金及附加、销售费用、管理费用、财务费用、资产减值损失，加上公允价值变动收益（减去公允价值变动损失）和投资收益（减去投资损失），计算出营业利润；

第二步，以营业利润为基础，加上营业外收入，减去营业外支出计算出利润总额；

第三步，以利润总额为基础，减去所得税费用，计算出净利润（或净亏损）。

普通股或潜在股已公开交易的企业，以及正处于公开发行普通股或潜在普通股过程中的企业，还应当在利润表中列示每股收益信息。

同时，根据财务报表列报准则的规定，企业需要提供比较利润表，以使报表使用者通过比较不同期间利润的实际情况，判断企业经营成果的未来发展趋势。所以，利润表还将各项目再分为“本期金额”和“上期金额”两栏分别填列。

利润表的格式如表 1-5 所示。

表 1-5　　利润表　　会企 02 表

年　月

编制单位：　　金额单位：

项　　目	本 期 金 额	上 期 金 额
一、营业收入		
减：营业成本		
营业税金及附加		
销售费用		
管理费用		
财务费用		
资产减值损失		
加：公允价值变动收益（损失以“–”号填列）		
投资收益（损失以“–”号填列）		
其中：对联营企业和合营企业的投资收益		
二、营业利润（亏损以“–”号填列）		
加：营业外收入		
减：营业外支出		
其中：非流动资产处置损失		
三、利润总额（亏损总额以“–”号填列）		
减：所得税费用		
四、净利润（净亏损以“–”号填列）		
五、其他综合收益各项目扣除所得税影响后的净额		
六、综合收益总额		
七、每股收益		
（一）基本每股收益		
（二）稀释每股收益		

法定代表人：　　主管会计工作的负责人：　　会计机构负责人：

（二）利润表的编制方法

利润表各项目均需填列“本期金额”和“上期金额”两栏。其中“上期金额”栏内各项数字，应根据上年该期利润表的“本期金额”栏内所列数字填列。“本期金额”栏内各期数字，除“基本每股收益”和“稀释每股收益”项目外，应当按照相关账户的发生额填列。具体各项目的填列方法如下。

（1）“营业收入”项目，反映企业经营主要业务和其他业务所确认的收入总额。本项目应根据“主营业务收入”和“其他业务收入”科目的发生额分析计算填列。

（2）“营业成本”项目，反映企业经营业务和其他业务所发生的成本总额。本项目应根据“主营业务成本”和“其他业务成本”科目的发生额分析计算填列。

（3）“营业税金及附加”项目，反映企业经营活动应负担的消费税、营业税、城市建设维护税、资源税、土地增值税和教育费附加等。本项目应根据“营业税金及附加”科目的发生额分析填列。

（4）“销售费用”项目，反映企业在销售商品过程中发生的包装费、广告费等费用和为销售本企业商品而专设的销售机构的职工薪酬、业务费等经营费用。本项目应根据“销售费用”科目的发生额分析填列。

（5）“管理费用”项目，反映企业为组织和管理生产经营发生的管理费用。本项目应根据“管理费用”科目的发生额分析填列。

（6）“财务费用”项目，反映企业筹集生产经营所需资金等而发生的筹资费用。本项目应根据“财务费用”科目的发生额分析填列。

（7）“资产减值损失”项目，反映企业各项资产发生的减值损失。本项目应根据“资产减值损失”科目的发生额分析填列。

（8）“公允价值变动收益”项目，反映企业应当计入当期损益的资产或负债公允价值变动收益。本项目应根据“公允价值变动损益”科目的发生额分析填列，如为净损失，本项目以“–”号填列。

（9）“投资收益”项目，反映企业以各种方式对外投资所取得的利益。本项目应根据“投资收益”科目的发生额分析填列。如为投资损失，本项目以“–”号填列。

（10）“营业利润”项目，反映企业实现的营业利润。根据利润表确定的营业利润构成项目及勾稽关系依序计算求得。如为亏损，本项目以“–”号填列。

（11）“营业外收入”项目，反映企业发生的与经营业务无直接关系的各项收入。本项目应根据“营业外收入”科目的发生额分析填列。

（12）“营业外支出”项目，反映企业发生的与经营业务无直接关系的各项支出。本项目应根据“营业外支出”科目的发生额分析填列。

（13）“利润总额”项目，反映企业实现的利润。根据利润表确定的利润总额构成项目及钩稽关系依序计算求得。如为亏损，本项目以“–”号填列。

（14）“所得税费用”项目，反映企业应从利润总额中扣除的所得税费用。本项目应根据“所得税费用”科目的发生额分析填列。

（15）“净利润”项目，反映企业实现的净利润。根据利润表确定的净利润构成项目及钩稽关系依序计算求得。如为亏损，本项目以“–”号填列。

（16）“其他综合收益各项目扣除所得税影响后的净额”项目填列的是，按企业会计准则规定，企业在非日常活动中所产生的、未计入当期损益而计入所有者权益中去的剔除所得税影响后的利得或损失的净额。

（17）“综合收益总额”项目填列的是企业净利润与其他综合收益的合计金额。

（18）“基本每股收益”和“稀释每股收益”项目。“基本每股收益”是用归属于普通股股东的当期净利润除以当期发行在外普通股的加权平均数计算求得并填报；“稀释每股收益”是将我国企业目前发行的潜在普通股，如可转换公司债券、认股权证、股份期权等，考虑在内，以计算基本每股收益时的普通股的加权平均数与假定稀释性潜在普通股转换为已发行普通股而增加的普通股股数的加权平均数之和作为分母，将涉及归属于普通股股东的当期净利润的增减变动事项。

① 当期已确认为费用的稀释性潜在普通股的利息；

② 稀释性潜在普通股转换时将产生的收益或费用。这两项作为分子，计算求得的。

三、任务实施

根据“一、任务引入”的相关资料，编制的利润表如表 1-6 所示。

表 1-6　　利润表

2012 年 12 月

编制单位：M 股份有限公司　　金额单位：元

项　目	本 期 金 额	上 期 金 额
一、营业收入	783 027 675.40	618 087 467.27
减：营业成本	633 224 765.34	500 938 948.94
营业税金及附加	2 550 720.65	1 753 126.38
销售费用	46 719 056.36	28 541 170.02
管理费用	28 325 883.65	28 921 141.19
财务费用	7 389 036.46	5 641 656.50
资产减值损失	3 203 113.79	1 484 899.07
加：公允价值变动收益（损失以“-”号填列）		
投资收益（损失以“-”号填列）	-4 117 708.61	180 787,23
其中：对联营企业和合营企业的投资收益		
汇兑收益（损失以“-”号填列）		
二、营业利润（亏损以“-”号填列）	57 497 390.54	50 987 312.40
加：营业外收入	5 741 289.19	1 395 776.51
减：营业外支出	1 988 396.40	1 210 782.10
其中：非流动资产处置损失		
三、利润总额（亏损总额以“-”号填列）	61 250 283.33	51 172 306.81
减：所得税费用	13 392 465.19	14 009 085.25
四、净利润（净亏损以“-”号填列）	47 857 818.14	37 163 221.56
归属于母公司所有者的净利润	47 857 818.14	37 163 221.56
少数股东损益		
五、其他综合收益各项目扣除所得税影响后的净额		
六、综合收益总额		
七、每股收益		
（一）基本每股收益	0.69	0.66
（二）稀释每股收益	0.69	0.66

法定代表人：张祥荣　　主管会计工作的负责人：余广林　　会计机构负责人：余广林

任务三　现金流量表的编制

一、任务引入

【基本资料】

（1）企业基本情况介绍（同前任务一）。

（2）M 股份有限公司 2012 年度资产负债表、利润表（见任务一、任务二）。

（3）M 股份有限公司 2011 年度现金流量表如表 1-7 所示。

表 1-7　　现金流量表

2011 年度

编制单位：M 股份有限公司　　金额单位：元

项　　目	本 期 金 额	上年同期金额
一、经营活动产生的现金流量	635 778 331.73	
销售商品、提供劳务收到的现金	23 736 275.95	
收到的税费返还	25 045 191.80	
收到其他与经营活动有关的现金	684 559 799.48	
经营活动现金流入小计	521 857 913.41	
购买商品、接受劳务支付的现金	38 405 408.81	
支付给职工以及为职工支付的现金	15 207 155.54	
支付的各项税费	62 438 374.10	
支付其他与经营活动有关的现金	637 908 851.86	
经营活动现金流出小计	46 650 947.62	
经营活动产生的现金流量净额		
二、投资活动产生的现金流量	3 083 999.67	
收回投资收到的现金	180 000.00	
取得投资收益收到的现金	996 799.24	
处置固定资产、无形资产和其他长期资产收回的现金净额		
处置子公司及其他营业单位收到的现金净额		
收到其他与投资活动有关的现金	4 260 798.91	
投资活动现金流入小计	66 331 071.41	
购建固定资产、无形资产和其他长期资产支付的现金	500 000.00	
投资支付的现金		
取得子公司及其他营业单位支付的现金净额		
支付其他与投资活动有关的现金	66 831 071.41	
投资活动现金流出小计	−62 570 272.50	

续表

项　　目	本 期 金 额	上年同期金额
投资活动产生的现金流量净额		
三、筹资活动产生的现金流量：		
吸收投资收到的现金	330 501 188.20	
取得借款收到的现金		
收到其他与筹资活动有关的现金	330 501 188.20	
筹资活动现金流入小计	310 005 147.40	
偿还债务支付的现金	3 557 783.93	
分配股利、利润或偿付利息支付的现金		
支付其他与筹资活动有关的现金	313 562 931.33	
筹资活动现金流出小计	16 938 256.87	
筹资活动产生的现金流量净额	−2 160 471.54	
四、汇率变动对现金及现金等价物的影响	−11 441 539.55	
五、现金及现金等价物净增加额	12 603 342.06	
加：期初现金及现金等价物余额	11 461 802.51	
六、期末现金及现金等价物余额	635 778 331.73	

（3）本年度购销等经营活动数据（略）。

【要求】

请根据以上资料，编制该企业 2012 年度现金流量表。

二、相关知识

（一）现金流量表概述

1．现金流量表的内容

现金流量表是反映企业一定会计期间现金和现金等价物流入流出的会计报表。从编制原则上看，现金流量表按照收付实现制原则编制，将权责发生制下的盈利信息调整为收付实现制下的现金流量信息，便于信息使用者了解企业净利润的质量。从内容上看，现金流量表中所反映的企业经济活动被划分为经营活动、投资活动和筹资活动三类，每类活动又细分为不同的现金流入和流出事项，这些事项从不同角度反映企业业务活动的现金流入和流出，弥补了资产负债表和利润表提供信息的不足。通过现金流量表，报表使用者可以了解现金流量的影响因素，评价企业的支付能力、偿债能力和周转能力，预测企业未来现金流量，为其决策提供有力依据。

2．现金流量表的编制基础

现金流量表以现金及现金等价物为编制基础，并将现金及现金等价物视为一个整体来予以列报，企业现金（含现金等价物，下同）形式的转换不会产生现金的流入和流出。例如，企业从银行提取现金，是企业现金存放形式的转换，并未流出企业，不构成现金流量。同样，现金与现金等价物之间的转换也不属于现金流量，例如，企业用现金购买3个月内到期的国库券。

（1）现金。现金是指企业库存现金以及可以随时用于支付的存款。不能随时用于支付的存款不属于现金。现金主要包括以下几个方面。

① 库存现金。库存现金是指企业可以随时用于支付的现金，与“库存现金”科目的核算内容一致。

② 银行存款。银行存款是指企业存入金融机构、可以随时用于支取的存款，与“银行存款”科目的核算内容基本一致，但不包括不能随时用于支付的存款。不能随时支取的定期存款等不应作为现金；提前通知金融机构便可支取的定期存款则应包括在现金的范围之内。

③ 其他货币资金。其他货币资金是指存在金融机构的外埠存款、银行汇票存款、银行本票存款、信用卡存款、信用保证金存款和存出投资款等，与“其他货币资金”科目核算内容一致。

（2）现金等价物。现金等价物是指企业持有的期限短、流动性强、易于转换为已知现金、价值变动风险很小的投资。其中，“期限短”一般是指从购买日起3个月内到期。例如可在证券市场上流通的3个月内到期的短期债券投资。

现金等价物虽然不是现金，但其支付能力与现金的差别不大，可视为现金。例如，企业为保证支付能力，手持必要的现金，为了不使现金闲置，可以购买短期债券，在需要现金时，随时可以变现。

现金等价物的定义本身，包含了判断一项投资是否属于现金等价物的4个条件，即①期限短；②流动性强；③易于转换为已知现金；④价值变动风险很小。其中，期限短、流动性强，强调了变现能力，而易于转换为已知现金、价值变动风险很小，则强调了支付能力的大小。现金等价物通常包括3个月内到期的短期债券投资。权益性投资变现的金额通常不确定，因而不属于现金等价物。

不同企业现金及现金等价物的范围可能不同。企业应当根据经营特点等具体情况，确定现金及现金等价物的范围。

3．现金流量的分类列示

（1）现金流量的分类。根据企业业务活动的性质和现金流量的来源，现金流量表在结构上将企业一定期间产生的现金流量分为3类：经营活动现金流量、投资活动现金流量和筹资现金流量。

① 经营活动。经营活动是指企业投资活动以外的所有交易和事项。各类企业由于行业特点不同，对经营活动的认定存在一定差异。对于工商企业而言，经营活动主要包括销售商品、提供劳务、购买商品、接受劳务、支付税费等。对于工商银行而言，经营活动主要包括吸收存款、发放贷款、同业存放、同业拆借等。对于保险公司而言，经营活动主要包括原保险业务和再保险业务等。对于证券公司而言，经营活动主要包括自营证券、代理承销证券、代理兑付证券、代理买卖证券等。

② 投资活动。投资活动是指企业长期资产的构建和不包括现金等价物在内的投资及其处置活动。长期资产是指固定资产、无形资产、在建工程、其他资产等持有期限在一年或一个营业周期以上的资产。这里所讲的投资活动，既包括实物资产投资，也包括金融资产投资。这里之所以将“包括在现金等价物在内的投资”排除在外，是因为已经将包括在现金等价物范围内的投资视同现金。不同企业由于行业特点不同，对投资活动的认定也存在差异。例如，交易性金融资产所

产生的现金流量，对于工商业企业而言，属于投资活动现金流量，而对于证券公司而言，属于经营活动现金流量。

③ 筹资活动。筹资活动是指导致企业资本及债务规模和构成发生变化的活动。这里所说的资本，既包括实物资本（股本），也包括资本溢价（股本溢价）；这里所说的债务，指对外举债，包括向银行借款，发行债券以及偿还债务等。通常情况下，应付账款、应付票据等属于经营活动，不属于筹资活动。

对于企业日常活动之外特殊的、不经常发生的特殊项目，如自然灾害损失、保险赔款、捐赠等，应当归并到相关类别中，并单独反映。比如，对于自然灾害损失和保险赔款，如果能够确指，属于流动资产损失，应当列入经营活动产生的现金流量；收益固定资产损失，应该列入投资活动产生的现金流量。如果不能确指，则可以列入经营活动产生的现金流量。捐赠收入和支出，可以列入经营活动。如果特殊项目的现金流量金额不大，则可以列入现金流量类别下的“其他”项目。

（2）现金流量的列示。通常情况下，现金流量应当分别按照现金流入和现金流出总额列报，从而全面揭示企业现金流量的方向、规模和结构。但是有些项目可以按照净额列报：如旅游公司代游客支付的房费、餐费、交通费、文娱费、行李托运费、门票费、票务费、签证费等费用。这些项目由于周转快，在企业停留的时间短，企业加以利用的余地比较小，净额更能说明其对企业支付能力、偿债能力的影响；反之，如果以总额反映，反而会对评价企业的支付能力和偿债能力、分析企业的未来现金流量产生误导。

4．现金流量表的结构

现金流量表采用报告式结构，通过主表和补充资料两部分进行完整详细地列报。

（1）现金流量表主表。现金流量表的主表主要列报经营活动产生的现金流量、投资活动产生的现金流量、筹资活动产生的现金流量，最后汇总反映企业现金及现金等价物净增加额。在有外币现金流量及境外子公司的现金流量折算为人民币的企业，还应单设“汇率变动对现金及现金等价物的影响”项目。

（2）现金流量表附注。现金流量表附注是对现金流量表主表的补充说明，主要披露企业的重大投资及筹资活动情况，并对主表中所披露的“经营活动产生的现金流量净额”的数额进行验证，同时使“现金及现金等价物净增加额情况”与“资产负债表”的“货币资金”的数额相核对。现金流量表补充资料主要包括 3 个部分：一是将净利润调整为经营活动的现金流量；二是不涉及当期现金收支的重大投资、筹资活动；三是现金及现金等价物净变动情况等项目。

一般企业现金流量表结构如表 1-8 所示。

表 1–8　　　　会企 03 表

现金流量表

编制单位：　　　　年　月　　　　金额单位：元

项　目	本期金额	上期金额
一、经营活动产生的现金流量		
销售商品、提供劳务收到的现金		
收到的税费返还		
收到的其他与经营活动有关的现金		

续表

项　　目	本 期 金 额	上 期 金 额
经营活动现金流入小计		
购买商品、接受劳务支付的现金		
支付给职工以及为职工支付的现金		
支付的各项税费		
支付的其他与经营活动有关的现金		
经营活动现金流出小计		
经营活动产生的现金流量净额		
二、投资活动产生的现金流量		
收回投资所收到的现金		
取得投资收益所收到的现金		
处置固定资产、无形资产和其他长期资产而收到的现金净额		
处置子公司及其他营业单位收到的现金净额		
收到的其他与投资活动有关的现金		
投资活动现金流入小计		
购建固定资产、无形资产和其他长期资产所支付的现金		
投资所支付的现金		
取得子公司及其他营业单位支付的现金净额		
支付的其他与投资活动有关的现金		
投资活动现金流出小计		
投资活动产生的现金流量净额		
三、筹资活动产生的现金流量		
吸收投资所收到的现金		
借款所收到的现金		
收到的其他与筹资活动有关的现金		
筹资活动现金流入小计		
偿还债务所支付的现金		
分配股利、利润或偿付利息所支付的现金		
支付的其他与筹资活动有关的现金		
筹资活动现金流出小计		
筹资活动产生的现金流量净额		
四、汇率变动对现金及现金等价物的影响		
五、现金及现金等价物净增加额		
加：期初现金及现金等价物余额		
六、期末现金及现金等价物余额		

续表

补充资料	上期金额	本期金额
1. 将净利润调节为经营活动现金流量		
净利润		
加：资产减值准备		
固定资产折旧、油汽资产折耗、生产性生物资产折旧		
无形资产摊销		
长期待摊费用摊销		
处置固定资产、无形资产和其他长期资产的损失（收益以“–”号填列）		
固定资产报废损失（收益以“–”号填列）		
公允价值变动损失（收益以“–”号填列）		
财务费用（收益以“–”号填列）		
投资损失（收益以“–”号填列）		
递延所得税资产的减少（增加以“–”号填列）		
递延所得税负债的增加（减少以“–”号填列）		
存货的减少（增加以“–”号填列）		
经营性应收项目的减少（增加以“–”号填列）		
经营性应付项目的增加（减少以“–”号填列）		
其　他		
经营活动产生的现金流量净额		
2. 不涉及现金收支的重大投资和筹资活动		
债务转资本		
一年内到期的可转换公司债券		
融资租入固定资产		
3. 现金及现金等价物净变动情况		
现金的期末余额		
减：现金的期初余额		
加：现金等价物的期末余额		
减：现金等价物的期初余额		
现金及现金等价物净增加额		

（二）现金流量表的编制方法

1. 直接法和间接法

编制现金流量表时，列报经营活动现金流量的方法有两种：一是直接法，二是间接法，这两种方法通常也称为编制现金流量表的方法。

（1）直接法是指按现金收入和现金支出的主要类别直接反映企业经营活动产生的现金流量，如销售商品、提供劳务收到的现金以及购买商品、接受劳务支付的现金等就是按现金收入和支出的类别直接反映的。在直接法下，一般是以利润表中的营业收入为起算点，调节与经营活动有关的项目的增减变动，然后计算出经营活动产生的现金流量。

（2）间接法是指以净利润为起算点，调整不涉及现金的收入、费用、营业外收支等有关项目，剔除投资活动、筹资活动对现金流量的影响，据此计算出经营活动产生的现金流量。由于净利润是按照权责发生制原则确定的，且包括了与投资活动和筹资活动相关的收益和费用，将净利润调节为经营活动现金流量，实际上就是将按权责发生制原则确定的净利润调整为现金净流入，并剔除投资活动和筹资活动对现金流量的影响。

采用直接法编报的现金流量表，便于分析企业经营活动产生的现金流量的来源和用途，预测企业现金流量的未来前景；采用间接法编报现金流量表，便于将净利润与经营活动产生的现金流量净额进行比较，了解净利润与经营活动产生的现金流量差异的原因，从现金流量的角度分析净利润的质量。所以，我国会计准则规定企业应当采用直接法编报现金流量表，同时要求在附注中提供以净利润为基础调节到经营活动现金流量的信息，即报表附注通常采用间接法来编制。

2．工作底稿法、T 型账户法和分析填列法

在具体编制现金流量表时，可以采用工作底稿法或 T 型账户法，也可以根据有关科目记录分析填列。

（1）工作底稿法。采用工作底稿法编制现金流量表，是以工作底稿为手段，以资产负债表和利润数据为基础，对每一项目进行分析并编制调整分录，从而编制现金流量表。工作底稿法的程序如下。

第一步，将资产负债表的期初数和期末数过入工作底稿的期初数栏和期末数栏。

第二步，对当期业务进行分析并编制调整分录。编制调整分录时，要以利润表项目为基础，从“营业收入”开始，结合资产负债表项目逐一进行分析。在调整分录中，有关现金和先进等价物的事项，并不直接借记或贷记现金，而是分别计入“经营活动产生的现金流量”、“投资活动产生的现金流量”、“筹资活动产生的现金流量”有关项目，借记表示现金流入，贷记表示现金流出。

第三步，将调整分录过入工作底稿中的相应部分。

第四步，核对调整分录，借方、贷方合计数均已相等，资产负债表项目期初数加减调整分录中的借贷金额以后，也等于期末数。

第五步，根据工作底稿中的现金流量表项目部分编制正式的现金流量表。

（2）T 型账户法。采用 T 型账户法编制现金流量表，是以 T 型账户为手段，以资产负债表和利润表数据为基础，对每一项目进行分析并编制调整分录，从而编制现金流量表。T 型账户法的程序如下。

第一步，为所有的非现金项目（包括资产负债表项目和利润表项目）分别开设 T 型账户，并将各自的期末期初变动数过入对应账户。如果项目的期末数大于期初数，则将差额过入和项目余额相同的方向；反之，过入相反的方向。

第二步，开设一个大的“现金及现金等价物”T 型账户，每边分为经营活动、投资活动和筹资活动 3 个部分，左边记现金流入，右边记现金流出。与其他账户一样，过入期末期初变动数。

第三步，以利润表为基础，结合资产负债表分析每一个非现金项目的增减变动，并据此编制调整分录。

第四步，将调整分录过入各T型账户编制，并进行核对，该账户借贷相抵后的余额与原先过入的期末期初变动数应当一致。

第五步，根据大的“现金及现金等价物”T型账户编制正式的现金流量表。

（3）分析填列法。分析填列法是直接根据资产负债表、利润表和有关会计科目明细账的记录，分析计算出现金流量表各项目的金额，并据以编制现金流量表的一种方法。具体编制方法如下。

① 经营活动所产生的现金流量有关项目的编制。

Ⅰ. 销售商品、提供劳务收到的现金。本项目所反映企业销售商品、提供劳务实际收到的现金，包括销售收入和应向购买者收取的增值税销项税额，具体包括：本期销售商品、提供劳务收到的现金，以及前期销售商品、提供劳务收到的现金的本期预收的存款，减去本期销售本期退回的商品和前期销售本期退回的商品支付的现金。企业销售材料和代购代销业务收到的现金，也在本项目反映。本项目可以根据“库存现金”、“银行存款”、“应收票据”、“应收账款”、“预收账款”、“主营业务收入”、“其他业务收入”科目的记录分析填列。

Ⅱ. 收到的税费返还。本项目反映企业收到返还的各种税费，如收到的增值税、营业税、所得税、消费税、关税和教育费附加返还款等。本项目可以根据“库存现金”、“银行存款”、“营业税金及附加”、“营业外收入”等科目的记录分析填列。

Ⅲ. 收到的其他与经营活动有关的现金。本项目反映企业除上述各项目外，收到的其他与经营活动有关的现金，如罚款收入、经营租赁固定资产收到的现金、流动资产损失中由个人赔偿的现金收入、除税费返还外的其他政府补助收入等。其他与经营活动有关的现金，如果价值较大的，应单列项目反映。本项目可以根据“库存现金”、“银行存款”、“管理费用”、“销售费用”等科目的记录分析填列。

Ⅳ. 购买商品、接受劳务支付的现金。本项目反映企业购买材料、商品、接受劳务实际支付的现金，包括支付的贷款以及与货款一起支付的增值税进项税额，具体包括：本期购买商品、接受劳务支付的现金，以及本期支付前期购买商品、接受劳务的未付款项和本期预付款项，减去本期发生的购货退回收到的现金。为购置存货而导致的借款利息资本化部分，应在“分配股利、利润或偿付利息支付的现金”项目中反映。本项目可以根据“库存现金”、“银行存款”、“应付票据”、“应付账款”、“预付账款”、“主营业务成本”、“其他业务成本”等科目的记录分析填列。

Ⅴ. 支付给职工以及为职工支付的现金。本项目反映企业实际支付给职工的现金以及职工支付的现金，包括企业为获得职工提供的服务，本期实际给予各种形式的报酬以及其他相关支出，如支付给职工的工资、奖金、各种津贴和补贴等以及为职工支付的其他费用，不包括支付给在建工程人员的工资。支付给在建工程人员的工资，在“购建固定资产、无形资产和其他长期资产所支付的现金”项目中反映。企业为职工支付的医疗、养老、失业、工伤、生育等社会保险基金、补充养老保险、住房公积金，企业为职工交纳的商业保险金，因解除与职工劳动关系给予的补偿，现金结算股份支付，以及支付给职工或为职工支付的其他福利费用等，应根据职工的工作性质和服务对象，分别在“购建固定资产、无形资产和其他长期资产所支付的现金”和“支付给职工以及为职工支付的现金”项目中反映。

本项目可以根据“库存现金”、“银行存款”、“应付职工薪酬”等科目的记录分析填列。

Ⅵ. 支付的各项税费。本项目反映企业按规定支付的各项税费，包括本期发生并支付的税费，以及本期支付以前各期发生的税费和预交的税金，如支付的教育费附加、印花税、房产税、土地增值税、车船使用税、营业税、增值税、所得税等。不包括本期退回的增值税、所得税。本期退回的增值税、所得税等，在“收到的税费返还”项目中反映。本项目可以根据“应交税费”、“库存现金”、“银行存款”等科目的记录分析填列。

Ⅶ. 支付的与其他活动有关的现金。本项目反映企业除上述各项目外，支付的其他与经营活动有关的现金，如罚款支出、支付的差旅费、业务招待费、保险费、经营租赁支付的现金等。其他与经营活动有关的现金，如果金额较大的，应单列项目反映。本项目可以根据有关科目的记录分析填列。

② 投资活动产生的现金流量有关项目的编制。

Ⅰ. 收回投资收到的现金。本项目反映企业出售、转让或到期收回除现金等价物以外的交易性金融资产、持有至到期投资、可供出售金融资产、长期股权投资、投资性房地产而收到的现金。不包括债券性投资收回的利息、收回的非现金资产，以及处置子公司及其他营业单位收到的现金净额。债券性投资收回的本金，在本项目反映；债券性投资收回的利息，不在本项目中反映，而在“取得投资收益所收到的现金”项目中反映。处置子公司及其他营业单位收到的现金净额单设项目反映。本项目可以根据“交易性金融资产”、“投资性房地产”、“库存现金”、“银行存款”等科目的记录分析填列。

Ⅱ. 取得投资收益收到的现金。本项目反映企业因股权性投资而分得的现金股利，从子公司、联营企业或合营企业分回利润而收到的现金，因债券性投资而取得的现金利息收入。股票股利不在本项目中反映；包括在现金等价物范围内的债券性投资，其利息收入在本项目中反映。本项目可以根据“应收股利”、“应收利息”、“投资收益”、“库存现金”、“银行存款”等科目的记录分析填列。

Ⅲ. 处置固定资产、无形资产和其他长期资产收回的现金净额。本项目反映企业出售固定资产、无形资产和其他长期资产所取得的现金，减去为处置这些资产而支付的有关费用后的净额。处置固定资产、无形资产和其他长期资产所收到的现金，与处置活动支付的现金，两者在时间上比较接近，以净额更能准确反映处置活动对现金流量的影响。由于自然灾害等原因所造成的固定资产等长期资产报废、毁损而收到的保险赔偿收入，也在本项目中反映。如处置固定资产、无形资产和其他长期资产所收回的现金净额为负数，则应作为投资活动产生的现金流量，在“支付的其他与投资活动有关的现金”项目中反映。本项目可以根据“固定资产清理”、“库存现金”、“银行存款”等科目的记录分析填列。

Ⅳ. 处置子公司及其他营业单位收到的现金净额。本项目反映企业处置子公司及其他营业单位所取得的现金减去子公司或其他营业单位持有的现金和现金等价物以及相关处置费用后的净额。本项目可以根据有关科目的记录分析填列。若处置子公司及其他营业单位收到的现金净额为负数，则将该金额填列至“支付其他与投资活动有关的现金”项目中。

Ⅴ. 收到的其他与投资活动有关的现金。本项目反映企业除上述各项目外，收到的其他与投资活动有关的现金。其他与投资活动有关的现金，如果价值较大的，应单列项目反映。本项目可以根据有关科目的记录分析填列。

Ⅵ. 购建固定资产、无形资产和其他长期资产支付的现金。本项目反映企业购买、建造固定资产，取得无形资产和其他长期资产支付的现金，包括购买机器设备所支付的现金及增值税款、建造工程支付的现金、支付在建工程人员的工资等现金支出，不包括为购建固定资产、无形资产和其他长期资产而发生的借款利息资本化部分，以及融资租入固定资产所支付的租赁费。为购建固定资产、无形资产和其他长期资产而发生的借款利息资本化部分，在“分配股利、利润或偿付利息支付的现金”项目中反映；融资租入固定资产所支付的租赁费，在“支付的其他与筹资活动有关的现金”项目中反映，不在本项目中反映。本项目可以根据“固定资产”、“在建工程”、“工程物资”、“无形资产”、“库存现金”、“银行存款”等科目的记录分析填列。

Ⅶ. 投资支付的现金。本项目反映企业进行权益性投资和债权性投资所支付的现金，包括企业取得的除现金等价物以外的交易性金融资产、持有至到期投资、可供出售金融资产而支付的现金，以及支付的佣金、手续费等交易费用。企业在购买债券的价款中含有债券利息的，以及溢价或折价购入的，均按实际支付的现金反映。

企业在购买股票和债券时，实际支付的价款中包含的已宣告但尚未领取的现金股利或已到付息期但尚未领取的债券利息，应在“支付的其他与投资活动有关的现金”项目中反映；收回购买股票和债券时支付的已宣告但尚未领取的现金股利或已到付息期但尚未领取的债券利息，应在“收到的其他与投资活动有关的现金”项目中反映。

本项目可以根据“交易性金融资产”、“持有至到期投资”、“可供出售金融资产”、“投资性房地产”、“长期股权投资”、“库存现金”、“银行存款”等科目的记录分析填列。

Ⅷ. 取得子公司及其他营业单位支付的现金净额。本项目反映企业取得子公司及其他营业单位购买出价中以现金支付的部分，减去子公司或其他营业单位持有的现金和现金等价物后的净额。本项目可以根据有关科目的记录分析填列。若取得子公司及其他营业单位支付的现金净额为负数，应在“收到其他与投资活动有关的现金”项目中反映。

Ⅸ. 支付的其他与投资活动有关的现金。本项目中反映企业除上述各项目外，支付的其他与投资活动有关的现金。其他与投资活动有关的现金，如果价值较大的，应单列项目反映。本项目可以根据有关科目的记录分析填列。

③ 筹资活动产生的现金流量有关项目的编制。

Ⅰ. 吸收投资收到的现金。本项目反映企业以发行股票、债券等方式筹集资金实际收到的款项净额（发行收入减去支付的佣金等发行费用后的净额）。以发行股票等方式筹集资金而由企业直接支付的审计、咨询等费用，不在本项目中反映，而在“支付的其他与筹资活动有关的现金”项目中反映。本项目可以根据“实收资本（或股本）”、“资本公积”、“库存现金”、“银行存款”等科目的记录分析填列。

Ⅱ. 借款收到的现金。本项目反映企业举借各种短期、长期借款而收到的现金。本项目可以根据“短期借款”、“长期借款”、“交易性金融负债”、“应付债券”、“库存现金”、“银行存款”等科目的记录分析填列。

Ⅲ. 收到的其他与筹资活动有关的现金。本项目反映企业除上述各项目外，收到的其他与筹资活动有关的现金。如果价值较大的，应单列项目反映。本项目可以根据有关科目的记录分析填列。

Ⅳ. 偿还债务所支付的现金。本项目反映企业以现金偿还债务的本金，包括：归还金融企业的借款本金、偿付企业到期的债券本金等。企业偿还的借款利息、债券利息，在“分配股利、利润或偿付利息所支付的现金”项目中反映。本项目可以根据“短期借款”、“长期借款”、“交易性金融负债”、“应付债券”、“库存现金”、“银行存款”等科目的记录分析填列。

Ⅴ. 分配股利、利润或偿付利息所支付的现金。本项目反映企业实际支付的现金股利、支付给其他投资单位的利润或用现金支付的借款利息、债券利息。不同用途的借款，其利息的开支渠道不一样，如在建工程、财务费用等，均在本项目中反映。本项目可以根据“应付股利”、“应付利息”、“利润分配”、“财务费用”、“制造费用”、“在建工程”、“研发支出”、“库存现金”、“银行存款”等科目的记录分析填列。

Ⅵ. 支付的其他与筹资活动有关的现金。本项目反映企业除上述各项目外，支付的其他与筹资活动有关的现金，如以发行股票债券等方式筹集资金而由企业直接支付的审计、咨询等费用，融资租赁所支付的现金、以分期付款方式购建固定资产以后各期支付的现金等。其他与筹资活动有关的现金，如果价值较大的，应单列项目反映。本项目可以根据有关科目的记录分析填列。

④ 汇率变动对现金的影响。编制现金流量表时，应当将企业外币现金流量以及境外子公司的现金流量折算成记账本位币。按准则规定，应当采用现金流量发生日的即期汇率或按照系统合理的方法确定的、与现金流量发生日即期汇率近似的汇率折算。汇率变动对现金的影响额应当作为调节项目，在现金流量表中单独列报。

汇率变动对现金的影响，指企业外币现金流量以及境外子公司的现金流量折算成记账本位币时，所采用的现金流量发生日的汇率或按照系统合理的方法确定的、与现金流量发生日即期汇率近似的汇率，而现金流量表“现金及现金等价物净增加额”项目中外币现金净增加额是按资产负债表日的即期汇率折算。这两者的差额即为汇率变动对现金的影响。

3. 现金流量表补充资料的编制——间接法

企业应当采用间接法在现金流量表附注中披露将净利润调节为经营活动现金流量的信息。采用分析填列法，各项目的具体编制如下。

（1）资产减值准备。资产减值准备包括坏账准备、存货跌价准备、投资性房地产减值准备、长期股权投资减值准备、持有至到期投资减值准备、固定资产减值准备、在建工程减值准备、工程物资减值准备、生物性资产减值准备、无形资产减值准备、商誉减值准备等。企业计提的各项资产减值准备，包括在利润表中，属于利润的减除项目，但没有发生现金流出。所以，在将净利润调节为经营活动现金流量时，需要加回。本项目可根据“资产减值损失”科目的记录分析填列。

（2）固定资产折旧。企业计提的固定资产折旧，有的包括在管理费用中，有的包括在制造费用中。计入管理费用中的部分，作为期间费用在计算净利润时从中扣除，但没有发生现金流出，在将净利润调节为经营活动现金流量时，需要加回。计入制造费用中的已经变现的部分，在计算净利润时通过销售成本予以扣除，但没有发生现金流出；计入制造费用中没有变现的部分，既不涉及现金收支，也不影响企业当期净利润。由于在调节存货时，已经从中扣除，在此处将净利润调节为经营活动现金流量时，需要加回。本项目可以根据“累计折旧”科目的贷方发生额分析填列。

（3）无形资产摊销和长期待摊费用的摊销。企业对使用寿命有限的无形资产计提摊销时，计入管理费用或制造费用。长期待摊费用摊销时，有的计入销售费用，有的计入制造费用。计入管理费用等期间费用和计入制造费用已经变现的部分，在计算净利润时已经从中扣除，但没有发生现金流出；计入制造费用中没有变现的部分，既不涉及现金收支，也不影响企业当期净利润。由于在调节存货时，已经从中扣除，在此处将净利润调节为经营活动现金流量时，需要加回。这个项目可以根据“累计摊销”、“长期待摊费用”科目的贷方发生额分析填列。

（4）处置固定资产、无形资产和其他长期资产的损失（减：收益）。企业处置固定资产、无形资产和其他长期资产发生的损益，属于投资活动产生的损益，不属于经营活动产生的损益，所以，在将净利润调节为经营活动现金流量时，需要予以剔除。如为损失，在将净利润调节为经营活动现金流量时，应当加回；如为收益，在将净利润调节为经营活动现金流量时，应当扣除。本项目可以根据"营业外收入"、"营业外支出"等科目所属有关明细科目的记录分析填列；如为净收益，以"–"号填列。

（5）固定资产报废损失。企业发生的固定资产报废损益，属于投资活动产生的损益，不属于经营活动产生的损益，所以，在将净利润调节为经营活动现金流量时，需要予以剔除。同样，投资性房地产发生报废、毁损而产生的损失，也需要予以剔除。如为净损失，在将净利润调节为经营活动现金流量时，应当加回；如为净收益，在将净利润调节为经营活动现金流量时，应当扣除。本项目可以根据"营业外收入"、"营业外支出"等科目所属有关明细科目的记录分析填列。

（6）公允价值变动损失。公允价值变动损失反映企业在初始确认时划分为以公允价值计量且其变动计入当期损益的交易性金融资产或金融负债、衍生工具、套期等业务中公允价值变动形成的应当计入当期损益的利得或损失。企业发生的公允价值变动损益，通常与企业的投资活动或筹资活动有关，而且并不影响企业当期的现金流量。为此，应当将其从净利润中剔除。本项目可以根据"公允价值变动损益"科目的发生额分析填列。如为持有损失，在将净利润调节为经营活动现金流量时，应当加回；如为持有利得，在将净利润调节为经营活动现金流量时，应当扣除。

（7）财务费用。企业发生的财务费用中不属于经营活动的部分，应当将其从净利润中剔除。本项目可以根据"财务费用"科目的借方发生额分析填列；如为收益，以"–"号填列。

（8）投资损失（减：收益）。企业发生的投资损益，属于投资活动产生的损益，不属于经营活动产生的损益，所以，在将净利润调节为经营活动现金流量时，需要予以剔除。如为净损失，在将净利润调节为经营活动现金流量时，应当加回；如为净收益，在将净利润调节为经营活动现金流量时，应当扣除。本项目可以根据利润表中"投资收益"项目的数字填列；如为投资收益，以"–"号填列。

（9）递延所得税资产减少（减：增加）。如果递延所得税资产减少使计入所得税费用的金额大于当期应交的所得税金额，其差额没有发生现金流出，但在计算净利润时已经扣除，在将净利润调节为经营活动现金流量时，应当加回。如果递延所得税资产增加使计入所得税费用的金额小于当期应交的所得税金额，二者之间的差额并没有发生现金流入，但在计算净利润时已经包括在内，在将净利润调节为经营活动现金流量时，应当扣除。本项目可以根据资产负债表"递延所得税资产"项目期初、期末余额分析填列。

（10）递延所得税负债增加（减：减少）。如果递延所得税负债增加使计入所得税费用的金额大于当期应交的所得税金额，其差额没有发生现金流出，但在计算净利润时已经扣除，在将净利润调节为经营活动现金流量时，应当加回。如果递延所得税负债减少使计入所得税费用的金额小于当期应交的所得税金额，二者之间的差额并没有发生现金流入，但在计算净利润时已经包括在内，在将净利润调节为经营活动现金流量时，应当扣除。本项目可以根据资产负债表"递延所得税负债"项目期初、期末余额分析填列。

（11）存货的减少（减：增加）。期末存货比期初存货减少，说明本期生产经营过程中耗用的存货有一部分是期初的存货，耗用这部分存货并没有发生现金流出，但在计算净利润时已经扣除，在将净利润调节为经营活动现金流量时，应当加回。期末存货比期初存货增加，说明当期购入的存货除耗用外，还剩余了一部分，这部分存货也发生了现金流出，但在计算净利润时没有包括在内，所以，在将净利润调节为经营活动现金流量时，需要扣除。当然，存货的增减变化过程还涉及应付项目，这一因素在“经营性应付项目的增加（减：减少）”中考虑。本项目可以根据资产负债表中“存货”项目的期初数、期末数之间的差额填列；期末数大于期初数的差额，以“-”号填列。如果存货的增减变化过程属于投资活动，如在建工程领用存货，应当将这一因素剔除。

（12）经营性应收项目的减少（减：增加）。经营性应收项目包括应收票据、应收账款、预付账款、长期应收款和其他应收款中，与经营活动有关的部分，以及应收的增值税销项税额等。经营性应收项目期末余额小于经营性应收项目期初余额，说明本期收回的现金大于利润表中所确认的销售收入，所以，在将净利润调节为经营活动现金流量时，需要加回。经营性应收项目期末余额大于经营性应收项目期初余额，说明本期销售收入中有一部分没有收回现金，但在计算净利润时这部分销售收入已包括在内，所以，在将净利润调节为经营活动现金流量时，需要扣除。本项目应当根据有关科目的期初、期末余额分析填列；如为增加，以“-”号填列。

（13）经营性应付项目的增加（减：减少）。经营性应付项目包括应付票据、应付账款、预收账款、应付职工薪酬、应交税费、应付利息、应付股利、长期应付款、其他应付款中与经营活动有关的部分，以及应付的增值税进项税额等。经营性应付项目期末余额大于经营性应付项目期初余额，说明本期购入的存货中有一部分没有支付现金，但在计算净利润时却通过销售成本包括在内，在将净利润调节为经营活动现金流量时，需要加回。经营性应付项目期末余额小于经营性应付项目期初余额，说明本期支付的现金大于利润表中确认的销售成本，在将净利润调节为经营活动现金流量时，需要扣除。本项目应当根据有关科目的期初、期末余额分析填列；如为增加，以“-”号填列。

（14）不涉及现金收支的重大投资和筹资活动的披露。不涉及现金收支的重大投资和筹资活动，反映企业一定期间内影响资产或负债但不形成该期现金收支的所有投资和筹资活动的信息。这些投资和筹资活动虽然不涉及当期现金收支，但对以后各期的现金流量有重大影响。例如，企业融资租入设备，将形成的负债计入“长期应付款”账户，当期并不支付设备款及租金，但以后各期必须为此支付现金，从而在一定时期内形成了一项固定的现金支出。

因此，按规定各企业应当在附注中披露不涉及当期现金收支，但影响企业财务状况或在未来可能影响企业现金流量的重大投资和筹资活动，主要包括如下几方面。

① 债务转为资本，反映企业本期转为资本的债务金额；

② 一年内到期的可转换公司债券，反映企业一年内到期的可转换公司债券的本息；

③ 融资租入固定资产，反映企业本期融资租入的固定资产。

三、任务实施

根据“一、任务引入”的相关资料，编制M公司2012年度现金流量表如表1-9所示。

表1-9 现金流量表

2012年度

编制单位：M股份有限公司 金额单位：元

项 目	本期金额	上年同期金额
一、经营活动产生的现金流量		
销售商品、提供劳务收到的现金	793 626 195.61	635 778 331.73

续表

项　　目	本 期 金 额	上年同期金额
收到的税费返还	62 531 381.20	23 736 275.95
收到其他与经营活动有关的现金	53 432 632.43	25 045 191.80
经营活动现金流入小计	909 590 209.24	684 559 799.48
购买商品、接受劳务支付的现金	713 988 981.96	521 857 913.41
支付给职工以及为职工支付的现金	55 361 569.82	38 405 408.81
支付的各项税费	45 047 454.80	15 207 155.54
支付其他与经营活动有关的现金	81 701 358.90	62 438 374.10
经营活动现金流出小计	896 099 365.57	637 908 851.86
经营活动产生的现金流量净额	13 490 843.67	46 650 947.62
二、投资活动产生的现金流量		
收回投资收到的现金	27 802 291.39	3 083 999.67
取得投资收益收到的现金	180 000.00	180 000.00
处置固定资产、无形资产和其他长期资产收回的现金净额	783 576.25	996 799.24
处置子公司及其他营业单位收到的现金净额		
收到其他与投资活动有关的现金		
投资活动现金流入小计	28 765 867.64	4 260 798.91
购建固定资产、无形资产和其他长期资产支付的现金	72 678 156.29	66 331 071.41
投资支付的现金	32 100 000.00	500 000.00
取得子公司及其他营业单位支付的现金净额	18 600 000.00	
支付其他与投资活动有关的现金		
投资活动现金流出小计	123 378 156.29	66 831 071.41
投资活动产生的现金流量净额	−94 612 288.65	−62 570 272.50
三、筹资活动产生的现金流量		
吸收投资收到的现金	246 104 500.00	
取得借款收到的现金	182 088 321.78	330 501 188.20
收到其他与筹资活动有关的现金		
筹资活动现金流入小计	428 192 821.78	330 501 188.20
偿还债务支付的现金	234 180 393.56	310 005 147.40
分配股利、利润或偿付利息支付的现金	1 580 569.44	3 557 783.93
支付其他与筹资活动有关的现金	6 076 572.00	
筹资活动现金流出小计	241 837 535.00	313 562 931.33
筹资活动产生的现金流量净额	186 355 286.78	16 938 256.87
四、汇率变动对现金及现金等价物的影响	−4 827 412.56	−2 160 471.54
五、现金及现金等价物净增加额	100 406 429.24	−11 441 539.55
加：期初现金及现金等价物余额	11 461 802.51	12 603 342.06
六、期末现金及现金等价物余额	111 868 231.75	11 461 802.51

公司法定代表人：张祥荣　　主管会计工作负责人：余广林　　会计机构负责人：余广林

任务四 所有者权益变动表的编制

一、任务引入

【基本资料】

（1）企业基本情况介绍（同前任务一）。

（2）2012 年 M 公司所有者权益相关项目及数据（略）。

【要求】

请根据以上资料，编制该企业 2012 年度所有者权益变动表。

二、相关知识

（一）所有者权益变动表概述

1．所有者权益变动表的概念

所有者权益变动表是指反映构成所有者权益各组成部分当期增减变动情况的报表。所有者权益变动表应当全面反映一定时期所有者权益变动的情况，不仅包括所有者权益总量的增减变动，还包括所有者权益增减变动的重要结构性信息，特别是要反映直接计入所有者权益的利得和损失，让报表使用者准确理解所有者权益增减变动的根源。

2．所有者权益变动表的内容

在所有者权益变动表中，企业至少应当单独列示反映下列信息的项目：①净利润；②直接计入所有者权益的利得和损失项目及其总额；③会计政策变更和差错更正的累积影响金额；④所有者投入资本和向所有者分配利润等；⑤提取的盈余公积；⑥实收资本或股本、资本公积、盈余公积、未分配利润的期初和期末余额及其调节情况。

所有者权益变动表在一定程度上体现了企业综合收益。综合收益，是指企业在某一期间与所有者之外的其他方面进行交易或发生其他事项所引起的净资产变动。综合收益由两部分构成：净利润和直接计入所有者权益的利得和损失。其中，前者是企业已实现并已确认的收益，后者是企业未实现但根据会计准则已确认的收益。用公式表示如下。

$$综合收益 = 收入 - 费用 + 直接计入当期损益的利得和损失$$

在所有者权益变动表中，净利润和直接计入所有者权益的利得和损失均单列项目反映，体现了企业综合收益的构成。

3．所有者权益变动表的作用

（1）所有者权益变动表为公允价值的广泛运用创造条件。公允价值的引入是我国新会计准则最大的亮点，这表明公允价值将得到更加广泛的运用。公允价值的运用能反映在物价、利率、汇率波动情况下的企业资产、负债和所有者权益的真实价值，突出体现以公允价值为基础的“资产负债观”的新会计理念，从而也不可避免地产生未实现的利得或损失。可见所有者权益变动表的出现使得企业未实现的利得或损失得到充分体现，也为公允价值的广泛运用创造了条件。

（2）所有者权益变动表提供更加全面的财务信息。所有者权益变动表的综合收益观，符合综合收益改革的国际趋势。对强调以资产、负债确认和公允价值计量为基础的所有者权益变动表的分析，可以从综合收益角度为企业的股东和投资者提供更加全面的财务信息。

（3）所有者权益变动表有利于全方面反映企业的经营业绩。所有者权益变动表既能反映企业以历史成本计价的已确认实现的收入、费用、利得和损失，又能反映以多种计量属性计价的已确认但未实现的利得和损失，解决了衍生金融工具、外币换算、资产重估等产生的收益却无法在表内披露、确认的难题，也真实准确地反映由于会计政策变更和前期差错更正对所有者权益的影响数额，另外也能反映由于股权分置、股东分配政策等财务政策对所有者权益的影响。总之，所有者权益变动表的出现使得会计报告的内容更丰富，反映企业经营业绩的信息更加广泛和真实，进而满足报表使用者对企业会计信息披露多样化的需求。

4．企业所有者权益变动表的结构

为了清楚地表明构成所有者权益的各组成部分当期的增减变动情况，所有者权益变动表应当以矩阵的形式列示：一方面，列示导致所有者权益变动的交易或事项，改变了以往仅仅按照所有者的各组成部分反映所有者变动情况，而是按所有者权益变动的来源对一定时期所有者权益变动情况进行全面反映；另一方面，按照所有者权益各组成部分（包括实收资本、资本公积、盈余公积、未分配利润和库存股）及其总额列示交易或事项对所有者权益的影响。此外，企业还需要提供比较所有者权益变动表，因此，所有者权益变动表还可以根据各项目分为“本年金额”和“上年金额”两栏分别填列。

具体格式如表 1-10 所示。

表 1-10　　所有者权益变动表　　会企 04 表

编制单位：　　＿＿＿＿年度　　金额单位：

项　　目	本年金额						上年金额					
	实收资本	资本公积	盈余公积	库存股	未分配利润	所有者权益合计	实收资本	资本公积	盈余公积	库存股	未分配利润	所有者权益合计
一、上年年末余额												
加：会计政策变更												
前期差错更正												
二、本年年初余额												
三、本年增减变动金额（减少用“−”号表示）												
（一）本年净利润												
（二）其他综合收益												
上述（一）和（二）小计												
（三）所有者投入和减少资本												
1. 所有者投入资本												

续表

项　目	本年金额						上年金额					
	实收资本	资本公积	盈余公积	库存股	未分配利润	所有者权益合计	实收资本	资本公积	盈余公积	库存股	未分配利润	所有者权益合计
2. 股份支付计入所有者权益的金额												
3. 其他												
（四）本年利润分配												
1. 提取盈余公积												
2. 对所有者（或股东）的分配												
3. 其他												
（五）所有者权益内部结转												
1. 资本公积转增资本												
2. 盈余公积转增资本												
3. 盈余公积弥补亏损												
4. 其他												
四、本年年末余额												

（二）所有者权益变动表的编制方法

1. 所有者权益变动表各项目的列报说明

（1）“上年年末余额”项目，反映企业上年资产负债表中实收资本（或股本）、资本公积、盈余公积、未分配利润的年末余额。

（2）“会计政策变更”和“前期差错更正”项目，分别反映企业采用追溯调整法处理的会计政策变更的累积影响金额和采用追溯重述法处理的会计差错更正的累积影响数。

为了体现会计政策变更和前期差错更正的影响，企业应当在上期期末所有者权益余额的基础上进行调整得出本期期初所有者权益，根据“盈余公积”、“利润分配”、“以前年度损益调整”等科目的发生额分析填列。

（3）“本年增减变动额”项目分别反映如下内容。

①“净利润”项目，反映企业当年实现的净利润（或净亏损）金额，并对应列在“未分配利润”栏。

②“其他综合收益”项目，主要反映可供出售金额资产公允价值变动净额、权益法下被投资单位其他所得者权益变动的影响、现金流量套期工具产生的利得（或损失）净额、外币财务报表折算差额等其他综合收益项目金额的合计数。

③“净利润”和“其他综合收益”小计项目，反映企业当年实现的和未计入当年损益而直接计入所有者权益扣除所得税影响后的利得和损失净额的合计额。

④“所有者投入和减少资本”项目，反映企业当年所有者投入和减少的资本，其中：

“所有者投入资本”项目，反映企业接受投资者投入形成的实收资本（或股本）和资本溢价或股本溢价，并对应列在“实收资本”和“资本公积”栏。

“股份支付计入所有者权益的金额”项目，反映企业处于等待期中的权益结算的股份支付当年计入资本公积的金额，并对应列在“资本公积”栏。

⑤“利润分配”下各项目，反映当年对所有者（或股东）分配的利润（或股利）金额和按照规定提取的盈余公积金额，并对应列在“未分配利润”和“盈余公积”栏。其中：

“提取盈余公积”栏目，反映企业按照规定提取的盈余公积。

“对所有者（或股东）的分配”栏目，反映对所有者（或股东）分配的利润（或股利）金额。

⑥“所有者权益内部结转”下各项目，反映不影响当年所有者权益总额的所有者权益各组成部分之间当年的增减变动，包括资本公积转增资本（或股本）、盈余公积转增资本（或股本）、盈余公积弥补亏损等项金额。为了全面反映所有者权益各组成部分的增减变动情况，所有者权益内部结转也是所有者权益变动表的重要组成部分，主要指不影响所有者权益的各组成部分当期的增减变动。其中：

“资本公积转增资本（或股本）”项目反映企业以资本公积转增资本（或股本）的金额。

“盈余公积转增资本（或股本）”项目反映企业以盈余公积转增资本（或股本）的金额。

“盈余公积弥补亏损”反映企业以盈余公积弥补亏损的金额。

2．上年金额栏的填列方法

所有者权益变动表“上年金额”栏内各项数字，一般应根据上年度所有者权益变动表“本年金额”栏内所列数字填列。如果上年度所有者权益变动表规定的各个项目的名称和内容同本年度不相一致，应对上年度所有者权益变动表各项目的内容和数字按本年度的规定进行调整，填入所有者权益变动表“上年金额”栏内。

3．本年金额栏的填列方法

所有者权益变动表“本年金额”栏内各项数字，一般应根据“实收资本（或股本）”、“资本公积”、“盈余公积”、“利润分配”、“库存股”、“以前年度损益调整”等科目的发生额分析填列。

企业的净利润及其分配情况作为所有者权益变动的组成部分，不需要单独设置利润分配表列示。

三、任务实施

根据“一、任务引入”的相关资料，编制M公司2012年度所有者权益变动表如表1-11所示。

表 1-11　　所有者权益变动表

2012 年度　　编制单位：M 股份有限公司　　金额单位：万元

项目	本期数						上年同期数					
	股本	资本公积	减：库存股	盈余公积	未分配利润	股东权益合计	股本	资本公积	减：库存股	盈余公积	未分配利润	股东权益合计
一、上年年末余额	5 628.00	16.78		920.30	5 321.10	11 886.18	5 628.00	11.06		332.22	1 882.58	7 853.86
加：会计政策变更										16.56	93.83	110.39
前期差错更正												
二、本年年初余额	5 628.00	16.78		920.30	5 321.10	11 886.18	5 628.00	11.06		348.78	1 976.41	7 964.25
三、本年增减变动金额	1 900.00	22 102.79		1 108.93	4 307.21	29 418.93		5.73		571.52	3 344.69	3 921.94
（一）净利润					4 785.79	4 785.79					3 716.32	3 716.32
（二）其他综合收益				630.35		630.35		5.73		199.89		205.62
上述（一）、（二）小计				630.35	4 785.79	5 416.14		5.73		199.89	3 716.32	3 921.94
（三）股东投入和减少股本	1 900.00	22 102.79				24 002.79						
1. 股东投入股本	1 900.00	22 102.79				24 002.79						
2. 股份支付计入股东权益的金额												
3. 其他												
（四）利润分配				478.58	−478.58					371.63	−371.63	
1. 提取盈余公积				478.58	−478.58					371.63	−371.63	
2. 对股东的分配												
3. 其他												
（五）股东权益内部结转												
1. 资本公积转增股本												
2. 盈余公积转增股本												
3. 盈余公积弥补亏损												
4. 其他												
四、本期期末余额	7 528.00	22 119.57		2 029.23	9 628.31	41 305.11	5 628.00	16.79		920.30	5 321.10	11 886.19

公司法定代表人：张祥荣　　主管会计工作负责人：余广林　　会计机构负责人：余广林

任务五 报表附注的编制

一、任务引入

【基本资料】

（1）企业会计准则——基本准则。

（2）M 股份有限公司会计核算政策及财务管理相关规定（略）。

（3）前述编制完成的 2012 年 M 股份有限公司的年度财务报表（资产负债表 1-3、利润表 1-6、现金流量表 1-9、所有者权益变动表 1-11）。

（4）M 股份有限公司 2012 年度部分账簿记录，包括总账、明细账及备查账等（具体内容略）。

【要求】

根据提供的上述资料编制 M 股份有限公司 2012 年度财务报表附注。

二、相关知识

（一）财务报表附注概念

附注是财务报表不可或缺的组成部分，是对资产负债表、利润表、现金流量表和所有者权益变动表等报表中列示项目的文字描述或明细资料，以及对未能在这些报表中列示项目的说明等。

财务报表中的数字是经过分类与汇总后的结果，是对企业发生的经济业务的高度简化和浓缩的数字，如果没有形成这些数字所使用的会计政策和理解这些数字所必需的披露，财务报表就不可能充分发挥效用。因此，附注与资产负债表、利润表、现金流量表和所有者权益变动表等报表具有同等的重要性，是财务报表的重要组成部分。报表使用者了解企业的财务状况、经营成果和现金流量，应当全面阅读附注。

（二）附注的披露要求及内容

1．财务报表附注披露的基本要求

（1）附注披露的信息应是定量、定性信息的结合，从而能从量和质两个角度对企业经济事项完整的进行反映，也才能满足信息使用者的决策需求。

（2）附注应当按照一定的结构进行系统合理的排列和分类，有顺序地披露信息。由于附注的内容繁多，因此，更应按逻辑顺序排列，分类披露，条例清晰，具有一定的组织结构，以便于使用者理解和掌握，也更好地实现财务报表的可比性。

（3）附注相关信息应当与资产负债表、利润表、现金流量表和所有者权益变动表等报表列示的项目相互参照，以有助于使用者联系相关联的信息，并由此从整体上更好地理解财务报表。

2．附注的披露内容

附注应当按照如下顺序披露相关内容。

（1）企业基本情况。主要包括以下内容。

① 企业注册地、组织形式和总部地址。

② 企业的业务性质和主要经营活动，如企业所处的行业、所提供的主要产品或服务、客户的性质、销售策略、监管环境的性质等。

③ 母公司以及集团最终母公司的名称。

④ 财务报告的批准报出者和财务报告批准报出日。

（2）财务报表的编制基础。

（3）遵循企业会计准则的声明。企业应当声明编制的财务报表符合企业会计准则的要求，真实、完整地反映了企业的财务状况、经营成果和现金流量等有关信息。以此明确企业编制财务报表所依据的制度基础。如果企业编制的财务报表只是部分地遵循了企业会计准则，附注中不得做出这种表述。

（4）重要会计政策和会计估计。根据财务报表列报准则的规定，企业应当披露采用的重要会计政策和会计估计，不重要的会计政策和会计估计可以不披露。

① 重要会计政策的说明。由于企业经济业务的复杂性和多样性，某些经济业务可以有多种会计处理方法，即存在不止一种可供选择的会计政策。例如，存货的计价可以有先进先出法、加权平均法、个别计价法等；固定资产的折旧，可以有平均年限法、工作量法、双倍余额递减法、年数总和法等。企业在发生某项经济业务时，必须从允许的会计处理方法中选择适合本企业特点的会计政策，企业选择不同的会计处理方法，可能极大地影响企业的财务状况和经营成果，进而编制出不同的财务报表。为了有助于报表使用者理解，有必要对这些会计政策加以披露。

需要特别指出的是，说明会计政策时还需要披露下列两项内容。

a. 财务报表项目的计量基础。会计计量属性包括历史成本、重置成本、可变现净值、现值和公允价值，这会直接并显著影响报表使用者的分析，这项披露要求便于使用者了解企业财务报表中的项目是按何种计量基础予以计量的，如存货是按成本还是可变现净值计量等。

b. 会计政策的确定依据，主要是指企业在运用会计政策过程中所作的对报表中确认的项目金额最具影响的判断。例如，企业如何判断持有的金融资产是持有至到期的投资而不是交易性投资；又比如，对于拥有的持股不足50%的关联企业，企业为何判断企业拥有的控制权因此将其纳入合并范围；再比如，企业如何判断与租赁资产相关的所有风险和报酬已转移给企业，从而符合融资租赁的标准；以及投资性房地产的判断标准是什么；等等，这些判断对在报表中确认的项目金额具有重要影响。因此，这项披露要求有助于使用者理解企业选择和运用会计政策的背景，增加财务报表的可理解性。

② 重要会计估计的说明。财务报表列报准则强调了对会计估计不确定因素的披露要求，企业应当披露会计估计中所采用的关键假设和不确定因素的确定依据，这些关键假设和不确定因素在下一会计期间内很可能导致对资产、负债账面价值进行重大调整。

在确定报表中确认的资产和负债的账面价值金额过程中，企业有时需要对不确定的未来事项在资产负债表日对这些资产和负债的影响加以估计。例如，固定资产可收回金额的计算需要根据其公允价值减去处置费用后的净额与预计未来现金流量的现值两者之间的较高者确定，在计算资产预计未来现金流量的现值时需要对未来现金流量进行预测，并选择适当的折现率，应当在附注中披露未来现金流量预测所采用的假设及其依据、所选择的折现率为什么是合理的等。又如，为正在进行中的诉讼提取准备时最佳估计数的确定依据等。这些假设的变动对这些资产和负债项目金额的确定影响很大，有可能会在下一个会计年度内做出重大调整。因此，强调这一披露要求，有助于提高财务报表的可理解性。

（5）会计政策、会计估计变更和差错更正的说明。企业应当按照《企业会计准则第 28 号——会计政策、会计估计变更和差错更正》及其应用指南的规定，披露会计政策，会计估计变更和差错更正的有关情况。

（6）报表重要项目的说明。企业应当以文字和数字描述相结合、尽可能以列表形式披露报表重要项目的构成或当期增减变动情况，并且报表重要项目的明细金额合计应当与报表项目金额相衔接。在披露顺序上，一般应当按照资产负债表、利润表、现金流量表和所有者权益变动表的顺序及其项目列示的顺序。

（7）其他需要说明的重要事项。主要包括或有和承诺事项、资产负债表日后非调整事项、关联方关系及其交易等，具体的披露要求须遵循相关准则的规定。

三、任务实施

根据上述资料，编制的 M 股份有限公司的 2012 年报表附注如下。

M 股份有限公司财务报表附注

2012 年度

金额单位：元

（一）公司基本情况

M 股份有限公司于 2001 年 5 月 18 日在某省某市工商行政管理局登记注册，注册资本 7 528 万元，股份总数 7 528 万股。

本公司属机械制造行业。经营范围：园林机械、电机、汽油机、水泵、其他机械设备、模具、五金工具及相关配件的生产、销售，进出口业务（除法律、法规禁止和限制的项目）。

（二）财务报表的编制基准与方法

本公司自 2008 年 1 月 1 日起执行财政部 2006 年 2 月公布的《企业会计准则》。

（三）公司采用的重要会计政策和会计估计

1．遵循企业会计准则的声明

本公司编制的财务报表符合企业会计准则的要求，真实、完整地反映了企业财务状况、经营成果和现金流量等有关信息。

2．财务报表的编制基础

本公司财务报表以持续经营为编制基础。

3．会计期间

会计年度自公历 1 月 1 日起至 12 月 31 日止。

4．记账本位币

本公司采用人民币为记账本位币。

5．会计计量属性

财务报表项目以历史成本计量为主。以公允价值计量且其变动计入当期损益的金融资产和金融负债、可供出售金融资产、衍生金融工具、投资性房地产等以公允价值计量；采购时超过正常信用条件延期支付的存货、固定资产等采用以购买价款的现值计量；发生减值损失的存货以可变现净值计量；其他减值资产等以可收回金额（公允价值与现值孰高）计量；盘盈资产等以重置价值计量。

6．现金等价物的确定标准

现金等价物是指企业持有的期限短（一般指购买日起三个月内到期）、流动性强、易于转换为已知金额现金、价值变动风险较小的投资。

7．外币折算

对发生的外币业务，以交易发生日的即期汇率折合为人民币记账。对各种外币账户的外币期末余额，外币货币性项目按资产负债表日即期汇率折算，发生的差额计入当期损益；以公允价值计量的外币非货币性项目，以公允价值确定日的即期汇率折算，发生的差额计入公允价值变动损益。

8．金融工具的确认和计量（略）

9．应收款项坏账准备的计提方法

对于单项金额重大且有客观证据表明发生了减值的应收款项（包括应收账款和其他应收款），根据其未来现金流量现值低于其账面价值的差额计提坏账准备；对于单项金额非重大以及经单独测试后未减值的单项金额重大的应收款项（包括应收账款和其他应收款），根据相同账龄应收款项组合的实际损失率为基础，结合现时情况确定报告期各项组合计提坏账准备的比例。确定具体提取比例为：账龄 1 年（含 1 年，以下类推）以内的，按其余额的 5%计提；账龄 1—2 年的，按其余额的 10%计提；账龄 2—3 年的，按其余额的 30%计提；账龄 3 年以上的，按其余额的 100%计提。对有确凿证据表明可收回性存在明显差异的应收款项，采用个别认定法计提坏账准备。

对其他应收款项（包括应收票据、预付账款等），经单独测试后根据其未来现金流量现值低于其账面价值的差额计提坏账准备，对其他应收款中应收出口退税不计提坏账准备。

10．存货的确认和计量

（1）存货包括在日常活动中持有以备出售的产成品或商品、处在生产过程中的在产品、在生产过程或提供劳务过程中耗用的材料和物料等。

（2）发出存货采用加权平均法。

（3）资产负债表日，存货采用成本与可变现净值孰低计量，按照单个存货成本高于可变现净值的差额计提存货跌价准备。产成品、商品和用于出售的材料等直接用于出售的商品存货，在正常生产经营过程中以该存货的估计售价减去估计的销售费用和相关税费后的金额确定其可变现净值；需要经过加工的材料存货，在正常生产经营过程中以所生产的产成品的估计售价减去至完工时估计将要发生的成本、估计的销售费用和相关税费后的金额确定其可变现净值；资产负债表日，同一项存货中一部分有合同价格约定、其他部分不存在合同价格的，分别确定其可变现净值，并与其对应的成本进行比较，分别确定存货跌价准备的计提或转回的金额。

（4）存货的盘存制度为永续盘存制。

（5）包装物、低值易耗品等周转材料采用一次转销法进行摊销。

11．长期股权投资的确认和计量（略）

12．固定资产的确认和计量

（1）固定资产是指同时具有下列特征的有形资产。

① 为生产商品、提供劳务、出租或经营管理持有的。

② 使用寿命超过一个会计年度。

（2）固定资产同时满足下列条件的予以确认。

① 与该固定资产有关的经济利益很可能流入企业。

② 该固定资产的成本能够可靠地计量。与固定资产有关的后续支出，符合上述确认条件的，计入固定资产成本；不符合上述确认条件的，发生时计入当期损益。

（3）固定资产按照成本进行初始计量。

（4）固定资产折旧采用年限平均法。各类固定资产的使用寿命、预计净残值和年折旧率如表 1-12 所示。

表 1-12　　固定资产折旧的年限平均法

固定资产类别	使用寿命（年）	预计净残值	年折旧率（%）
房屋及建筑物	20	原价的 3%或 5%	4.75～4.85
机器设备	5～10	原价的 3%或 5%	9.50～19.40
运输工具	5	原价的 3%或 5%	19.00～19.40
其他设备	5～10	原价的 3%或 5%	9.50～19.40

（5）因开工不足、自然灾害等导致连续 3 个月停用的固定资产确认为闲置固定资产（季节性停用除外）。闲置固定资产采用和其他同类别固定资产一致的折旧方法。

（6）资产负债表日，有迹象表明固定资产发生减值的，按本财务报表附注（三）15 所述计提固定资产减值准备。

13．在建工程的确认和计量（略）

14．无形资产的确认和计量

（1）无形资产按成本进行初始计量。

（2）根据无形资产的合同性权利或其他法定权利、同行业情况、历史经验、相关专家论证等综合因素判断，能合理确定无形资产为公司带来经济利益期限的，作为使用寿命有限的无形资产；无法合理确定无形资产为公司带来经济利益期限的，视为使用寿命不确定的无形资产。

（3）对使用寿命有限的无形资产，估计其使用寿命时通常考虑以下因素：①运用该资产生产的产品通常的寿命周期、可获得的类似资产使用寿命的信息；②技术、工艺等方面的现阶段情况及对未来发展趋势的估计；③以该资产生产的产品或提供劳务的市场需求情况；④现在或潜在的竞争者预期采取的行动；⑤为维持该资产带来经济利益能力的预期维护支出，以及公司预计支付有关支出的能力；⑥对该资产控制期限的相关法律规定或类似限制，如特许使用期、租赁期等；⑦与公司持有其他资产使用寿命的关联性等。

（4）使用寿命有限的无形资产，在使用寿命内按照与该项无形资产有关的经济利益的预期实现方式系统合理地摊销，无法可靠确定预期实现方式的，采用直线法摊销。使用寿命不确定的无形资产不摊销，但每年均对该无形资产的使用寿命进行复核，并进行减值测试。

（5）资产负债表日，检查无形资产预计给公司带来未来经济利益的能力，按准则规定方法计提无形资产减值准备。

（6）内部研究开发项目按准则规定方法核算。

15．资产减值

资产减值遵循准则规定的减值测试时间、资产范围和减值测试方法和核算方法。

16．借款费用的确认和计量

遵循借款费用准则的规定。

17．收入确认原则

遵循收入准则的规定。

18．企业所得税的确认和计量

遵循所得税准则的规定。

（四）税（费）项

1．增值税

园林机械中碎枝机及松土机产品按13%的税率计缴，水泵等其他产品按17%的税率计缴。出口货物实行“免、抵、退”税政策，按13%的税率计缴的产品退税率为11%，按17%的税率计缴的产品除扫雪机、电机退税率为17%外，其余产品的退税率均为13%。

根据《财政部、国家税务总局关于调低部分商品出口退税率的通知》（财税[2008]90号），自2008年7月1日起，水泵配件等出口退税率由13%下调至9%。

2．城市维护建设税

按应交流转税税额的7%计缴。

3．教育费附加

按应交流转税税额的3%计缴。

4．地方教育附加

按应交流转税税额的3%计缴。

5．企业所得税

按25%的税率计缴。

（五）利润分配（本年度净利润暂不分配）

（六）报表项目注释

1．资产负债表项目注释

（1）货币资金。期末数142 606 450.25。

① 货币观念明细情况，如表1-13所示。

表1–13　　货币资金明细情况　　金额单位：元

项　目	期 末 数	期 初 数
库存现金	16 267.00	26 211.74
银行存款	117 623 988.49	4 131 201.91
其他货币资金	24 966 194.76	[注] 19 279 098.86
合计	142 606 450.25	23 436 512.51

[注] 其中银行承兑汇票保证金17 727 927.76元，信用证保证金2 338 000.00元，远期结汇保证金2 129 000.00元。

② 货币资金——外币货币资金（略）

③ 变动幅度超过30%（含30%）或占资产总额5%以上（含5%）原因说明。货币资金期末数较期初数增长508.48%，主要系公司本期首次公开发行社会公众股募集资金尚未使用完毕所致。

（2）应收票据（略）。

（3）应收账款。期末数 122 254 586.11。

① 应收账明细情况，如表 1-14 所示。

表 1-14　　应收账款明细情况　　金额单位：元

项目	期末数				期初数			
	账面余额	比例（%）	坏账准备	账面价值	账面余额	比例（%）	坏账准备	账面价值
单项金额重大	46 867 862.98	36.14	2 343 393.15	44 524 469.83	13 987 246.57	14.95	699 362.33	13 287 884.24
其他不重大	82 815 680.24	63.86	5 085 563.96	77 730 116.28	79 583 125.30	85.05	4 184 327.78	75 398 797.52
合计	129 683 543.22	100.00	7 428 957.11	122 254 586.11	93 570 371.87	100.00	4 883 690.11	88 686 681.76

② 应收账款账龄分析，如表 1-15 所示。

表 1-15　　应收账款账龄分析

账龄	期末数				期初数			
	账面余额	比例（%）	坏账准备	账面价值	账面余额	比例（%）	坏账准备	账面价值
1 年以内	124 340 992.59	95.88	6 217 049.63	118 123 942.96	92 633 634.05	99.00	4 631 681.70	88 001 952.35
1～2 年	4 498 351.12	3.47	449 835.11	4 048 516.01	145 064.69	0.16	14 506.47	130 558.22
2～3 年	117 324.48	0.09	35 197.34	82 127.14	791 673.13	0.84	237 501.94	554 171.19
3 年以上	726 875.03	0.56	726 875.03					
合计	129 683 543.22	100.00	7 428 957.11	122 254 586.11	93 570 371.87	100.00	4 883 690.11	88 686 681.76

③ 期末应收账款中欠款金额前 5 名的欠款金额总计为 75 871 363.06 元，占应收账款账面余额的 58.51%，均系 1 年以内应收账款。

④ 无持有本公司 5%以上（含 5%）表决权股份的股东账款。

⑤ 期末应收账款中已有 1 161 698.02 元（USD159 036.50）用于担保。

⑥ 应收账款——外币应收账款（略）

⑦ 变动幅度超过 30%（含 30%）或占资产总额 5%以上（含 5%）原因说明。应收账款期末数较期初数增长 37.85%，主要系公司本期销量增加，期末未到结算期的应收账款余额增加。

⑧ 公司本期核销应收账款 7 035.19 元，系核实后无法收回的款项。

（4）预付款项（略）。

（5）其他应收款（略）。

（6）存货。期末数 133 372 898.66。

① 存货明细情况，如表 1-16 所示。

表 1-16　　存货明细情况　　金额单位：元

项　目	期末数			期初数		
	账面余额	跌价准备	账面价值	账面余额	跌价准备	账面价值
原材料	28 731 788.09	345 460.93	28 386 327.16	19 409 495.02	94 556.83	19 314 938.19
在产品	20 059 606.00		20 059 606.00	11 517 979.71		11 517 979.71
自制半成品	26 926 761.19		26 926 761.19	18 285 248.93	166 478.55	18 118 770.38
库存商品	41 408 558.29	40 890.20	41 367 668.09	26 645 934.65	45 598.52	26 600 336.13

续表

项　目	期末数			期初数		
	账面余额	跌价准备	账面价值	账面余额	跌价准备	账面价值
委托加工物资	12 485 700.35		12 485 700.35	6 851 215.77		6 851 215.77
包装物	1 965 841.92		1 965 841.92	1 718 384.58	1 511.16	1 716 873.42
低值易耗品	2 181 017.45	23.50	2 180 993.95	1 125 570.84	1 610.06	1 123 960.78
合计	133 759 273.29	386 374.63	133 372 898.66	85 553 829.50	309 755.12	85 244 074.38

② 存货跌价准备。

a. 明细情况，如表 1-17 所示。

表 1-17　　明细情况

项　目	期初数	本期增加	本期减少		期末数
			转回	转销	
原材料	94 556.83	337 848.85		86 944.75	345 460.93
自制半成品	166 478.55			166 478.55	
库存商品	45 598.52			4 708.32	40 890.20
包装物	1 511.16			1 511.16	
低值易耗品	1 610.06			1 586.56	23.50
小 计	309 755.12	337 848.85		261 229.34	386 374.63

b. 计提存货跌价准备的依据详见本财务报表附注（三）10（3）之说明。

c. 本期转回存货跌价准备的原因、金额。本期存货对外销售相应转销存货跌价准备 261 229.34 元。

③ 变动幅度超过 30%（含 30%）或占资产总额 5%以上（含 5%）原因说明。存货期末数较期初数增长 56.46%，主要系公司本期产销量扩大，期末保留与生产经营规模相适应的存货余额。

（7）长期股权投资 （略）。

（8）固定资产。期末数 150 780 119.53。

① 明细情况。

a. 原价，如表 1-18 所示。

表 1-18　　原价

类　别	期初数	本期增加	本期减少	期末数
房屋及建筑物	17 987 100.70	5 074 419.00		23 061 519.70
机器设备	84 694 540.16	68 526 843.56	2 887 569.22	150 333 814.50
运输工具	8 317 829.00	1 362 283.00		9 680 112.00
其他设备	3 932 305.01	1 783 557.00		5 715 862.01
小 计	114 931 774.87	76 747 102.56	2 887 569.22	188 791 308.21

b. 累计折旧，如表 1-19 所示。

表 1-19 累计折旧

类　别	期 初 数	本 期 增 加	本 期 减 少	期 末 数
房屋及建筑物	2 259 145.36	902 642.27		3 161 787.63
机器设备	17 900 852.34	11 494 697.13	1 718 579.92	27 676 969.55
运输工具	2 542 380.57	1 557 465.68		4 099 846.25
其他设备	1 321 692.70	824 401.57		2 146 094.27
小计	24 024 070.97	14 779 206.65	1 718 579.92	37 084 697.70

c. 减值准备，如表 1-20 所示。

表 1-20 减值准备

类　别	期 初 数	本 期 增 加	本 期 减 少	期 末 数
机器设备	1 036 292.56	299 640.35	409 441.93	[注] 926 490.98
小计	1 036 292.56	299 640.35	409 441.93	926 490.98

[注] 均系固定资产处置相应转出的固定资产减值准备 409 441.93 元。

d. 账面价值，如表 1-21 所示。

表 1-21 账面价值

类　别	期 初 数	期 末 数
房屋及建筑物	15 727 955.34	19 899 732.07
机器设备	65 757 395.26	121 730 353.97
运输工具	5 775 448.43	5 580 265.75
其他设备	2 610 612.31	3 569 767.74
小计	89 871 411.34	150 780 119.53

② 本期增加固定资产均系外购。

③ 固定资产减值准备计提依据详见本财务报表附注（三）15 之说明。

④ 未办妥产权证书的固定资产的情况说明。截至 2008 年 12 月 31 日，公司房屋及建筑物原值 5 074 419.00 元尚未办妥房产权证。

⑤ 变动幅度超过 30%（含 30%）或占资产总额 5%以上（含 5%）原因说明。固定资产期末数较期初数增长 67.77%，主要系公司本期募投项目采购机器设备增加所致。

（9）在建工程（略）。

（10）无形资产（略）。

（11）长期待摊费用（略）。

（12）递延所得税资产（略）。

（13）短期借款。期末数 21 161 698.02。

① 明细情况，如表 1-22 所示。

表 1-22　　短期借款明细情况

借款条件	期末数	期初数
抵押借款	20 000 000.00	17 530 000.00
保证借款		4 326 019.80
质押借款	1 161 698.02	21 340 000.00
合计	21 161 698.02	43 196 019.80

② 变动幅度超过 30%（含 30%）或占资产总额 5%以上（含 5%）原因说明。短期借款期末数较期初数下降 51.01%，主要系公司本期流动资金充足，相应归还银行借款所致。

（14）应付票据（略）。

（15）应付账款（略）。

（16）预收款项（略）。

（17）应付职工薪酬（略）。

（18）应交税费。期末数-12 181 159.21。

① 明细情况，如表 1-23 所示。

表 1-23　　应交税费明细情况

种　类	期末数	期初数
增值税	−8 720 139.42	−6 160 909.20
城市维护建设税	39 479.18	
企业所得税	−3 631 962.25	−1 056 357.82
代扣代缴个人所得税	98 917.22	35 097.34
水利建设基金	72 025.24	55 171.63
教育费附加	23 687.51	
地方教育费附加	15 791.67	
合计	−12 181 159.21	−7 048 039.69

② 变动幅度超过 30%（含 30%）或占资产总额 5%以上（含 5%）原因说明。应交税费期末数较期初数下降 72.83%，主要系公司本期国产设备抵免企业所得税 7 263 851.08 元。

（19）应付利息（略）。

（20）其他应付款（略）。

（21）长期应付款（略）。

（22）股本。期末数 75 280 000.00。

① 明细情况（单位：万元）。有限售条件股份期初数和期末数均为 5 628.00 万元，其中法人持股数为 450 万元，其余均为自然人持股。在本年度经中国证券监督管理委员会核准对外公开发行上市的股份为 1 900.00 万元，期末股份总数为 7 528.00 万元。

② 公司前 10 名股东中原非流通股股东持有股份的限售条件的说明。

公司股东刘某、张某、王某、D 有限公司、赵某和吴某分别持有本公司的股份数为 2 000 万股、1 500 万股、1 500 万股、450 万股、89 万股、89 万股，各占公司股本总额的 35.54%、26.65%、26.65%、8%、1.58%、1.58%。各股东承诺如下：第一，自公司首次向社会公开发行股票并上市之日起36个月内，不转让或者委托他人管理其所持有的公司股份，也不由公司回购其所持有的股份；第二，在公司任职期间，每年转让的股份不超过其所持有的公司股份总数的25%，且离职后半年内不转让其所持有的公司股份。

（23）资本公积。期末数221 195 772.25。

① 明细情况，如表1-24所示。

表1-24 明细情况

项　目	期初数	本期增加	本期减少	期末数
股本溢价		221 027 928.00		221 027 928.00
其他资本公积	167 844.25			167 844.25
合计	167 844.25	221 027 928.00		221 195 772.25

② 资本公积本期增减原因及依据说明。本期增加均系股本溢价，详见本财务报表附注（六）1（23）①之注释。

（24）盈余公积（略）。

（25）未分配利润（略）。

2．利润表项目注释

（1）营业收入/营业成本。本期数783 027 675.40/ 633 224 765.34。

① 明细情况。

a. 营业收入，如表1-25所示。

表1-25 营业收入

项　目	本期数	上年同期数
主营业务收入	770 521 806.04	608 945 719.55
其他业务收入	12 505 869.36	9 141 747.72
合 计	783 027 675.40	618 087 467.27

b. 营业成本，如表1-26所示。

表1-26 营业成本

项　目	本期数	上年同期数
主营业务成本	619 125 658.94	493 593 464.20
其他业务成本	14 099 106.40	7 345 484.74
合 计	633 224 765.34	500 938 948.94

② 主营业务收入/主营业务成本，如表1-27所示。

表1-27 主营业务收入/主营业务成本 金额单位：元

项目	本期数			上年同期数		
	收　入	成　本	利　润	收　入	成　本	利　润
水泵	551 051 599.38	448 226 296.68	102 825 302.70	438 393 870.33	364 758 161.45	73 635 708.88
园林机械	153 724 679.62	121 663 377.00	32 061 302.62	131 834 852.94	96 439 265.11	35 395 587.83

续表

项目	本期数			上年同期数		
	收入	成本	利润	收入	成本	利润
其他	65 745 527.04	49 235 985.26	16 509 541.78	38 716 996.28	32 396 037.64	6 320 958.64
小计	770 521 806.04	619 125 658.94	151 396 147.10	608 945 719.55	493 593 464.20	115 352 255.35

③ 销售收入前 5 名情况，如表 1-28 所示。

表 1-28　　销售收入前 5 名情况

项　目	本期数	上年同期数
前 5 名客户销售的收入总额	230 357 550.07	164 062 078.11
占当年营业收入比例	29.42%	26.54%

（2）营业税金及附加。本期数 2 550 720.65。

① 明细情况，如表 1-29 所示。

表 1-29　　营业税金及附加明细情况

项　目	本期数	上年同期数
城市维护建设税	1 275 360.33	904 410.55
教育费附加	765 216.19	848 715.83
地方教育附加	510 144.13	
合计	2 550 720.65	1 753 126.38

② 变动幅度超过 30%（含 30%）以上的原因说明。营业税金及附加本期数较上年同期数增长 45.50%，主要系公司本期产销规模扩大，营业收入增长相应营业税金及附加增加所致。

（3）销售费用。本期数 46 719 056.36。

销售费用本期数较上年同期数增长 63.69%，主要系公司本期产销规模扩大，相应广告费、出口信用保险费、运输费以及包装费用等增加。

（4）财务费用（略）。

（5）资产减值损失。本期数 3 203 113.79。

① 明细情况，如表 1-30 所示。

表 1-30　　资产减值损失明细情况

项　目	本期数	上年同期数
坏账损失	2 565 624.59	1 175 143.95
存货跌价损失	337 848.85	309 755.12
固定资产减值损失	299 640.35	
合计	3 203 113.79	1 484 899.07

② 变动幅度超过 30%（含 30%）以上的原因说明。资产减值损失本期数较上年同期数增长 115.71%，主要系公司本期应收账款期末余额增加，相应计提坏账准备增加。

（6）投资收益。本期数−4 117 708.61。

① 明细情况，如表 1-31 所示。

表 1-31　投资收益明细情况

项　目	本 期 数	上年同期数
交易性金融资产收益	−4 297 708.61	787.23
成本法核算的被投资单位分配来的利润	180 000.00	180 000.00
合计	−4 117 708.61	180 787.23

② 投资收益汇回重大限制的说明。本公司不存在投资收益汇回的重大限制。

③ 变动幅度超过 30%（含 30%）以上的原因说明。投资收益本期数较上年同期数下降，主要系公司本期投资交易性金融资产亏损所致。

（7）营业外收入（略）。

（8）营业外支出。营业外支出本期数较上年同期数增长 64.22%，主要系公司本期捐赠支出增加。

（9）所得税费用（略）。

3．现金流量表项目注释（略）

（七）其他重要事项

1．债务重组

无重大债务重组事项。

2．非货币性资产交换

无重大非货币性交易事项。

3．与现金流量表相关的信息

（1）现金流量表补充资料，如表 1-32 所示。

表 1-32　现金流量表补充资料

补 充 资 料	本　期　数	上年同期数
（1）将净利润调节为经营活动现金流量		
净利润	47 857 818.14	37 163 221.56
加：资产减值准备	3 203 113.79	1 345 029.71
固定资产折旧	14 779 206.65	10 705 086.62
无形资产摊销	999 783.49	190 966.78
长期待摊费用摊销	21 666.67	
处置固定资产、无形资产和其他长期资产的损失（收益以“－”号填列）	−24 028.88	31 537.48
固定资产报废损失（收益以“－”号填列）		
公允价值变动损失（收益以“－”号填列）		
财务费用（收益以“－”号填列）	6 449 912.11	5 692 151.79
投资损失（收益以“－”号填列）	4 117 708.61	−180 787.23
递延所得税资产减少（增加以“－”号填列）	−232 282.69	−455 610.09
递延所得税负债增加（减少以“－”号填列）		
存货的减少（增加以“－”号填列）	−48 205 443.79	−26 474 483.27
经营性应收项目的减少（增加以“－”号填列）	−47 238 703.83	−20 484 003.53
经营性应付项目的增加（减少以“－”号填列）	31 762 511.90	38 548 040.90

续表

补 充 资 料	本 期 数	上年同期数
其他		569 796.90
经营活动产生的现金流量净额	13 491 262.17	46 650 947.62
（2）不涉及现金收支的重大投资和筹资活动		
债务转为资本		
一年内到期的可转换公司债券		
融资租入固定资产		
（3）现金及现金等价物净变动情况		
现金的期末余额	130 468 650.25	11 461 802.51
减：现金的期初余额	11 461 802.51	12 603 342.06
加：现金等价物的期末余额		
减：现金等价物的期初余额		
现金及现金等价物净增加额	119 006 847.74	−1 141 539.53

（2）现金和现金等价物，如表 1-33 所示。

表 1–33 现金和现金等价物

项 目	本 期 数	上年同期数
（1）现金	130 468 650.25	11 461 802.51
其中：库存现金	16 267.00	26 211.74
可随时用于支付的银行存款	117 623 988.49	4 131 201.91
可随时用于支付的其他货币资金	12 828 394.76	7 304 388.86
（2）现金等价物：		
其中：三个月内到期的债券投资		
（3）期末现金及现金等价物余额	130 468 650.25	11 461 802.51

其中：母公司或集团内子公司使用受限制的现金和现金等价物。

不属于现金及现金等价物的货币资金情况的说明。2008 年度现金流量表中现金本期数为 130 468 650.25 元，资产负债表中货币资金期末数为 142 606 450.25 元，差额系现金流量表现金期末数扣除了不符合现金及现金等价物标准的其他货币资金 12 137 800.00 元。2008 年度现金流量表中现金上年同期数为 11 461 802.51 元，资产负债表中货币资金期末数为 23 436 512.51 元，差额系现金流量表现金期末数扣除了不符合现金及现金等价物标准的其他货币资金 11 974 710.00 元。

4．基本每股收益和稀释每股收益的计算（略）

小 结

本模块的主要任务是根据某会计主体 2012 年度发生的有关经济业务事项和相关账户资料编制财务会计报告。围绕本任务的完成，先后介绍了财务会计报告体系的组成、编报要求，资产负债表、利润表、现金流量表、所有者权益变动表等财务报表的基本含义、作用、内容、结构和编制方法，并在此基础上编制完成了“四表一注”（即资产负债表、利润表、现金流量表、所有者权益变动表和报表附注），为后续财务报表分析模块提供了数据基础。

课后习题与实训

一、判断题

1. 资产负债表是反映企业某一特定日期全部资产、负债和所有者权益的报表，应按月编制。（ ）
2. 资产负债表中的“货币资金”项目应根据银行存款日记账余额填列。（ ）
3. “收入－费用＝利润”这个会计等式是编制利润表的基础。（ ）
4. 利润分配表和现金流量表都是资产负债表的附表。（ ）
5. 我国企业的利润表是单步式利润表。（ ）
6. 不同利益主体进行财务报表分析有着各自的目的和侧重点。（ ）
7. 投资人既关心企业收益能力，也关心企业的偿债能力及风险等。（ ）
8. 财务报表分析的依据既包括财务信息还包括非财务信息。（ ）
9. 两个企业的收益率一致，表明它们的收益能力一样。（ ）
10. 财务报表分析标准的选择是唯一的，分析的指标之间要具有可比性。（ ）

二、单项选择题

1. 按经济内容分类“资产负债表”属于（ ）。
   A. 财务成果报表　B. 财务状况报表　C. 费用、成本报表　D. 汇总会计报表
2. 在填写资产负债表表头的日期时，正确的书写是（ ）。
   A. 一定时期，如201×年1月1日15时
   B. 一个会计期间，如201×年1月
   C. 任何一个地点，如201×年1月25日
   D. 某一个会计期间的期末，如201×年1月31日
3. 利润表中各项目的“本期金额”是根据有关损益类账户的（ ）填制。
   A. 期末余额　B. 本期发生额　C. 累计发生额　D. 期初余额
4. 利润分配表是（ ）。
   A. 主表　B. 报表附注　C. 附表　D. 月度报表
5. 现金流量是以（ ）为基础编制的反映企业财务状况变动的报表。
   A. 现金、银行存款　B. 现金及现金等价物
   C. 现金等价物　D. 现金、银行存款、其他货币资金
6. 我国《企业会计准则》规定，企业的利润表采用（ ）结构。
   A. 单步式　B. 多步式　C. 账户式　D. 报表式
7. 资产负债表编制的依据是（ ）。
   A. 资产总额＝流动资产＋固定资产　B. 利润＝收入−费用
   C. 资产＝负债＋所有者权益　D. 余额试算平衡公式
8. 短期债权人在进行财务报表分析时最关心的是（ ）。
   A. 偿债能力　B. 营运能力　C. 获利能力　D. 资本结构
9. 下列不属于财务报表的是（ ）。
   A. 资产负债表　B. 利润表　C. 附注　D. 审计报告
10. 企业收益的主要来源是（ ）。

A. 投资活动　B. 经营活动　C. 筹资活动　D. 投资收益

三、多项选择题

1. 企业财务报表主表包括（　　）。
A. 资产负债表　B. 利润表　C. 利润分配表
D. 现金流量表　E. 所有者权益变动表　F. 附注

2. 资产负债表和利润表同属于（　　）。
A. 对外报表　B. 动态报表　C. 月报　D. 财务成果报表

3. 在编制资产负债表时，下列项目中可根据有关总账科目的期末余额直接填列的有（　　）。
A. 存货　B. 固定资产　C. 短期借款　D. 交易性金融资产

4. 下列项目中，影响企业营业利润的项目有（　　）。
A. 销售费用　B. 所得税费用　C. 投资收益　D. 管理费用

5. 按会计制度规定，在资产负债表中应作为“存货”项目列示的有（　　）。
A. 生产成本　B. 在建工程　C. 材料采购　D. 原材料

四、单项实训

1. 练习资产负债表中“货币资金”、“固定资产”项目的填制。

（1）资料：光明公司 2012 年 8 月有关账户余额如表 1-34 所示。

表 1-34

科目名称	期末借方余额	期末贷方余额
库存现金	5 200	
银行存款	532 800	
其他货币资金	61 000	
固定资产	360 800	
累计折旧		73 000
固定资产减值准备		5 800

（2）要求：计算填列资产负债表中“货币资金”、“固定资产”。

2. 练习资产负债表中“应收账款”项目的填制。

（1）资料：光明公司 2012 年 3 月 31 日有关账户的余额，如表 1-35 所示。

表 1-35

月份	科目名称	期末借方余额	期末贷方余额
3月	应收账款——甲	15 230	
	应收账款——乙		10 000
	预收账款——A	20 000	
	预收账款——B		30 000
	坏账准备	2 031	

（2）要求：计算填列 3 月资产负债表资产方“应收账款”项目的金额。

3. 练习资产负债表中“存货”、“长期借款”和“未分配利润”项目的填制。

（1）资料：光明公司 2012 年 5 月有关账户的期末余额如表 1-36 所示。

表 1-36

科 目 名 称	期末借方余额	期末贷方余额
原材料	55 240	
生产成本	22 350	
库存商品	50 380	
长期借款		280 000
其中一年内到期的长期借款		60 000
本年利润		31 750
利润分配		8 000

（2）要求：计算填制资产负债表中“存货”、“长期借款”和“未分配利润”三个项目的金额。

4. 练习资产负债表中“应收账款”“预付账款”“应付账款”和“预收账款”四个项目的填制。

（1）资料：光明公司 2012 年 7 月有关账户的末期余额如表 1-37 所示。

表 1-37

科 目 名 称	总 账 余 额	明细账借方余额	明细账贷方余额
应收账款	11 040（借方）		
——A 单位		12 340	
——B 单位		6 000	
——C 工厂			7 300
应付账款	10 200（贷方）		
——甲公司			15 600
——乙公司			3 800
——丙企业		1 200	
——丁企业		8 000	

（2）要求：计算填制该公司 7 月资产负债表中“应收账款”、“预付款项”、“应付账款”、“预收款项”四个项目的金额。

五、综合实训

1. 实训一

（1）目的：练习资产负债表的编制。

（2）资料：光明公司 2012 年 8 月有关账户资料如表 1-38 所示。

表 1-38

总账期末余额

2012 年 8 月 31 日

单位：元

账 户 名 称	借 方 余 额	贷 方 余 额
库存现金	2 700	
银行存款	200 700	
应收账款	49 210	
其他应收款	3 000	
原材料	150 000	
库存商品	90 000	

续表

账户名称	借方余额	贷方余额
生产成本	31 050	
长期待摊费用	9 200	
持有至到期投资	74 000	
其中：一年内到期的长期债券投资	7 000	
固定资产	3 100 000	
累计折旧		854 000
短期借款		600 000
应付账款		90 200
其他应付款		12 000
应交税费		10 000
应付利息		15 400
实收资本		1 000 000
盈余公积		430 000
资本公积		90 000
本年利润		838 260
利润分配	230 000	
合计	3 939 860	3 939 860

（3）要求：根据资料编制 2012 年 8 月的资产负债表。

2. 实训二

（1）目的：练习利润表的编制

（2）资料：光明公司 2012 年 9 月有关利润表资料如表 1-39 所示。

表 1-39

账户名称	结转“本年利润”数额	
	借　方	贷　方
主营业务收入	506 000	
主营业务成本		283 000
销售费用		16 000
营业税金及附加		36 000
其他业务收入	20 000	
其他业务成本		15 000
管理费用		45 000
财务费用		18 000
营业外收入	61 000	
营业外支出		45 000
投资收益	18 000	
所得税费用		21 000

（3）要求：根据资料编制 2012 年 9 月的利润表。

模块二 资产负债表阅读与分析

技能目标

1. 会独立阅读资产负债表；
2. 能运用所学的分析方法，解读资产负债表中对决策有用的信息。

知识目标

1. 熟悉资产负债表的内容和结构；
2. 掌握资产负债表阅读与分析中运用的分析方法，能够计算各种比率，进而分析各报表项目变化的情况，能够根据报表信息分析变动的趋势，整理出有关各方需要的信息。

阅读材料

亿万"富"翁现形记

2008年，年仅32岁的章某凭借10亿身价，跻身福布斯富豪榜内，两年后，此人却因合同诈骗罪被判处无期徒刑。他是如何发家的，又是如何堕入犯罪的深渊？

章某的浮光集团，总资产约28亿元，收购某上市公司股份的3.8亿元都是现金支付，是福布斯富豪榜中年轻的富豪之一，身价上亿元，等等，这一系列的数字，都显示着章某的实力，可是在其母公司的银行账户上却显示出连300万元的流动资金都没有。章某究竟有没有实力，挪用其所收购的某上市公司的资金又到哪里去了，一时间，一个个迷团呈现在警方专案组和相关审计人员面前。

警方发现，在章某的浮光集团中，除了浮光电脑公司拥有自己的业务和办公场所外，其他几乎都是空壳公司，而且整个浮光集团又处在资不抵债的负资产情况，那么当初又是怎样在工商管理部门注册，并且拥有3亿元注册资本的呢？

章某说，很简单，就是我们在注册的时候，可能比如说我们用银行的贷款。不用贷 3 个亿，你贷 5 000 万元，我注册好了，我 5 000 万元转走了吧，我同样用这个 5 000 万元再去注册公司，不就变成 1 个亿了，你再去注册一个那就 1.5 亿了。有记者问：你一下哪来那么多公司呢？

章某说，这个很简单，你公司获得有两种渠道，一种渠道你可以自己直接去验资注册，还有更简单的渠道，比如原来有注册好的（公司），你直接把注册资本，比如原来他 100 万元，你可以直接给它增到 5 000 万元。

记者明白了，原来这些公司都是空壳的。

章某说，说“空壳”比较通俗一点，就是无资产，还有无资金？就是一个正负零的一个公司。

由此可见，这样一个自称近 28 亿总资产的公司总部，从董事会、行政部门到生产厂房，看上去五脏俱全，但是在这儿生产的机电产品每年亏损 400 万元，而集团的其他子公司是花几十万买来的空壳公司，2008 年浮光集团净资产是负数，也就是说当他们准备收购某上市公司的时候，浮光集团除了负债以外其他一无所有。有的只是一份虚假的会计报告，就让该集团公司成功收购了某上市公司的股份。

【启示】把一个资不抵债的公司，通过银行贷款、反复倒账、购买小公司等一系列运作，做成一个注册资本 3 亿元的集团公司，再把一个虚假注册的空壳集团，通过会计师事务所，包装成一个资产 28 亿元、净资产近 13 亿元的颇具实力的大集团公司，这其中无论哪一个环节认真执法或按照法律要求履行职责，都不会出现如上惨痛的事件，作为各级各类财务报表的使用者，必须清醒地阅读、准确地分析相关报表资料，以期做出合理的决策。

任务一 资产负债表阅读

一、任务引入

【基本资料】

公司资产负债表，如表 2-1 所示。

表 2-1 M 公司资产负债表

2012 年 12 月 31 日

金额单位：元

资　产	年　末	年　初
流动资产：		
货币资金	124 006 031.75	23 436 512.51

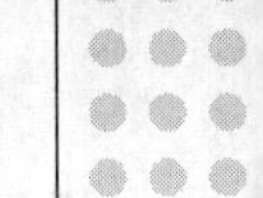

续表

资　　产	年　　末	年　　初
交易性金融资产		
应收票据	4 000 000.00	
应收账款	122 254 586.11	88 686 681.76
预付款项	30 460 751.81	38 714 700.45
应收利息		
其他应收款	4 264 800.52	4 596 432.16
存货	133 372 898.66	85 244 074.38
一年内到期的非流动资产		
其他流动资产		
流动资产合计	418 359 068.85	240 678 401.26
非流动资产：		
可供出售金融资产		
持有至到期投资		
长期应收款		
长期股权投资	19 600 000.00	1 000 000.00
投资性房地产		
固定资产	150 780 119.53	89 871 411.34
在建工程	5 242 208.91	2 519 095.54
工程物资		
固定资产清理		
生产性生物资产		
油气资产		
无形资产	46 528 999.27	8 120 137.61
开发支出		
商誉		
长期待摊费用	1 278 333.33	
递延所得税资产	1 791 728.50	1 559 445.81
其他非流动资产		
非流动资产合计	225 221 389.54	103 070 090.30
资产合计	643 580 458.39	343 748 491.56
负债和所有者权益	**年　　末**	**年　　初**
流动负债：		
短期借款	21 161 698.02	43 196 019.80
交易性金融负债		
应付票据	88 007 638.80	59 678 601.17

续表

负债和所有者权益	年　末	年　初
应付账款	113 190 014.68	79 894 849.41
预收款项	9 417 196.00	5 243 722.03
应付职工薪酬	5 018 021.74	9 986 680.23
应交税费	−12 181 159.21	−7 048 039.69
应付利息	41 930.11	77 045.61
其他应付款	5 073 992.41	3 000 000.30
一年内到期的非流动负债		14 024 640.00
其他流动负债		
流动负债合计	229 729 332.55	208 053 518.86
非流动负债：		
长期借款		16 033 110.00
应付债券		
长期应付款	800 000.00	800 000.00
专项应付款		
预计负债		
递延所得税负债		
其他非流动负债		
非流动负债合计	800 000.00	16 833 110.00
负债合计	230 529 332.55	224 886 628.86
所有者权益（或股东权益）：		
实收资本（或股本）	75 280 000.00	56 280 000.00
资本公积	221 195 772.25	167 844.25
减：库存股		
盈余公积	20 292 329.22	9 203 030.41
未分配利润	96 283 024.37	53 210 988.04
外币报表折算差额		
归属于母公司所有者权益合计	413 051 125.84	
少数股东权益		
所有者权益合计	413 051 125.84	118 861 862.70
负债和所有者权益合计	643 580 458.39	343 748 491.56

【要求】

请认真阅读该公司 2012 年 12 月 31 日的资产负债表，并进行相关分析。

二、相关知识

资产负债表的项目包括资产、负债、所有者权益三大类。对于资产负债表的阅读，我们也从

3 个方面展开。

（一）资产类项目的阅读

按照资产负债表的结构，资产类项目按照流动性由强到弱的顺序依次进行排列，对于资产类项目的阅读，我们按照资产负债表的排列顺序依次阅读。

1．流动资产项目阅读

（1）货币资金项目的阅读。“货币资金”项目由库存现金、银行存款、其他货币资金三部分构成，我们在阅读资产负债表时，其正表只提供了三者的和，而欲知每一个项目必须通过阅读资产负债表的附注，才可知晓库存现金、银行存款、其他货币资金各自具体的数额。同时，在阅读时，注意报表中为我们提供了比较资料，对于一张年度资产负债表而言，提供了年初（即上年年末）和年末（本报告年度的年末）资料，通过比较年初与年末资料，可以知道报告年度该企业的货币资金是增加了，还是减少了。若是增加了，对于债权人来说可能是好消息，意味着其债权收回有保障。对于投资者来说，可能会认为经营者目前是否未找到合适的投资项目，否则为何保有如此充足的现金流呢？但这些判断也只能是表面的、肤浅的，其真正的含义还需要借助相应的分析方法，进行深入细致的分析，才可以最终下结论。

（2）交易性金融资产项目的阅读。“交易性金融资产”项目以公允价值计量，而且其价值变动产生的损溢亦应记入该项目，它反映的是企业持有的准备随时变现的有价证券的投资情况，通过阅读该项目可以知晓报告企业的流动资金的投向，能够部分反映该企业的短期变现能力，进而可以分析企业短期偿债能力。当然，我们也要通过对比年初与年末的数据变动，进而做出准确的分析和判断。

（3）应收票据项目的阅读。应收票据反映的是报告企业持有的应收商业汇票的账面价值，而非面值。该项目的增加意味着企业短期的债权增加，其原因可能是赊销产生的应收债权，它表明企业已经确认了收入，但却未真正增加收益。它的增加，会降低资金周转速度。它的减少，其一可能是应收资金收回；其二可能是到期转账增加了应收账款；其三可能是办理了银行贴现业务。三种情况中若是第一、三种可能表明企业资金已经回笼，但第三种可能还要结合资产负债表附注部分进一步分析，是否实质上转移了所有权亦或是具有连带还款义务，若是实质上转移了所有权，则表明企业的资金收回，若是仍具有连带还款义务，则表明企业的该笔资金仍处于悬而未决的境遇；若是第二种可能意味着资金仍未收回。此项目增加或减少是利好消息还是不利消息，还需通过进一步的报表分析来实现。

（4）应收账款项目的阅读。“应收账款”项目也是企业的一项债权，该项目是源于企业采取赊销而形成的。它的增加意味着销售收入的增加，但货币资金并未增加，而且大量的应收债权很可能成为企业资金流转的障碍；它的减少通常是债权的收回，货币资金实现回笼，但也可能是发生坏账或抵偿其他债务。总之，该项目金额不宜过大。

（5）预付款项的阅读。“预付款项”是企业的债权，它主要产生于企业先付款后购货的采购业务，这个项目的增减变动一般不会很大，反映的内容可能是所需货物属稀缺或紧俏商品等情况。它对于整个企业的总资产而言，一般不会产生太大的影响。

（6）应收利息项目的阅读。“应收利息”反映的是企业对外投资购买债券等业务中应收而未收的利息，此项目不宜过多，过多就意味着企业虚增利息收入，一般而言少比多好。

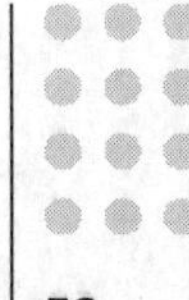

（7）其他应收款项目的阅读。“其他应收款”项目为企业的短期债权，反映的是企业应收或暂付的除应收账款、应收票据、预付款项等之外的应收款项，一般金额不大，变化亦不会很大。

（8）存货项目的阅读。“存货”项目为企业的流动资产，是实物资产，不宜过多，多即意味着企业的存货可能滞销或者积压，资金不能迅速回笼，影响企业正常经营。长期维持此种情况，企业经营会出现问题，必须考虑转产或停产，因此存货增加一般来说不是好消息，但小幅变动影响不大，出现波动也属正常。

（9）一年内到期的非流动资产项目的阅读。此项目一般为企业的对外长期债权投资（即持有至到期投资、可供出售金融资产等）将于一年内到期收回。此项目的阅读一般应结合非流动资产中的金融资产之持有至到期投资或可供出售金融资产共同阅读，可以分析企业的投资资金的投向及回笼情况。

（10）流动资产合计项目的阅读。这一项目是前面各项的合计数，它的增减变动反映的是各流动资产项目综合变动的结果。通过阅读此项目可以总体了解流动资产的规模及在总资产中的比率，总括地认识流动资产在报告企业中的地位。

2．非流动资产项目的阅读

（1）可供出售金融资产项目的阅读。“可供出售金融资产”项目反映的是企业对外金融资产投资中划分为可供出售金融资产的部分，它是介于持有至到期投资和交易性金融资产之间的债券投资，或是不准备长期持有但又准备近期出售的股票或基金等有公允报价的有价证券投资而未划分为交易性金融资产的那一部分，它是企业的对外长期性投资资金，能够提高企业长期偿债能力。

（2）长期应收款项目的阅读。“长期应收款”项目反映企业的长期应收款项，包括融资租赁产生的应收款项、采用分期收款具有融资性质的销售商品和提供劳务等业务中产生的应收款项。长期应收款是企业的一项长期债权，在资产负债表中列示的是其账面价值，即扣除了坏账准备后的净额。这个项目不宜过多，多则影响企业的资金流转。

（3）长期股权投资项目的阅读。“长期股权投资”项目反映企业对外进行长期股权投资的账面价值，即对外的长期股权投资资金的变现能力。本项目反映企业对外进行长期投资的资金实力，对外投资多，说明企业资金充足；但若企业对外投资过多，可能意味着自身发展潜力的缺乏，这种情况不能一概而论。

（4）投资性房地产项目的阅读。“投资性房地产”核算的是企业持有的以投资为目的房地产的账面价值，反映的是企业经营房地产业务的投资资金的流向，非主营房地产业务的企业如果将过多的资金投向房地产业务，在房地产行业景气的经营形势下可以获得超额回报，但若遇房地产业务经营不景气的情形，会使投资资金长期套牢，进而会导致企业资金周转困难，甚至可能陷入困境而不能脱身。因此，此项投资需谨慎。

（5）固定资产项目的阅读。“固定资产”项目核算的是企业拥有的厂房、机器、设备等可供企业长期使用的实务资产，资产负债表中列示的此项目反映的是固定资产的账面价值，即固定资产的账面余额与累计折旧、固定资产减值准备的差，反映企业固定资产的现实价值即现值。固定资产项目的增加或减少的变动是否合理，需根据企业的实际情况，结合未来的发展趋势做出合理的分析与判断。增加可能是企业欲扩大经营规模，减少可能是欲减小规模、缩减经营、转产或是其他情况。小幅变动亦属正常情况，切不能妄加评论。

（6）在建工程项目的阅读。“在建工程”项目核算的是企业基建、更新改造等在建工程发生的支出，在资产负债表中列示的是它的账面价值，即在建工程扣除在建工程减值准备后的净额。

该项目反映的是企业各项基础设施建设的资金的现实价值。此项目变动大小不能以金额来衡量，因为每一项基础设施的建设涉及的资金都不是小数目。只要合理规划，变动大小或多少都不是关键。

（7）工程物资项目的阅读。“工程物资”项目核算的是企业为在建工程准备的各种物资的成本，应结合在建工程项目阅读和分析。

（8）固定资产清理项目的阅读。“固定资产清理”项目核算的是企业因出售、报废、毁损、对外投资、非货币性资产交换、债务重组等原因转出的固定资产价值以及在清理过程中发生的清理费用等，应结合企业固定资产的使用情况及清理需要进行阅读，本项目可能是借方余额，可能是贷方余额，具体情况也需结合企业的实际情况和发展需要进一步分析和判断。

（9）生产性生物资产项目的阅读。“生产性生物资产”项目核算的是企业尤其是农业企业持有的生产性生物资产的价值，在资产负债表中列示的是其账面价值，即账面余额与减值准备或累计折旧的差。此项目为农业企业或经营农业业务的企业核算使用，为其固定资产或存货资产，具体根据实际情况而定。

（10）油气资产项目的阅读。“油气资产”项目核算企业主要是石油天然气开采企业持有的矿区权益和油气井及相关设施的价值，在资产负债表中本项目列示的是其账面价值，即油气资产与累计折耗、减值准备的差。油气资产是油气开发企业特有的资产项目，本教材不涉及此项目。

（11）无形资产项目的阅读。“无形资产”项目核算的是企业持有的专利权、非专利技术、商标权、著作权、土地所有权等无形资产的成本。在资产负债表中以其账面价值列示，即无形资产的账面余额扣除累计摊销和无形资产减值准备账户的账面余额的差额，对于高新技术企业而言，此项目一般金额较大。

（12）开发支出项目的阅读。“开发支出”项目核算的是自行开发的无形资产能够予以资本化的部分，但尚未达到预定可使用或可销售状态的支出。这一项目是企业自主研发实力的证明，也是企业进行自主创新的写照。

（13）商誉项目的阅读。“商誉”项目反映企业合并中形成的商誉的价值。在资产负债表中以其账面价值列示，即商誉账面余额与商誉减值准备之差。本项目只有发生过合并业务的企业才会填制，阅读时结合合并业务的补充说明效果会更好。

（14）长期待摊费用项目的阅读。“长期待摊费用”项目核算的是企业已经发生但应由本期或以后各期负担的、分摊期限在一年以上的各项费用，如以经营租赁方式租入的固定资产的改良支出等。本项目应注意结合相关业务（如经营租入固定资产的改良业务等）阅读会更明了。

（15）递延所得税资产项目的阅读。“递延所得税资产”项目核算的是企业确认的可抵扣暂时性差异产生的递延所得税资产，为新公布的《企业会计准则第 18 号—所得税》新增科目，企业确认递延所得税资产应当以未来期间很可能取得用以抵扣可抵扣暂时性差异的应纳税所得额为限。企业在确定未来期间很可能取得的应纳税所得额时，应当包括未来期间正常经营活动实现的应纳税所得额，以及在可抵扣暂时性差异转回期间因应纳税暂时性差异的转回而增加的应纳税所得额，并应提供相关证据。阅读这一项目时应在领会新所得税准则的基础上结合报告企业具体情况做出判断。

（16）其他非流动资产项目的阅读。“其他非流动资产”项目核算的是企业持有的经国家批准的特准储备物资或涉及诉讼的财产、银行冻结的财产等资产。一般企业一般情况下无此项目。阅读时应具体问题具体分析。

（17）非流动资产合计项目的阅读。“非流动资产合计”项目反映的是企业所有非流动资产的总和，它的增减变动反映的是各项非流动资产项目综合变动的结果。通过阅读此项目可以总体了解非流动资产的规模及在总资产中的比率，总括地认识非流动资产在报告企业中的地位。

（二）负债类项目的阅读

1．流动负债项目的阅读

（1）短期借款项目的阅读。“短期借款”项目核算的是企业向银行或其他金融机构等借入的期限在 1 年以下（含 1 年）的各种借款。资产负债表中此项目反映的是企业需要近期偿还的与金融机构的负债，也是需要付出利息代价的负债。阅读这一项目可以知晓报告企业的金融负债，为金融企业发放贷款提供了必要的信息。

（2）交易性金融负债项目的阅读。“交易性金融负债”项目核算企业承担的交易性金融负债的公允价值，企业持有的直接指定为以公允价值计量且其变动记入当期损益的金融负债也在此项目核算。如企业发行的准备近期收回或回购的短期债券等，它也是企业的一种金融负债，一般需要支付利息，但与短期借款的区别是其计价是公允价值，短期借款是按面值计价。阅读时注意即可。

（3）应付票据项目的阅读。“应付票据”项目反映的是企业购买材料、商品和接受劳务供应等开出、承兑的商业汇票，包括商业承兑汇票和银行承兑汇票。一般不带息，此项目反映的是商业汇票的面值，若为带息票据，利息通过应付利息项目反映。因为商业汇票最长期限为六个月，一旦超过六个月未支付，则应转入应付账款项目，所以在阅读这一项目时，应同时关注应付账款项目的变化，其中就可能有由应付票据结转而增加的。

（4）应付账款项目的阅读。“应付账款”项目核算企业因购买材料、商品和接受劳务供应等经营活动应支付的价、税等款项。此项目为企业的不带息流动负债，是一种信用负债，过多可导致短期偿债风险或影响企业的信誉，阅读时关注其变动不宜过大，多少应依企业的采购规模等具体情况决定。该项目金额是否合理还有待进一步分析。

（5）预收款项项目的阅读。“预收款项”项目核算的是企业按照合同预收的购货等款项，一般是在销售过程中因企业经营的商品或物资短缺、畅销等而预先收取购货款，后发货的销售行为。因此，其偿还需通过提供商品、货物或劳务来实现，此项目不宜过多，过多可能是企业商品供应不到位等原因，长期发展，可能会影响企业的信誉。但仍需具体问题具体分析，阅读时比较多期数据和相关资料。运用财务分析方法进行科学而合理的分析判断。

（6）应付职工薪酬项目的阅读。“应付职工薪酬”项目核算的是企业根据有关规定应付给职工的各种薪酬，包括工资、职工福利、社会保险费、住房公积金、工会经费、职工教育经费、非货币性福利、辞退福利、股份支付等内容。应付职工薪酬属于企业的经营活动中的日常负债，一般各月变动不大。阅读时年末与年初比较若发生较大变动，应注意企业是否有拖欠工资之嫌。

（7）应交税费项目的阅读。“应交税费”项目核算企业按照税法等规定计算应交纳的各种税费，包括增值税、消费税、营业税、所得税、资源税、土地增值税、城市维护建设税、房产税、土地使用税、车船使用税、教育费附加等税费。企业代扣的个人所得税也在此列报。这项负债也是企业正常经营产生的负债，增减变动属正常现象，增加可能是销售收入的增加所致，减少也与销售的减少等有关，具体还需结合利润表及相关附表进一步分析才能知晓。

（8）应付利息项目的阅读。“应付利息”项目核算企业按照合同规定应支付的利息，包括吸收存款、分期付息到期还本的长期借款、企业债券等应支付的利息。作为一般企业而言，主要是长期借款和应付债券两项负债需要分期支付的利息，是企业借债的代价即筹资费用，一般变动不大。

（9）其他应付款项目的阅读。“其他应付款”项目核算的是企业除应付票据、应付账款、预收账款、应付职工薪酬、应交税费、应付利息、长期应付款等以外的其他各项暂收或应付的款项。典型的比如收取押金这种情况，就属于其他应付款项目核算内容。本项目阅读时主要关注是否有异常变动，如变化不大，是正常现象。

（10）一年内到期的非流动负债项目的阅读。“一年内到期的非流动负债”项目反映的是企业的非流动负债距到期日还有不到 1 年（含 1 年），如长期借款还有不到 1 年到期等，这一项目提醒报表使用者注意近期需要偿还这些债务。

（11）其他流动负债项目的阅读。“其他流动负债”项目反映的是企业除上述流动负债之外的流动负债，一般企业无此项目。

（12）流动负债合计项目的阅读。“流动负债合计”项目反映的是企业流动负债的整体水平，通过阅读这一项目，可以总体把握企业的短期负债水平，对经营者而言，应及时调配资金，以及时还债；对债权人而言，可以衡量债务企业的短期还款能力，进而确定放债的规模；对股东而言，可以进一步了解企业的现金流量，进而做出投资决策。

2．非流动负债项目的阅读

（1）长期借款项目的阅读。“长期借款”项目核算企业向银行或其他金融机构借入的期限在 1 年以上（不含 1 年）的各项借款，本项目只反映截至报告期末偿还期限超过 1 年的金融机构借款，至报告期末止偿还期限在 1 年以下（含 1 年）的借款已在流动负债中列示了，即本项目仅仅反映的是实质上的长期借款。阅读时必须注意这一点。这个项目可能因企业长期资产的增减而增减变动，但不一定同比例变动，这要依据企业自有资金的情况来决定，具体的增减变动是否合理，还需要借助进一步的分析才能得出结论。

（2）应付债券项目的阅读。“应付债券”项目核算的是企业为筹集（长期）资金而发行的债券本金和到期一次还本付息的债券利息。发行债券必须符合公司法的严格规定，且企业有确实的资金需求，同时企业有一定的还款能力。本项目如果金额较大，那么企业的财务风险将提高，企业的长期债务偿还压力同时增大。因此，应付债券业务在企业不是经常发生。本项目一旦发生，年度内不会发生多大变化，一般体现为一次还本付息债券的利息计提而增加的金额。还有到期偿还本金会有较大变动，因发行债券筹集资金的金额较大。阅读时注意这些即可。

（3）长期应付款项目的阅读。“长期应付款”项目核算的是企业除长期借款、应付债券以外的其他各种长期应付款项，包括应付融资租入固定资产的租赁费、以分期付款方式购入固定资产等发生的长期应付款项等。这一项目一经发生，一般金额较大，所以不是日常业务，年度内一般不会发生变化，不同年度因分期偿还而有可能减少，除非发生新的长期应付款业务，一般只会减少，不会增加。

（4）专项应付款项目的阅读。“专项应付款”项目核算企业取得政府作为企业所有者投入的具有专项或特定用途的款项，如政府拨专款扶持企业搞大型的基础设施建设等，这类资金一般专款专用，国家还会有后续的配套检查，防止企业滥用资金，造成资金的损失和浪费。本项目一经发生，金额较大，年度内变化不大，一般在过程或项目结束时，该项目减少，除非再次拨款，否则一般不会增加。而且一般企业不会发生，只有国家重点扶持和发展的企业才可能发生。

（5）预计负债项目的阅读。“预计负债”项目核算的是企业确认的对外提供担保、未决诉讼、产品质量保证、重组义务、亏损性合同等原因产生的预计负债，一般企业不会经常发生，如对外提供担保、未决诉讼、亏损性合同、重组义务等而确认的预计负债很少发生。对于产品质量保证而产生的预计负债若企业产品质量过硬，一般也不会发生。所以，本项目属非常规报表项目，阅读时应结合相关资料进行分析和判断。

（6）递延所得税负债项目的阅读。“递延所得税负债”项目核算企业确认的应纳税暂时性差异产生的所得税负债。为新所得税准则新增科目，具体规定也与旧准则不同。阅读时应结合资产、负债项目的计价等资料认真分析和领会。

（7）其他非流动负债项目的阅读。“其他非流动负债”项目反映的是企业除上述非流动负债之外的非流动负债项目，一般企业无此项目。若有，应结合相关资料认真分析和研读。

（8）非流动负债合计项目的阅读。“非流动负债合计”项目是综合项目，总括反映企业非流动负债的金额，让相关报表信息使用者综合掌握报告企业的长期债务，进而做出相关决策。

（9）负债合计项目的阅读。“负债合计”项目是流动负债与非流动负债两项的合计，总体反映企业负债的规模与水平，也能反映出经营者的经营理念，同时相关信息使用者也可借此项目初步做出相关判断，最终决策必须通过进一步的多方分析和研究才能做出。

（三）所有者权益类项目的阅读

（1）实收资本（或股本）项目的阅读。“实收资本（或股本）”项目核算的是企业接受投资者投入的实收资本以及股份有限责任公司发行的股票的面值总额。本项目一般不会减少，增加的情况也为数不多，一般在年度内变化不大。如有变化，应结合相关资料认真阅读和分析。

（2）资本公积项目的阅读。“资本公积”项目核算的是企业收到投资者出资额超出其注册资本或股本中所占份额的部分。阅读这一项目时，应结合企业具体说明认真分析和研读，不能只关注资产负债表主表，还应关注附表和报表附注。结合财务分析方法，进行细致的分析与判断。

（3）盈余公积项目的阅读。“盈余公积”项目反映的是企业从净利润中提取的盈余公积，包括法定盈余公积和任意盈余公积两部分，根据法律规定法定盈余公积达注册资本50%时可不再提取，任意盈余公积是由企业股东大会或类似权力机构审议通过提取的盈余公积，不受法律法规的限制，因此对于一个经营平稳的企业而言，这一项目会逐年平稳增加；盈余公积主要用于弥补亏损和转增资本，经股东会议等机构批准，也可用于发放现金股利。阅读时，应注意结合利润分配表和相关资料来领会本项目提供的信息。

（4）未分配利润项目的阅读。“未分配利润”项目反映的是企业由净利润分配后历年滚存而形成的累计未分配利润（或待弥补的亏损），这一项目的平稳增加，一方面表明企业经营情况平稳上升，另一方面表明企业经营稳健；这一项目的减少，一方面意味着企业经营可能发生亏损，另一方面意味着可能企业多分配了以往留存的未分配利润。具体仍需通过阅读利润分配表及相关资料得出结论。

（5）外币报表折算差额项目的阅读。“外币报表折算差额”项目反映的是有外币业务的企业因外币项目采用的折算汇率不同等因素产生的折算差异，非外币业务经营企业无此项目。阅读时需关注其他项目的综合折算情况而定。

（6）归属于母公司所有者权益合计项目的阅读。本项目为母子公司制企业专用的项目，一般企业无此项目。若有，应结合相关合并报表资料进行分析阅读。

（7）少数股东权益项目的阅读。“少数股东权益”项目为需编制合并报表的母公司企业编制资产负债表时使用的项目。

（8）所有者权益合计项目的阅读。“所有者权益合计”项目反映的是企业各项所有者权益的综合，本项目总括反映企业权益中归属于投资者所有的部分，投资者据以了解自身投资应享有的权益。通过比较年初年末此项目的增加与减少的变动，来了解企业的经营情况。

（9）负债和所有者权益合计项目的阅读。“负债和所有者权益合计”项目与资产总计相应，通过阅读资产负债表比较其增减变动是我们信息使用者关注的信息。本项目增加说明企业运行平稳，经营形势不错；本项目减少，说明企业经营出现困境，需要注意谨慎决策。

三、任务实施

（一）资产类项目的阅读

1．流动资产项目阅读

（1）货币资金项目的阅读。以我们选用的 M 公司 2012 年资产负债表为例，资产负债表见表 2-1。

让我们来简单阅读一下该公司的货币资金项目。该公司 2012 年年初货币资金项目金额是 23 436 512.51 元，年末是 124 006 031.75 元，年度净增加 100 569 519.24 元，增加了一个亿之多的货币资金，从表面看，似乎是好事，但究竟如何，我们必须通过进一步的分析，才能得出结论。

（2）交易性金融资产项目的阅读。M 公司资产负债表中交易性金融资产年初和年末数均为零，说明企业尚无该类投资。

（3）应收票据项目的阅读。以 M 公司来看，报告年度该企业应收票据由余额为零突然增加了 4 000 000.00 元之多，很可能是大量赊销的结果，具体情况还需进一步的分析和判断。

（4）应收账款项目的阅读。M 公司 2012 年年末资产负债表资料显示应收账款由年初的 88 686 681.76 元，变为年末的 122 254 586.11 元，净增加 33 567 904.35 元，这也应是企业大量赊销的结果，如果该企业不研究债权回收的措施，很可能导致资金流转困难。

（5）预付款项的阅读。M 公司在报告年度预付款项由年初的 38 714 700.45 元，减少到年末的 30 460 751.81 元，减少了 8 253 948.64 元。一般认为是好的信息，因为债权的减少即意味着资金的回笼。实质问题需待进一步分析才可做出判断。

（6）应收利息项目的阅读。M 公司无此项目。

（7）其他应收款项目的阅读。M 公司此项目由年初的 4 596 432.16 元变为年末的 4 264 800.52 元，应属正常变化。

（8）存货项目的阅读。M 公司的存货项目由年初的 85 244 074.38 元，增加到年末的 133 372 898.66 元，净增 48 128 824.28 元，这种情况一般来说对企业是不利的，但也需要具体问题具体分析。

（9）一年内到期的非流动资产项目的阅读。M 公司无此项目。

（10）流动资产合计项目的阅读。M 公司此项目由年初的 240 678 401.26 元增加到年末的

418 359 068.85 元，增加了 177 680 667.59 元，这是企业的经营成果带来的资产增加，是好事。但最终的结论还需通过进一步分析得出。

2．非流动资产项目的阅读

（1）可供出售金融资产项目的阅读。M 公司本报告年度无此项投资。

（2）长期应收款项目的阅读。M 公司本报告年度无此项目。

（3）长期股权投资项目的阅读。M 公司的长期股权投资项目由年初的 1 000 000.00 元，增加到年末的 19 600 000.00 元，净增加 18 600 000.00 元，可能是企业的资本政策的改变的结果。至于是否合理，需进一步分析才能得出结论。

（4）投资性房地产项目的阅读。M 公司本报告年度资产负债表资料中无投资性房地产项目。

（5）固定资产项目的阅读。M 公司资产负债表中显示固定资产由年初的 89 871 411.34 元，增加到 150 780 119.53 元，净增加 60 908 708.19 元，可能是企业的产品销售前景看好，企业意欲扩大投资规模，进而增加固定资产资金的投入。具体情况还需结合利润表做出进一步的分析和判断。

（6）在建工程项目的阅读。M 公司资产负债表中提供资料显示在建工程项目由年初的 2 519 095.54 元增加到年末的 5 242 208.91 元，净增加 2 723 113.37 元，翻了一番之多，这种变化可能与企业加大投资规模直接相关，因为该企业固定资产也是大大增加，具体情况仍需进一步分析才可得出结论。

（7）工程物资项目的阅读。M 公司本报告年度无此项目。

（8）固定资产清理项目的阅读。M 公司本报告年度无此项目。

（9）生产性生物资产项目的阅读。M 公司本报告年度不涉及此项目。

（10）油气资产项目的阅读。M 公司不涉及此项目。

（11）无形资产项目的阅读。M 公司的资产负债表显示无形资产在报告年度发生了较大变化，由年初的 8 120 137.61 元增加到年末的 46 528 999.27 元，净增加 38 408 861.66 元，显示了该公司具有高新技术企业的实力和发展的强劲势头，为利好消息。对于非高新技术企业而言，本项目不宜过多。对此，公司法也有明确规定。阅读时，应区分报告企业具体问题，然后具体分析和阅读。若是土地使用权这类无形资产的投资，则不在国家法律的限制之列。

（12）开发支出项目的阅读。

（13）商誉项目的阅读。

（14）长期待摊费用项目的阅读。

（15）递延所得税资产项目的阅读。

（16）其他非流动资产项目的阅读。

（17）非流动资产合计项目的阅读。M 公司的资产负债表显示 2012 年非流动资产合计由年初的 103 070 090.30 元，增加到年末的 225 221 389.54 元，净增加 122 151 299.24 元，翻了一番还多。说明企业长期资金的占用规模显著提高，企业的经营规模急速扩大。

（二）负债类项目的阅读

1．流动负债项目的阅读

（1）短期借款项目的阅读。M 公司资产负债表显示 2012 年该项目由年初的 43 196 019.80 元，减少到年末的 21 161 698.02 元，减少了 22 034 221.78 元，说明企业流动资金充足，近期偿还借款较多。这是利好消息。

（2）交易性金融负债项目的阅读。M公司资产负债表无此项目。

（3）应付票据项目的阅读。M公司资产负债表显示2012年应付票据由年初的59 678 601.17元，增加到年末的88 007 638.80元，增加了28 329 037.36元，一般而言为正常变化，具体情况仍需进一步分析探讨。

（4）应付账款项目的阅读。

（5）预收款项项目的阅读。

（6）应付职工薪酬项目的阅读。M公司2012年年末资产负债表显示该企业应付职工薪酬项目由年初的9 986 680.23元降低到年末的5 018 021.74元，应是正常情况。如果提高，且提高过多则应引起注意。

（7）应交税费项目的阅读。M公司2012年年末资产负债表显示应交税费项目由年初的−7 048 039.69元，变为−12 181 159.21元。所给数据为负数，说明企业无应交而未交的税费，而是多交了税费，说明企业预缴的多，而实际应交的少，根据财务报表附注资料表明，应交税费期末数较期初数下降72.83%，主要系公司本期国产设备抵免企业所得税7 263 851.08元以及本期结转至下期继续抵扣的增值税进项税额增加2 559 230.22元所致。

（8）应付利息项目的阅读。M公司2012年资产负债表显示应付利息项目由年初的77 045.61元，变为年末的41 930.11元，变动很小，为正常变动。

（9）其他应付款项目的阅读。M公司2012年资产负债表显示其他应付款项目由年初的3 000 000.30元变为年末的5 073 992.41元，对于该企业而言，变化不大，但也应进一步分析变化的原因。

（10）一年内到期的非流动负债项目的阅读。M公司2012年年末资产负债表显示年初此项目为14 024 640.00元，年末为零，说明报告企业非流动负债无近期到期的情况，而年初的部分年末已到期归还，所以无余额。

（11）其他流动负债项目的阅读。

（12）流动负债合计项目的阅读。M公司2012年年末资产负债表显示该项目由年初的208 053 518.86元，变为229 729 262.55元，净增加21 675 743.69元，说明随着企业本年度产销规模的逐渐扩大，流动负债呈现较为正常的增长趋势。

2．非流动负债项目的阅读

（1）长期借款项目的阅读。M公司2012年年末资产负债表显示长期借款项目年初为16 033 110.00元，年末无余额。说明企业原有的长期借款已经到期，本年未发生新的长期借款业务，说明企业仍有很大的借款空间。也可以认为该企业经营比较稳健，长期借入资金很少。或者说该企业自有资本实力雄厚。具体属哪一种情况，需要结合其他资料进一步分析才可知晓。

（2）应付债券项目的阅读。M公司2012年年末资产负债表显示本报告年度企业无此项目。

（3）长期应付款项目的阅读。M公司2012年年末资产负债表显示长期应付款项目年初与年末金额相同，为800 000.00元，可能是未到还款期，也可能是其他情况，具体还有待进一步结合相关资料分析判断。

（4）专项应付款项目的阅读。M公司无此项目。

（5）预计负债项目的阅读。M公司无此项目。

（6）递延所得税负债项目的阅读。M公司2012年年末资产负债表无此项目。

（7）其他非流动负债项目的阅读。M 公司无此项目。

（8）非流动负债合计项目的阅读。M 公司 2012 年年末资产负债表显示非流动负债由年初的 16 833 110.00 元减少到 800 000.00 净减少 16 033 110.00 元。说明报告企业长期债务资金本年大幅降低。

（9）负债合计项目的阅读。M 公司 2012 年年末资产负债表显示负债合计由年初的 224 886 628.86 元，增加到年末的 230 529 332.55 元，净增加 5 642 703.69 元，这一数字是流动负债净增加与非流动负债的减少共同影响的结果。说明流动负债在本年增加的幅度较大。

（三）所有者权益类项目的阅读

（1）实收资本（或股本）项目的阅读。M 公司 2012 年年末资产负债表中此项目由年初的 56 280 000.00 元，增加到年末的 75 280 000.00 元，说明企业在 2012 年新增注册资本金。应结合具体资料进行认真分析和阅读。

（2）资本公积项目的阅读。M 公司 2012 年年末资产负债表中，该项目由年初的 167 844.25 元，增加到年末的 221 195 772.25 元，增幅超过 100 倍。具体增加的原因应进一步结合相关资料分析。

（3）盈余公积项目的阅读。M 公司 2012 年年末资产负债表显示盈余公积项目由年初的 9 203 030.41 元，增加到年末的 20 292 329.22 元，平稳增加，说明企业该年度经营情况较好，按照法律规定计提了相应比例和金额的盈余公积。是利好消息。

（4）未分配利润项目的阅读。M 公司 2012 年年末资产负债表显示本项目由年初的 53 210 988.04 元，增加到年末的 96 283 024.37 元，平稳增加，初步判断系企业经营情况良好导致的平稳上升。

（5）外币报表折算差额项目的阅读。M 公司无此项目。

（6）归属于母公司所有者权益合计项目的阅读。M 公司 2012 年年末资产负债表显示年初无此项目，年末为 413 051 125.84 元，说明企业可能在 2012 年投资了子公司。具体情况还需通过相关资料得以证实。

（7）少数股东权益项目的阅读。M 公司无此项目。

（8）所有者权益合计项目的阅读。M 公司 2012 年年末资产负债表显示所有者权益由年初的 118 861 862.70 元增加到年末的 413 051 125.84 元，说明企业经营情况良好，所有者权益大幅度提高，为利好消息。投资者和债权人及其他报表信息使用者均希望看到的信息。

（9）负债和所有者权益合计项目的阅读。M 公司 2012 年年末资产负债表显示本项目由年初的 343 748 491.56 元增加到年末的 643 580 458.39 元，属利好消息。

任务二　资产负债表分析

一、任务引入

【基本资料】

M 公司 2012 年年末资产负债表见表 2-1，利润表见表 2-2。

表 2-2　　　　　　　　　　利润表

2012 年度

编制单位：M 公司　　　　　　　　　　　　　　　　　金额单位：（人民币）元

项　　目	本　期　数	上年同期数
一、营业收入	783 027 675.40	618 087 466.27
减：营业成本	633 224 765.34	500 938 948.94
营业税金及附加	2 550 720.65	1 753 126.38
销售费用	46 719 056.36	28 541 170.02
管理费用	28 325 883.65	28 921 141.19
财务费用	7 389 036.46	5 641 656.50
资产减值损失	3 203 113.79	1 484 899.07
加：公允价值变动收益（损失以“–”号填列）		
投资收益（损失以“–”号填列）	–4 117 708.61	180 787.23
其中：对联营企业和合营企业的投资收益		
汇兑收益（损失以“–”号填列）		
二、营业利润（亏损以“–”号填列）	57 497 390.54	50 987 312.40
加：营业外收入	5 741 289.19	1 395 776.51
减：营业外支出	1 988 396.40	1 210 782.10
三、利润总额（亏损总额以“–”号填列）	61 250 283.33	51 172 306.81
减：所得税费用	13 392 465.19	14 009 085.25
四、净利润（净亏损以“–”号填列）	47 857 818.14	37 163 221.56
归属于母公司所有者的净利润	47 857 818.14	37 163 221.56
五、其他综合收益各项目扣除所得税影响后的净额		
六、综合收益总额	47 857 818.14	37 163 221.56
少数股东损益		
七、每股收益		
（一）基本每股收益	0.69	0.66
（二）稀释每股收益	0.69	0.66

法定代表人：张祥荣　　　　　主管会计工作的负责人：余广林　　　　　会计机构负责人：余广林

【要求】

试进行 M 公司资产负债表分析。

二、相关知识

（一）资产与负债的组成分析

1．资产组成分析

（1）资产组成分析。企业资产按照资产负债表的结构分为流动资产与非流动资产两大类，而流动资产又包括货币资金、应收及预付款项、存货、其他非流动资产等内容；非流动资产包括长期投资、固定资产、无形资产、投资性房地产等。所谓资产组成分析，就是对企业的这些资产在总资产中所占的比例进行分析和评价。资产代表企业所能控制的资源，资源要充分发挥其功能，就必须以合理的配置为前提，而资源配置的合理与否，主要就是通过资产组成及变动分析予以反映。分析资产组成与变动情况通常采用垂直分析法。垂直分析法与水平分析法不同，它的基本点是通过计算报表中的各项目占总体的比重，反映报表中的项目与总体关系情况及其变动情况。对资产的组成分析通过编制企业资产组成分析表并进行分析完成。表 2-3 为某公司资产组成分析表的表样。

表 2-3　　某公司资产组成分析表

金额单位：元

资　　产	年　　末	年　　初	结构（%）	
			年　　末	年　　初
流动资产：				
货币资金				
交易性金融资产				
应收票据				
应收账款				
预付款项				
应收利息				
其他应收款				
存货				
一年内到期的非流动资产				
其他流动资产				
流动资产合计				
非流动资产：				
可供出售金融资产				
持有至到期投资				
长期应收款				
长期股权投资				
投资性房地产				
固定资产				
在建工程				
工程物资				
固定资产清理				
生产性生物资产				
油气资产				
无形资产				
开发支出				

续表

资　产	年　末	年　初	结构（%）	
			年　末	年　初
商誉				
长期待摊费用				
递延所得税资产				
其他非流动资产				
非流动资产合计				
资产合计				

（2）流动资产组成分析。流动资产组成分析，是指利用水平分析法和垂直分析法对流动资产的规模和结构分别进行分析，从而了解流动资产的规模变动和组成的变化趋势。具体分析通过编制分析表完成，表 2-4 为垂直分析表，表 2-5 为水平分析表。

表 2–4　　某公司流动资产组成分析表（垂直分析表）

年　月　日

金额单位：元

资　产	年　末	年　初	结构（%）	
			年　末	年　初
流动资产：				
货币资金				
交易性金融资产				
应收票据				
应收账款				
预付款项				
应收利息				
其他应收款				
存货				
一年内到期的非流动资产				
其他流动资产				
流动资产合计				

表 2–5　　某公司资产负债表变动分析表（水平分析表）

年　月　日

金额单位：元

资　产	年　末	年　初	变 动 额
流动资产：			
货币资金			

续表

资　　产	年　　末	年　　初	变 动 额
交易性金融资产			
应收票据			
应收账款			
预付款项			
应收利息			
其他应收款			
存货			
一年内到期的非流动资产			
其他流动资产			
流动资产合计			
非流动资产：			
可供出售金融资产			
持有至到期投资			
长期应收款			
长期股权投资			
投资性房地产			
固定资产			
在建工程			
工程物资			
固定资产清理			
生产性生物资产			
油气资产			
无形资产			
开发支出			
商誉			
长期待摊费用			
递延所得税资产			
其他非流动资产			
非流动资产合计			
资产合计			
负债和所有者权益			
流动负债：			
短期借款			
交易性金融负债			
应付票据			

续表

资　　产	年　末	年　初	变 动 额
应付账款			
预收款项			
应付职工薪酬			
应交税费			
应付利息			
其他应付款			
一年内到期的非流动负债			
其他流动负债			
流动负债合计			
非流动负债：			
长期借款			
应付债券			
长期应付款			
专项应付款			
预计负债			
递延所得税负债			
其他非流动负债			
非流动负债合计			
负债合计			
所有者权益（或股东权益）：			
实收资本（或股本）			
资本公积			
减：库存股			
盈余公积			
未分配利润			
外币报表折算差额			
归属于母公司所有者权益合计			
少数股东权益			
所有者权益合计			
负债和所有者权益合计			

运用水平分析，可以了解企业流动资产的增减变动情况和变动原因。

运用垂直分析，对企业流动资产内部组成及组成变动进行分析。企业流动资产内部组成是看各项流动资产在全部流动资产中所占的份额或比例。由于不同流动资产的变现能力不同，通常将流动资产分为速动资产和存货两类进行分析，因此研究流动资产组成，可通过计算与分析流动资产中速动资产与存货比重来进行。

（3）非流动资产组成分析。运用水平分析，可以了解企业非流动资产的增减变动情况和变动原因。其分析表参照流动资产分析表即可。运用垂直分析，对企业非流动资产内部组成及组成变动进行分析。企业非流动资产内部组成是看各项非流动资产在全部非流动资产中所占的份额或比例。由于不同非流动资产在企业中的作用不同，通常将其分成固定资产、无形资产、长期股权投资等类别分别进行分析，因此研究非流动资产组成，可通过计算与分析非流动资产中固定资产、无形资产与长期股权投资等资产所占的比重来进行。

2．负债组成分析

负债是企业承担的现实义务，按照其偿还的期限划分为流动负债和非流动负债。负债组成分析是指对企业的负债义务中流动负债与非流动负债的结构及各负债义务在总负债义务的比例关系进行的分析和评价。以便企业合理安排和调度资金，达到以最小的代价取得最大的效益的目的。

（1）负债组成分析。根据企业资产负债表编制负债组成分析表（格式参照资产组成分析表）。从负债总体来看，分析流动负债与非流动负债的各自占比，进而分析其变化。

（2）流动负债组成分析。借助流动负债组成分析表，分析流动负债中各具体项目在总体中的比例，进行比例变化的具体分析。尤其关注变化较大的项目和短期借款、应付账款、应付票据的变化。

（3）非流动负债分析。借助非流动负债组成分析表，分析流动负债中各具体项目在总体中的比例，进行比例变化的具体分析。尤其关注变化较大的项目和长期借款、应付债券、长期应付款的变化。

（二）融资结构分析

融资结构是企业各部分融资占融资总额的比重，或者是各部分融资的比例关系。融资结构与变动的分析，首先是将某期融资结构计算出来，与上期、计划或者是与同行业平均水平、标准水平进行比较，从中评价企业的融资政策，特别是资本构成或变动以及对投资者、债权人的影响；其次，是将融资结构进行变化趋势分析，透过相应的变化趋势，了解企业的融资策略和融资重心，预计未来融资方向。

根据企业的资产负债表编制融资结构分析表如表 2-6 所示。

表 2-6　　某公司融资结构分析表

金额单位：元

负债和所有者权益	年　末	年　初	结构（%）	
			年　末	年　初
流动负债:				
短期借款				
交易性金融负债				
应付票据				
应付账款				
预收款项				
应付职工薪酬				
应交税费				
应付利息				

续表

负债和所有者权益	年　末	年　初	结构（%）	
			年　末	年　初
其他应付款				
一年内到期的非流动负债				
其他流动负债				
流动负债合计				
非流动负债：				
长期借款				
应付债券				
长期应付款				
专项应付款				
预计负债				
递延所得税负债				
其他非流动负债				
非流动负债合计				
负债合计				
所有者权益（或股东权益）：				
实收资本（或股本）				
资本公积				
减：库存股				
盈余公积				
未分配利润				
外币报表折算差额				
归属于母公司所有者权益合计				
少数股东权益				
所有者权益合计				
负债和所有者权益合计				

（三）企业偿债能力分析

偿债能力是企业偿还自身所欠债务的能力。企业偿债能力分析按负债的分类分为短期偿债能力分析和长期偿债能力分析。

1. 短期偿债能力分析

进行企业短期偿债能力的分析必须首先明确影响企业短期偿债能力的因素，这是企业偿债能力分析的基础。影响短期偿债能力的因素有：可用于偿还流动负债的流动资产规模和构成项目，流动负债规模与流动资产规模的适应情况等。

（1）企业短期偿债能力影响因素分析。

① 流动资产规模和构成项目分析。流动资产是指可在 1 年内或超过 1 年的一个营业周期内变

现或者耗用的资产。企业流动负债的偿还往往需要在 1 年内变现的流动资产，因此可以说，流动资产是偿还流动负债的物质保证。一般地说，流动资产越多，企业短期偿债能力越强。但是企业流动资产的变现能力不同，因此通常又将流动资产按变现能力分为速动资产和存货资产两大类。速动资产包括货币资金、应收及预付款项、交易性金融资产；存货相对于其他流动资产而言流动性较差，变现时间较长，因此，进行短期偿债能力分析时，考虑流动资产的规模和构成是非常必要的。

② 流动负债规模和构成项目分析。流动负债是企业可在 1 年内或超过 1 年的一个营业周期内偿还的债务，流动负债规模是影响企业短期偿债能力的重要因素。流动负债规模越大，短期内企业需要偿还的债务负担就越重。流动负债中有些是需支付利息的，如短期借款、带息应付票据等；有些是不需支付利息的，如应付票据、应付账款、预收账款、应付职工薪酬、应交税费等。

（2）短期偿债能力指标分析。企业短期偿债能力指标包括流动比率、速动比率、货币资金率等。

① 流动比率的计算与分析。

$$流动比率 = 流动资产 \div 流动负债 \times 100\%$$

这一比率是衡量企业短期偿债能力的重要指标，反映企业流动资产在流动负债到期时可变现用于偿还流动负债的能力。从债权人角度看，流动比率越高越好；但从经营者和投资者的角度考虑，并不尽然，在企业偿债能力允许的范围内，根据经营需要，进行负债经营也是企业经营策略之一。一般而言，流动比率 200%较为合适，此时企业的短期偿债能力较强，对企业的经营也是有利的。

② 速动比率的计算与分析。

$$速动比率 = 速动资产 \div 流动负债 \times 100\%$$

这一比率可用于衡量企业流动资产中可以立即用于偿还流动负债的能力，它是对企业流动比率的重要补充说明。因为当企业流动资产中的速动资产比重较低时，即使流动比率较高，但由于流动资产的流动性较低，偿债能力同样不会高；反之，当流动资产中的速动资产比重较高时，即使流动比率不高，但由于速动资产流动性较强，企业的偿债能力则可能较好。

③ 货币资金率的计算与分析。货币资金率是指企业货币资金与流动负债的比率，即

$$货币资金率 = 货币资金 \div 流动负债 \times 100\%$$

在企业的流动资产或速动资产中，货币资金的流动性最好，可直接用于偿还企业的短期债务。从稳健角度出发，用货币资金率衡量企业短期偿债能力最为保险。

2．长期偿债能力分析

进行企业长期偿债能力分析，首先必须了解影响长期偿债能力的因素，而这些因素主要包括长期负债规模与结构、非流动资产的规模与结构、盈利能力等。

（1）企业长期偿债能力的影响因素分析。

① 企业长期负债的规模与结构分析。企业的长期负债即非流动负债是除企业投资者投入企业资本以外，企业向债权人筹集可供企业长期使用的资金。与流动负债相比，非流动负债具有数额较大，偿还期限较长，利息负担较重等特点。其规模和结构直接影响企业的长期负债的偿债能力。

② 非流动资产规模和构成项目分析。企业非流动资产的规模和结构对企业长期偿债能力有重要影响。因为大部分非流动负债在产生时，就用非流动资产作抵押，抵押资产的规模决定着企业的偿还长期债务的能力。即使非抵押的长期负债，在到期时若无足够的盈利用于偿还债务，企业的流动与非流动资产均可用来偿还非流动负债。一般地说，在非流动负债一定的前提下，企业的资产越多，偿还债务的能力就越强，债权人的安全性就越好。

③ 盈利能力分析。企业盈利能力是企业在一定时期内取得利润的能力。企业的盈利能力对

偿还企业长期债务具有十分重要的作用。对于投资者而言，当企业的盈利能力较高，资产报酬率高于长期借款的利息率时，负债经营会使投资者获得更高利润；同样，对于债权人而言，较高的盈利能力是保证非流动负债本金与利息如期偿还的前提。

（2）长期偿债能力指标的计算与分析。

① 资产负债率的计算与分析。资产负债率是综合反映企业偿债能力，尤其是反映企业长期偿债能力的重要指标。其计算公式为：资产负债率 = 负债总额 ÷ 资产总额 × 100%。这一指标既可用于衡量企业利用债权人的资金进行经营活动的能力，也可反映债权人发放贷款的安全程度。该指标对于债权人而言，越低越好，但对经营者和投资者而言，通常希望该指标高一些，因为这样可以发挥负债的财务杠杆作用，使投资者获得更好的回报。一般地说，该指标以 50%比较合适，有利于风险与收益的平衡；但若该指标大于 100%，表明企业已资不抵债，视为达到破产警戒线。

② 净资产负债率的计算与分析。净资产负债率是企业的净资产总额与负债总额的比率。其计算公式为：净资产负债率 = 负债总额 ÷ 净资产总额 × 100%。该指标也是衡量企业长期偿债能力的重要指标，它反映了企业清算时，企业所有者权益对债权人利益的保证程度。从偿债能力和债权人的角度看，该指标越低越好，因为该指标越低，所有者权益对负债偿还的保证程度就越大，债权人越安全。但从企业经营者和投资者角度看，为了扩大生产经营规模和取得财务杠杆利益，适当的负债经营是有益的。一般认为该指标为 100%合适，即负债与所有者权益持平时较为稳健。

③ 长期负债率的计算与分析。长期负债率是反映企业长期偿债能力的指标之一，通常是用企业的非流动负债与非流动资产的比率进行计算，公式如下：长期负债率 = 非流动负债 ÷ 非流动资产 × 100%。该指标反映了企业在清算时可用于偿还非流动负债的资产保证，该指标越低，企业的长期偿债能力越强，债权人的安全性越高。从稳健原则出发，计算该指标时，非流动资产中剔除无形资产部分，即

长期负债率 = 非流动负债 ÷（非流动资产−无形资产）× 100%。

（四）资产营运能力分析

营运能力主要指企业营运资产的效率或效益。企业营运资产的效率主要指资产的周转率或周转速度。企业营运资产的效益通常是指企业的产出额与资产占用额之间的比率。企业资产营运能力分析就是要通过对反映企业资产营运效率与效益的指标进行计算和分析，评价企业的资产营运能力，为企业提高经济效益指明方向。资产营运能力分析主要包括总资产营运能力分析、流动资产营运能力分析、固定资产营运能力分析三方面。

1．全部资产的营运能力分析

企业全部资产营运能力，主要是指投入或使用的全部资产产出的能力。这里的产出我们通常用总收入来表示。反映企业全部资产营运能力的指标一般采用全部资产周转率，全部资产周转率的计算公式如下。

全部资产周转率 = 总收入 ÷ 平均总资产 × 100%
= （总收入 ÷ 平均流动资产）×（平均流动资产 ÷ 平均总资产）× 100%
= 流动资产周转次数 × 流动资产占总资产的比重

可见，全部资产周转率的快慢取决于两大因素：一是流动资产周转次数即流动资产周转率，因为流动资产的周转速度往往高于其他资产的周转速度，加速流动资产周转，就会使总资产周转

速度加快，反之，则会使总资产周转速度变慢；二是流动资产占总资产的比重，因为流动资产周转速度快于其他资产的周转速度，所以企业流动资产所占比例越大，企业总资产的周转速度越快，反之，则越慢。

2．流动资产营运能力分析

流动资产营运能力的分析通过流动资产周转率的计算与分析来进行。流动资产的周转率既是反映流动资产周转速度的指标，也是综合反映流动资产利用效果的基本指标，它是一定时期流动资产平均占用额和流动资产周转额的比率，是用流动资产的占有量和其所完成的工作量的关系，来表明流动资产的使用效益。

（1）流动资产周转率的计算。流动资产周转率的计算，一般采取以下两种计算方式。

流动资产周转次数＝流动资产周转额÷流动资产平均余额

流动资产周转天数或周转期＝计算期天数÷流动资产周转次数

＝流动资产平均余额×计算期天数÷流动资产周转额

流动资产周转次数或周转天数，均表示流动资产的周转速度。流动资产在一定时期的周转次数越多，亦即每周转一次所用的天数越少，周转速度就越快，流动资产营运能力就越好；反之，周转速度则越慢，流动资产营运能力就越差。

说明

其中的计算期天数在实际运用时，一年按 360 天，一季按 90 天，一月按 30 天计算；其中的流动资产周转额通常用销售收入即利润表中的营业收入，也可用销售成本即利润表中的营业成本。

流动资产周转次数＝销售（营业）收入÷流动资产平均余额

流动资产垫支周转次数＝销售（营业）成本÷流动资产平均余额

流动资产周转天数＝流动资产平均余额×计算期天数÷销售（营业）收入

流动资产垫支周转天数＝流动资产平均余额计算期天数÷销售（营业）成本

流动资产垫支周转次数＝销售（营业）成本÷流动资产平均占用额＝（销售成本÷平均存货）×（平均存货÷流动资产平均占用额）＝存货周转次数×存货构成率

（2）流动资产周转率分析。资产负债表和利润表编制流动资产周转率分析表，格式如表 2-7 所示。

表 2-7　　流动资产周转率分析表

项　目	年
营业收入	
流动资产平均余额	
其中：平均存货	
营业成本	
流动资产周转次数	
流动资产垫支周转次数	
存货周转次数	
存货构成率（%）	

流动资产周转率的分析，主要评价周转速度的快慢，一般结合同类企业的存货周转速度或以前期间的周转速度进行比较分析做出评价。

小提示

这里的流动资产周转率的分析可以进一步细化为流动资产各具体项目的周转率的分析，如存货周转率分析、应收账款周转率分析、应收票据周转率分析等，计算时只需将流动资产转化为具体的流动资产项目即可，如应收账款周转率＝销售收入（一般为赊销净额）÷应收账款平均余额，应收账款周转天数＝计算期天数÷应收账款周转率（次数），其他依此类推。

3．固定资产营运能力分析

固定资产营运能力的分析，也通过计算固定资产周转率来进行。固定资产周转率是指一定时期实现的收入总额与固定资产平均占用额之间的比率。计算公式如下：

固定资产周转率＝销售收入（营业收入）总额÷固定资产平均余额×100%

固定资产周转率这一指标的数值越高，固定资产周转速度越快，同时反映一定时期固定资产提供的收入越多，说明固定资产的利用效果好。

固定资产营运能力也可通过计算固定资产周转次数和周转期（周转天数）来实现。其计算公式如下。

固定资产周转次数＝一定时期销售收入（营业收入）总额÷固定资产平均余额

固定资产周转期（周转天数）＝计算期的天数÷固定资产周转次数

＝计算期的天数×固定资产平均占用额÷一定时期销售（营业）收入总额

周转次数越小，周转速度越快，周转一次使用的时间越短，固定资产的营运能力越强。

（五）资产负债表的趋势分析

所谓资产负债表的趋势分析，是指通过对资产负债表各项目及结构比例的变化，分析研究其发展趋势的一种分析活动。分析资产负债表时，通常运用水平分析法、垂直分析法等方法进行。

1．资产负债表水平变动趋势分析

根据资产负债表编制资产负债表趋势分析表，如表 2-8 所示。

表 2-8　　资产负债表水平分析表

年　月　日

金额单位：元

资　产	年　末	年　初	变 动 额	变动率（%）
流动资产：				
货币资金				
交易性金融资产				
应收票据				
应收账款				
预付款项				

续表

资　产	年　末	年　初	变 动 额	变动率（%）
应收利息				
其他应收款				
存货				
一年内到期的非流动资产				
其他流动资产				
流动资产合计				
非流动资产：				
可供出售金融资产				
持有至到期投资				
长期应收款				
长期股权投资				
投资性房地产				
固定资产				
在建工程				
工程物资				
固定资产清理				
生产性生物资产				
油气资产				
无形资产				
开发支出				
商誉				
长期待摊费用				
递延所得税资产				
其他非流动资产				
非流动资产合计				
资产合计				
负债和所有者权益	**年　末**	**年　初**	**变 动 额**	**变动率（%）**
流动负债：				
短期借款				
交易性金融负债				
应付票据				
应付账款				
预收款项				
应付职工薪酬				

续表

负债和所有者权益	年　末	年　初	变 动 额	变动率（%）
应交税费				
应付利息				
其他应付款				
一年内到期的非流动负债				
其他流动负债				
流动负债合计				
非流动负债：				
长期借款				
应付债券				
长期应付款				
专项应付款				
预计负债				
递延所得税负债				
其他非流动负债				
非流动负债合计				
负债合计				
所有者权益（或股东权益）：				
实收资本（或股本）				
资本公积				
减：库存股				
盈余公积				
未分配利润				
外币报表折算差额				
归属于母公司所有者权益合计				
少数股东权益				
所有者权益合计				
负债和所有者权益合计				

根据资产负债表的分析表，分析资产的变动情况：第一，分析总资产增减变动幅度；第二，分析总资产变化的原因，是流动资产还是非流动资产变动变动更显著；第三，分析流动资产内部的变动及变动的原因；第四，分析非流动资产内部的变动及变动的原因。

根据资产负债表的分析表，分析负债和所有者权益的变动情况：第一，分析负债和所有者权益总体变动对总资产变动的影响；第二，分析负债内部变动及变动原因；第三，分析所有者权益内部变动及变动原因。

2．资产负债表垂直分析

资产负债表的垂直分析，借助编制垂直变动分析表来完成，如表 2-9 所示。

表 2-9　　　　某公司资产负债表垂直分析表

年　月　日

金额单位：（人民币）元

资　　产	年　末	年　初	占比（%）	占比（%）
流动资产：				
货币资金				
交易性金融资产				
应收票据				
应收账款				
预付款项				
应收利息				
其他应收款				
存货				
一年内到期的非流动资产				
其他流动资产				
流动资产合计				
非流动资产：				
可供出售金融资产				
持有至到期投资				
长期应收款				
长期股权投资				
投资性房地产				
固定资产				
在建工程				
工程物资				
固定资产清理				
生产性生物资产				
油气资产				
无形资产				
开发支出				
商誉				
长期待摊费用				
递延所得税资产				
其他非流动资产				
非流动资产合计				
资产合计				

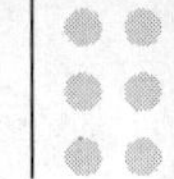

续表

资　产	年　末	年　初	占比（%）	占比（%）
负债和所有者权益				
流动负债：				
短期借款				
交易性金融负债				
应付票据				
应付账款				
预收款项				
应付职工薪酬				
应交税费				
应付利息				
其他应付款				
一年内到期的非流动负债				
其他流动负债				
流动负债合计				
非流动负债：				
长期借款				
应付债券				
长期应付款				
专项应付款				
预计负债				
递延所得税负债				
其他非流动负债				
非流动负债合计				
负债合计				
所有者权益（或股东权益）：				
实收资本（或股本）				
资本公积				
减：库存股				
盈余公积				
未分配利润				
外币报表折算差额				
归属于母公司所有者权益合计				
少数股东权益				
所有者权益合计				
负债和所有者权益合计				

根据资产负债表垂直分析表进行逐项分析，具体将在后面结合M公司的资料展开分析。

三、任务实施

根据 M 公司资产负债表和利润表，进行资产负债表的分析如下。

（一）资产与负债的组成分析

1．资产组成分析

（1）资产组成分析，如表 2-10 所示。

表 2-10　　M 公司资产组成分析表

2012 年 12 月 31 日　　金额单位：元

资　　产	年　　末	年　　初	结构（%）	
			年　　末	年　　初
流动资产：				
货币资金	124 006 031.75	23 436 512.51	19.27	6.8
交易性金融资产				
应收票据	4 000 000.00		0.62	
应收账款	122 254 586.11	88 686 681.76	19	25.8
预付款项	30 460 751.81	38 714 700.45	4.73	11.26
应收利息				
其他应收款	4 264 800.52	4 596 432.16	0.66	1.34
存货	133 372 898.66	85 244 074.38	20.72	24.80
一年内到期的非流动资产				
其他流动资产				
流动资产合计	418 359 068.85	240 678 401.26	65	70
非流动资产：				
可供出售金融资产				
持有至到期投资				
长期应收款				
长期股权投资	19 600 000.00	1 000 000.00	3.05	0.30
投资性房地产				
固定资产	150 780 119.53	89 871 411.34	23.43	26.15
在建工程	5 242 208.91	2 519 095.54	0.81	0.74
工程物资				
固定资产清理				
生产性生物资产				
油气资产				
无形资产	46 528 999.27	8 120 137.61	7.23	2.36
开发支出				

续表

资　产	年　末	年　初	结构（%）	
			年　末	年　初
商誉				
长期待摊费用	1 278 333.33		0.2	
递延所得税资产	1 791 728.50	1 559 445.81	0.28	0.45
其他非流动资产				
非流动资产合计	225 221 389.54	103 070 090.30	35	30
资产合计	643 580 458.39	343 748 491.56	100	100

从表中我们可以看出，M 公司就总资产而言，从静态方面分析如下。

① 流动资产与非流动资产的比例角度分析，2012 年流动资产占 65%，非流动资产占 35%，2011 年流动资产占 70%，非流动资产占 30%，可见该企业非流动资产所占比例较低，流动资产比例较高。说明该公司的资产保持了很高的流动性，同时也具有一定的生产规模。而且非流动资产的规模呈上升趋势，说明该公司正在扩大企业的规模。

② 从有形资产与无形资产的比例角度分析，该公司 2012 年无形资产的比例为 7.23%，2011 年为 2.36%，虽然比例都不高，但仍呈上升趋势，这说明 M 公司作为一家以出口为主的生产企业，已经认识到无形资产在企业中的重要性。

③ 从固定资产和流动资产比例分析，一般来说，固定资产存量与流动资产存量之间应保持合理的比例结构。M 公司固定资产 2012 年占 23.43%，2011 年为 26.15%；2012 年流动资产占 65%，2011 年占 70%。流动资产与固定资产的比例结构 2012 年为 2.33∶1，这种结构是否合理，还应结合该公司的行业特点等相关信息做出正确的判断。

基于以上对资产组成的分析，还应对流动资产、对外投资资产、固定资产、无形资产等资产进行分项目具体比较、分析，以便进一步查明原因，判断企业资产组成变动的合理性。在判断企业资产组成的各项目变动合理性时应结合其生产经营特点和实际情况来操作。

（2）流动资产组成分析，如表 2-11 所示。资产负债表组成分析如表 2-12 所示。

表 2-11　　M 公司流动资产组成分析表

2012 年 12 月 31 日　　金额单位：元

资　产	年　末	年　初	结构（%）	
			年　末	年　初
流动资产：				
货币资金	124 006 031.75	23 436 512.51	29.64	9.74
交易性金融资产				
应收票据	4 000 000.00		0.96	
应收账款	122 254 586.11	88 686 681.76	29.22	36.85
预付款项	30 460 751.81	38 714 700.45	7.28	16.09
应收利息				
其他应收款	4 264 800.52	4 596 432.16	1.02	1.91
存货	133 372 898.66	85 244 074.38	31.88	35.41

续表

资　　产	年　末	年　初	结构（%）	
			年　　末	年　　初
一年内到期的非流动资产				
其他流动资产				
流动资产合计	418 359 068.85	240 678 401.26	100	100

表 2-12　　　　M 公司资产负债表变动分析表

2012 年 12 月 31 日

金额单位：元

资　　产	年　　末	年　　初	变　动　额
流动资产：			
货币资金	124 006 031.75	23 436 512.51	100 569 519.24
交易性金融资产			
应收票据	4 000 000.00		4 000 000.00
应收账款	122 254 586.11	88 686 681.76	33 567 904.35
预付款项	30 460 751.81	38 714 700.45	−8 253 948.64
应收利息			
其他应收款	4 264 800.52	4 596 432.16	−331 631.64
存货	133 372 898.66	85 244 074.38	48 128 824.28
一年内到期的非流动资产			
其他流动资产			
流动资产合计	418 359 068.85	240 678 401.26	177 680 667.59
非流动资产：			
可供出售金融资产			
持有至到期投资			
长期应收款			
长期股权投资	19 600 000.00	1 000 000.00	18 600 000.00
投资性房地产			
固定资产	150 780 119.53	89 871 411.34	60 908 708.19
在建工程	5 242 208.91	2 519 095.54	2 723 113.37
工程物资			
固定资产清理			
生产性生物资产			
油气资产			
无形资产	46 528 999.27	8 120 137.61	38 408 861.66
开发支出			

续表

资　产	年　末	年　初	变动额
商誉			
长期待摊费用	1 278 333.33		1 278 333.33
递延所得税资产	1 791 728.50	1 559 445.81	232 282.69
其他非流动资产			
非流动资产合计	225 221 389.54	103 070 090.30	122 151 299.24
资产合计	643 580 458.39	343 748 491.56	299 831 956.83
负债和所有者权益	**年　末**	**年　初**	**变动额**
流动负债：			
短期借款	21 161 698.02	43 196 019.80	−22 034 221.78
交易性金融负债			
应付票据	88 007 638.80	59 678 601.17	28 329 037.36
应付账款	113 190 014.68	79 894 849.41	33 295 165.27
预收款项	9 417 196.00	5 243 722.03	4 173 473.97
应付职工薪酬	5 018 021.74	9 986 680.23	−4 968 658.49
应交税费	−12 181 159.21	−7 048 039.69	−5 133 119.52
应付利息	41 930.11	77 045.61	−35 115.50
其他应付款	5 073 992.41	3 000 000.30	2 073 992.11
一年内到期的非流动负债		14 024 640.00	−14 024 640.00
其他流动负债			
流动负债合计	229 729 332.55	208 053 518.86	21 675 813.69
非流动负债：			
长期借款		16 033 110.00	−16 033 110.00
应付债券			
长期应付款	800 000.00	800 000.00	0
专项应付款			
预计负债			
递延所得税负债			
其他非流动负债			
非流动负债合计	800 000.00	16 833 110.00	−16 033 110.00
负债合计	230 529 332.55	224 886 628.86	5 642 703.69
所有者权益（或股东权益）：			
实收资本（或股本）	75 280 000.00	56 280 000.00	19 000 000.00
资本公积	221 195 772.25	167 844.25	221 027 928
减：库存股			
盈余公积	20 292 329.22	9 203 030.41	11 089 298.81
未分配利润	96 283 024.37	53 210 988.04	43 072 036.33

续表

负债和所有者权益	年　末	年　初	变动额
外币报表折算差额			
归属于母公司所有者权益合计	413 051 125.84		413 051 125.84
少数股东权益			
所有者权益合计	413 051 125.84	118 861 862.70	294 189 263.14
负债和所有者权益合计	643 580 458.39	343 748 491.56	299 831 966.83

运用水平分析，可以了解企业流动资产的增减变动情况和变动原因。根据流动资产组成分析表、资产负债表组成分析表进行分析如下：M 公司 2012 年与 2011 年流动资产比较大大增加，净增 177 680 667.59 元，增长了 73.82%。对于流动资产的大幅度增长，还要结合流动资产内部各项目进一步深入分析，看是否存在不合理的流动资金占用。M 公司的流动资产 2012 年比 2011 年大幅度增加，增加的原因主要是货币资金、应收账款和存货三项引起的。其中 2012 年货币资金比 2011 年净增 100 569 519.24 元，应收账款 2012 年比 2011 年净增 33 567 904.35 元，存货 2012 年比 2011 年净增 48 128 824.28 元，这三项合计增加 182 266 247.87 元，增幅达 92.35%。

运用垂直分析，对企业流动资产内部组成及组成变动进行分析。企业流动资产内部组成是看各项流动资产在全部流动资产中所占的份额或比例。由于不同流动资产的变现能力不同，通常将流动资产分为速动资产和存货两类进行分析，因此研究流动资产组成，可通过计算与分析流动资产中速动资产与存货比重来进行。

M 公司 2012 年流动资产组成中，速动资产（包括货币资金、应收票据、应收账款、预付款项、其他应收款）占 68.12%，存货占 31.88%，这个比例是较高的。这一方面可能有助于提高该企业的资金流动性，另一方面可能表明企业将过多的资金滞留于速动资产上，使得企业资金利用率偏低。另外，该企业的存货资产占流动资产的比重由 2012 年的 35.41%降到 2011 年的 31.88%，说明企业进一步加强了存货资金的管理。

（3）非流动资产组成分析。根据 M 公司资产负债表资料分析结果如下，见表 2-13。

表 2-13　　M 公司非流动资产组成分析表

2012 年 12 月 31 日

金额单位：元

非流动资产	年　末	年　初	结构（%）	
			年　末	年　初
非流动资产：				
可供出售金融资产				
持有至到期投资				
长期应收款				
长期股权投资	19 600 000.00	1 000 000.00	8.7	0.97
投资性房地产				
固定资产	150 780 119.53	89 871 411.34	66.95	87.19
在建工程	5 242 208.91	2 519 095.54	2.33	2.44
工程物资				

续表

非流动资产	年　末	年　初	结构（%）	
			年　末	年　初
固定资产清理				
生产性生物资产				
油气资产				
无形资产	46 528 999.27	8 120 137.61	20.66	7.88
开发支出				
商誉				
长期待摊费用	1 278 333.33		0.57	
递延所得税资产	1 791 728.50	1 559 445.81	0.79	1.52
其他非流动资产				
非流动资产合计	225 221 389.54	103 070 090.30	100	100

根据分析表：M 公司 2012 年与 2011 年非流动资产比较大大增加，净增 122 151 299.24 元，增长了 118.51%。对于非流动资产的大幅度增长，还要结合非流动资产内部各项目进一步深入分析，看是否存在不合理的长期资金占用。M 公司的非流动资产 2012 年比 2011 年大幅度增加，增加的原因主要是长期股权投资、固定资产和无形资产三项引起的。其中 2012 年长期股权投资比 2011 年净增 18 600 000.00 元，固定资产 2012 年比 2011 年净增 60 908 708.19 元，无形资产 2012 年比 2011 年净增 38 408 861.66 元，这三项增加 117 917 569.85 元，增幅达 119.12%。

M 公司 2012 年非流动资产组成中，固定资产占 66.95%，无形资产占 20.66%，长期股权投资占 8.7%。三项加起来占 96.21%，这个比例已经相当高了。而其中固定资产在非流动资产中占 66.95%，说明该企业非流动资金主要投资于企业内部，也表明企业发展的势头正旺，企业内部需要投入大量长期资金。此外，该企业无形资产比重高达 20.66%，比例也是相当高，表明企业比较重视培育无形资产，因为知识经济时代，企业控制的无形资产越多，其可持续发展能力就越强。另外，该企业的长期股权投资占非流动资产的比重由 2011 年的 0.97%增加到 2012 年的 8.7%，说明企业对外投资的实力不断增强，企业对外扩张的势头正在形成。

2．负债组成分析

（1）负债组成分析。根据 M 公司 2012 年资产负债表编制负债组成分析表，如表 2-14 所示。

从负债总体来看，该公司流动负债在负债总额中的比例 2012 年为 99.65%，2011 年为 92.51%，说明该公司流动资金充足，短期还款能力强。

表 2-14　　　　M 公司负债组成分析表

2012 年 12 月 31 日

金额单位：元

负　债	年　末	年　初	结构（%）	
			年　末	年　初
流动负债：				
短期借款	21 161 698.02	43 196 019.80	9.18	19.21
交易性金融负债				

续表

负 债	年 末	年 初	结构（%）	
			年 末	年 初
应付票据	88 007 638.80	59 678 601.17	38.17	26.54
应付账款	113 190 014.68	79 894 849.41	49.10	35.53
预收款项	9 417 196.00	5 243 722.03	4.09	2.33
应付职工薪酬	5 018 021.74	9 986 680.23	2.17	4.44
应交税费	−12 181 159.21	−7 048 039.69	−5.28	−3.13
应付利息	41 930.11	77 045.61	0.02	0.03
其他应付款	5 073 992.41	3 000 000.30	2.2	1.33
一年内到期的非流动负债		14 024 640.00		6.24
其他流动负债				
流动负债合计	229 729 332.55	208 053 518.86	99.65	92.52
非流动负债：				
长期借款		16 033 110.00		
应付债券				
长期应付款	800 000.00	800 000.00		
专项应付款				
预计负债				
递延所得税负债				
其他非流动负债				
非流动负债合计	800 000.00	16 833 110.00	0.35	7.48
负债合计	230 529 332.55	224 886 628.86	100	100

（2）流动负债组成分析。从该公司 2012 年流动负债组成分析表中发现，流动负债中应付账款和应付票据所占比例较高，2012 年分别占 49.27%和 38.31%，两项合计占 87.58%，说明该企业的流动负债主要是进货业务中发生的无利息负担的债务。而短期借款比例则由 2012 年的 20.76%下降到 2008 年的 9.21%，说明企业流动资金充足，财务风险较低。M 公司流动负债组成分析表如表 2-15 所示。

表 2-15　　M 公司流动负债组成分析表

2012 年 12 月 31 日

金额单位：元

流动负债	年 末	年 初	结构（%）	
			年 末	年 初
流动负债：				
短期借款	21 161 698.02	43 196 019.80	9.21	20.76
交易性金融负债				
应付票据	88 007 638.80	59 678 601.17	38.31	28.68
应付账款	113 190 014.68	79 894 849.41	49.27	38.40

续表

流动负债	年　末	年　初	结构（%）	
			年　末	年　初
预收款项	9 417 196.00	5 243 722.03	4.10	2.52
应付职工薪酬	5 018 021.74	9 986 680.23	2.18	4.80
应交税费	−12 181 159.21	−7 048 039.69	−5.30	−3.39
应付利息	41 930.11	77 045.61	0.02	0.04
其他应付款	5 073 992.41	3 000 000.30	2.21	1.44
一年内到期的非流动负债		14 024 640.00		6.75
其他流动负债				
流动负债合计	229 729 332.55	208 053 518.86	100	100

（3）非流动负债分析。编制 M 公司非流动负债组成分析表，如表 2-16 所示。从表中我们发现，2012 公司只有长期应付款一项非流动负债，且与 2011 相同，无新增非流动负债，表明企业经营稳健，流动资金充足。

表 2-16　　　　M 公司非流动负债组成分析表

2012 年 12 月 31 日

金额单位：元

非流动负债	年　末	年　初	结构（%）	
			年　末	年　初
非流动负债：				
长期借款		16 033 110.00		95.25
应付债券				
长期应付款	800 000.00	800 000.00	100	4.75
专项应付款				
预计负债				
递延所得税负债				
其他非流动负债				
非流动负债合计	800 000.00	16 833 110.00	100	100

（二）融资结构分析

编制 M 公司融资结构分析表，如表 2-17 所示。从表中我们不难发现，2012 年 M 公司融资结构，负债占比为 35.82%，且负债中流动负债占比为 35.819%，自有资金占比 64.18%；而 2011 融资结构显示，负债占比为 65.42%，流动负债占比 60.53%，自有资金占比为 34.58%。相比之下，两年几乎完全相反。该公司的融资结构由 2011 年负债资金主要是流动负债占比占绝对优势，转为 2012 年自有资金占比占绝对优势，说明该企业融资策略由以流动负债为主、自有资金为辅调整为以自有资金为主、流动负债资金为辅的融资策略。表明该公司的盈利实力不断增强，投资者经营规模不断壮大，高成长性给企业带来丰厚的留存收益，用这部分资本再投资财务风险相对下降，形成投资效益的良性循环。此外，该公司于2012年发行了新股，自有资金充足，也导致了负债资金的下降。

表2-17　　　　M公司融资结构分析表

2012年12月31日

金额单位：元

负债和所有者权益	年　末	年　初	结构（%）	
			年　末	年　初
流动负债：				
短期借款	21 161 698.02	43 196 019.80	3.288	12.57
交易性金融负债				
应付票据	88 007 638.80	59 678 601.17	13.675	17.36
应付账款	113 190 014.68	79 894 849.41	17.588	23.24
预收款项	9 417 196.00	5 243 722.03	1.463	1.53
应付职工薪酬	5 018 021.74	9 986 680.23	0.80	2.91
应交税费	−12 181 159.21	−7 048 039.69	−1.793	−2.05
应付利息	41 930.11	77 045.61	0.008	0.02
其他应付款	5 073 992.41	3 000 000.30	0.79	0.87
一年内到期的非流动负债		14 024 640.00		4.08
其他流动负债				
流动负债合计	229 729 332.55	208 053 518.86	35.819	60.53
非流动负债：				
长期借款		16 033 110.00	0	4.66
应付债券				
长期应付款	800 000.00	800 000.00	0.001	0.23
专项应付款				
预计负债				
递延所得税负债				
其他非流动负债				
非流动负债合计	800 000.00	16 833 110.00	0.001	4.89
负债合计	230 529 332.55	224 886 628.86	35.82	65.42
所有者权益（或股东权益）：				
实收资本（或股本）	75 280 000.00	56 280 000.00	11.70	16.37
资本公积	221 195 772.25	167 844.25	34.37	0.04
减：库存股				
盈余公积	20 292 329.22	9 203 030.41	3.15	2.68
未分配利润	96 283 024.37	53 210 988.04	14.96	15.48
外币报表折算差额				
归属于母公司所有者权益合计	413 051 125.84		64.18	

续表

负债和所有者权益	年　末	年　初	结构（%）	
			年　末	年　初
少数股东权益				
所有者权益合计	413 051 125.84	118 861 862.70	64.18	34.58
负债和所有者权益合计	643 580 458.39	343 748 491.56	100	100

（三）企业偿债能力分析

1．短期偿债能力分析

（1）流动资产规模和构成项目分析。M 公司的 2012 年资产负债表（见表 2-1）中流动资产总额为 418 359 068.85 元，其中速动资产占 68.12%，存货占 31.88%，该公司短期偿债能力很强。

（2）流动负债规模和构成项目分析。M 公司流动负债总额为 229 729 332.55 元，而其中需要支付利息的短期借款为 21 161 698.02 元，不足流动负债 10%，说明企业短期偿债压力较轻。

（3）短期偿债能力指标分析。

① 流动比率的计算与分析，M 公司流动比率计算如下。

2012 年年末，流动比率 = 418 359 068.85 ÷ 229 729 332.55 × 100% = 182%

2011 年年末，流动比率 = 240 678 401.26 ÷ 208 053 518.86 × 100% = 116%

计算结果表明，该公司的流动比率呈上升趋势，2012 年为 182%，偿债能力是比较好的。

② 速动比率的计算与分析，M 公司的速动比率计算如下。

2012 年速动比率 = 284 986 170.19 ÷ 229 729 332.55 × 100% = 124%

2011 年速动比率 = 155 433 327.88 ÷ 208 053 518.86 × 100% = 74.71%

计算结果表明，说明企业速动比率较高，且呈上升趋势，企业流动负债的偿债能力较好。

③ 货币资金率的计算与分析，M 公司的货币资金率计算如下。

2012 年货币资金率 = 124 006 031.75 ÷ 229 729 332.55 × 100% = 53.98%

2011 年货币资金率 = 23 436 512.51 ÷ 208 053 518.80 × 100% = 11.26%

计算结果表明，2012 年货币资金率与 2011 年相比，有较大提高，说明该公司短期偿债能力较强。

2．长期偿债能力分析

（1）企业长期负债的规模与结构分析。M 公司的长期负债总额 2012 年为 800 000.00 元，2011 年为 16 833 110.00 元，2012 年非流动负债只有一项长期应付款，说明该公司非流动负债规模较小，长期偿债压力较小。

（2）非流动资产规模和构成项目分析。M 公司非流动资产的总额 2012 年为 225 221 389.54 元，2011 年为 103 070 090.30 元，显然非流动资产大大增加，无疑会增强企业的长期偿债能力；同时，公司的非流动资产中，固定资产比重高、无形资产次之、第三是长期股权投资，而且该公司 2012 年固定资产比率有所下降，随之而来的是无形资产与长期股权投资的比率上升，表明公司靠单一的固定资产的情形正在改变，这对公司的长期偿债能力的提高是有益的。

（3）长期偿债能力指标的计算与分析。

① 资产负债率的计算与分析，M 公司的资产负债率计算如下。

2012 年资产负债率 = 230 529 332.55 ÷ 643 580 458.39 × 100% = 35.82%

2011 年资产负债率 = 224 886 628.86 ÷ 343 748 491.56 × 100% = 65.42%

计算结果表明，该比率 2011 年偏高，说明企业经营比较稳定；而 2012 年较低，企业的长期偿债能力很高，经营比较稳健。

② 净资产负债率的计算与分析，M 公司的净资产负债率计算如下。

2012 年净资产负债率 = 230 529 332.55 ÷ 413 051 125.84 × 100% = 55.81%

2011 年资产负债率 = 224 886 628.86 ÷ 118 861 862.70 × 100% = 189%

计算结果表明，该比率 2011 年偏高，说明企业经营比较稳定，但财务风险很高；2012 年该指标接近正常，企业的长期偿债能力较强，经营比较稳健。

③ 长期负债率的计算与分析，M 公司的长期负债率计算如下。

2012 年长期负债率 = 800 000 ÷ 225 221 389.54 × 100% = 0.36%

2011 年资产负债率 = 16 833 110.00 ÷ 103 070 090.30 × 100% = 16.33%

同时，计算稳健原则下的长期负债率如下。

2012 年长期负债率 = 800 000 ÷ 178 692 390.27 × 100% = 0.45%

2011 年长期负债率 = 16 833 110.00 ÷ 94 949 952.69 × 100% = 17.73%

计算结果表明，该比率 2011 年偏低，说明企业经营比较稳定，但长期偿债能力很强；2012 年该指标仍然较低，但有所提高，企业的长期偿债能力较强，经营比较稳健。

（四）资产营运能力分析

1．全部资产的营运能力分析

M 公司资产负债表显示 2012 年的年末总资产为 643 580 458.39 元，年初总资产为 343 748 491.56 元，则计算相关数据如下。

平均总资产 =（643 580 458.39 + 343 748 491.56）÷ 2 = 493 664 474.98（元）

根据表 2-2 显示 2012 年营业收入为 783 027 675.40 元，则

总资产周转率 = 783 027 675.40 ÷ 493 664 684.23 × 100% = 158.6%

或者通过第二个公式计算如下。

2012 年资产负债表中流动资产的平均余额 =（418 359 068.85 + 240 678 401.26）÷ 2 = 329 518 735.06（元）

流动资产周转次数 = 783 027 675.40 ÷ 329 518 735.06 = 2.38

流动资产占总资产的比重 = 329 518 735.06 ÷ 493 664 684.23 × 100% = 66.75%

2．流动资产营运能力分析

主要是流动资产周转率的分析，如表 2-18 所示。

表 2–18　　M 公司流动资产周转率分析表

项　目	2012 年
营业收入	783 027 675.40
流动资产平均余额	329 518 735.06
其中：平均存货	109 308 486.52
营业成本	633 224 765.34

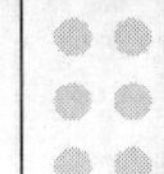

续表

项　目	2012 年
流动资产周转次数	2.38
流动资产垫支周转次数	1.92
存货周转次数	5.79
存货构成率（%）	33.17

M 公司 2012 年流动资产周转次数为 2.38，则流动资产周转天数 = 360 ÷ 2. 38 = 152（天），说明周转速度较慢。2012 年存货周转次数 5.79，存货周转天数 = 360 ÷ 5.79 = 63（天），经过两个多月才能周转一次，其周转速度的快慢还需结合同类企业的存货周转速度进行比较分析做出评价。

3. 固定资产营运能力分析

M 公司 2012 年固定资产平均占用额 =（150 780 119.53 + 89 871 411.34）÷ 2 = 120 325 765.44（元）

固定资产周转率 = 783 027 675.40 ÷ 120 325 765.44 × 100% = 650.76

固定资产周转率这一指标的数值越高，固定资产周转速度越快，同时反映一定时期固定资产提供的收入越多，说明固定资产的利用效果越好。

2012 年 M 公司固定资产周转次数 = 783 027 675.40 ÷ 20 325 765.44 = 6.51

2012 年 M 公司固定资产周转天数 = 360 ÷ 6.51 = 56（天）

通过上述计算，说明该公司固定资产营运能力强，周转期短，周转速度快，固定资产的创收能力强劲。

（五）资产负债表的趋势分析

1. 资产负债表水平变动趋势分析

M 公司资产负债表水平分析表，如表 2-19 所示。

表 2-19　　M 公司资产负债表水平分析表

2012 年 12 月 31 日

金额单位：元

资　产	年　末	年　初	变 动 额	变动率（%）
流动资产：				
货币资金	124 006 031.75	23 436 512.51	100 569 519.24	429.11
交易性金融资产				
应收票据	4 000 000.00		4 000 000.00	
应收账款	122 254 586.11	88 686 681.76	33 567 904.35	37.85
预付款项	30 460 751.81	38 714 700.45	−8 253 948.64	−21.32
应收利息				
其他应收款	4 264 800.52	4 596 432.16	−331 631.64	−7.21
存货	133 372 898.66	85 244 074.38	48 128 824.28	56.46
一年内到期的非流动资产				

续表

资　　产	年　　末	年　　初	变 动 额	变动率（%）
其他流动资产				
流动资产合计	418 359 068.85	240 678 401.26	177 680 667.59	73.82
非流动资产：				
可供出售金融资产				
持有至到期投资				
长期应收款				
长期股权投资	19 600 000.00	1 000 000.00	18 600 000.00	1 860
投资性房地产				
固定资产	150 780 119.53	89 871 411.34	60 908 708.19	67.77
在建工程	5 242 208.91	2 519 095.54	2 723 113.37	108.10
工程物资				
固定资产清理				
生产性生物资产				
油气资产				
无形资产	46 528 999.27	8 120 137.61	38 408 861.66	473.01
开发支出				
商誉				
长期待摊费用	1 278 333.33		1 278 333.33	
递延所得税资产	1 791 728.50	1 559 445.81	232 282.69	14.90
其他非流动资产				
非流动资产合计	225 221 389.54	103 070 090.30	122 151 299.24	118.51
资产合计	643 580 458.39	343 748 491.56	299 831 966.83	87.22
负债和所有者权益	**年　　末**	**年　　初**	**变 动 额**	**变动率（%）**
流动负债：				
短期借款	21 161 698.02	43 196 019.80	−22 034 221.78	−51.01
交易性金融负债				
应付票据	88 007 638.80	59 678 601.17	28 329 037.63	47.47
应付账款	113 190 014.68	79 894 849.41	33 295 165.27	41.67
预收款项	9 417 196.00	5 243 722.03	4 173 473.97	79.59
应付职工薪酬	5 018 021.74	9 986 680.23	−4 968 658.49	−49.75
应交税费	−12 181 159.21	−7 048 039.69	−5 133 119.52	−72.83
应付利息	41 930.11	77 045.61	−35 115.50	−45.58
其他应付款	5 073 992.41	3 000 000.30	2 073 992.11	69.13
一年内到期的非流动负债		14 024 640.00	−14 024 640.00	−100
其他流动负债				

续表

负债和所有者权益	年　末	年　初	变 动 额	变动率（%）
流动负债合计	229 729 332.55	208 053 518.86	21 675 813.69	10.42
非流动负债：				
长期借款		16 033 110.00	−16 033 110.00	−100
应付债券				
长期应付款	800 000.00	800 000.00	0	0
专项应付款				
预计负债				
递延所得税负债				
其他非流动负债				
非流动负债合计	800 000.00	16 833 110.00	−16 033 110.00	−95.25
负债合计	230 529 332.55	224 886 628.86	5 642 703.69	2.51
所有者权益（或股东权益）：				
实收资本（或股本）	75 280 000.00	56 280 000.00	19 000 000.00	33.76
资本公积	221 195 772.25	167 844.25	221 027 928.00	1 316.86
减：库存股				
盈余公积	20 292 329.22	9 203 030.41	11 089 298.81	120.50
未分配利润	96 283 024.37	53 210 988.04	43 072 036.33	80.95
外币报表折算差额				
归属于母公司所有者权益合计	413 051 125.84		413 051 125.84	
少数股东权益				
所有者权益合计	413 051 125.84	118 861 862.70	294 189 263.14	247.51
负债和所有者权益合计	643 580 458.39	343 748 491.56	299 831 966.83	87.22

根据资产负债表的水平分析表，我们可以看出，M 公司资产总计在 2012 年增加 299 831 966.83 元，增加幅度达到 87.22%，说明企业资产呈递增趋势。从总资产增加的原因看，流动资产 2012 年净增 177 680 667.59 元，增加幅度达到 73.82%，非流动资产净增 122 151 299.24 元，增加幅度达到 118%，说明该公司的资产增幅很高。非流动资产增幅超过流动资产增幅，说明该公司的规模不断扩大。固定资产等的投资规模大于流动资金的投资规模，反映了企业迅猛发展的态势。

再进一步分析我们发现，流动资产变化中，增幅最大的是货币资金，这一方面表明公司保持了很强的流动性，另一方面也可能表明企业资金利用率低。在流动资产中，增幅在第二位的是存货资产，存货资产的增加一方面可能是企业存货积压，另一方面也可能是企业特殊经营形式所致，但存货资产的大幅增加对企业流动资金周转速度是很大的障碍，会直接降低企业资金周转速度，降低资金利用率。

非流动资产的变化中，增幅最大的是长期股权投资资产，增幅达到 1 860%，即增加了 18.6 倍，说明公司对外投资力度加大。增幅第二位的是无形资产，净增 38 408 861.66 元，增幅达到 473.01%，即增加 4.73 倍，说明企业重视无形资产的发展，对于一个有发展潜力的企业而言，大力增加无形资产投资，可以增强企业发展后劲，提升企业竞争实力。非流动资产增加中，增幅排在第三位的是在建工程，增幅达到 108.10%，可以说是翻了一番，表明企业正在扩大固定资产投资规模，增强企业发展实力，做大做强企业的决心和信心。因为增幅排在第四位的是固定资产，增幅达到 67.77%，与在建工程增幅相加，合计增幅可达 175.87%，反映了企业雄厚的经济实力。

对于负债和所有者权益而言，从总体上看，负债本年增加 5 642 703.69 元，增幅 2.51%；所有者权益本年增加 294 189 263.14 元，增幅达到 247.49%。从总体来看，该公司资产增加的主要来源是所有者权益的增加所致。表明企业的发展实力，同时也可能是企业经营稳健的表现。从具体项目来看，负债项目中流动负债本年增加 21 675 813.69 元，增幅 10.42%；非流动负债本年减少 16 033 110 元，减少幅度达到 95.25%。说明该公司负债以流动负债为主，非流动负债为辅，且非流动负债呈下降趋势，表明公司的经营比较稳健。所有者权益中本年增加 294 189 263.14 元，增加最多的是资本公积，净增 221 027 928 元，增幅达到 1 316.86%，增加第二位的是未分配利润，净增 43 072 036.33 元，增幅达到 80.95%；增加第三位的是股本，净增 19 000 000.00 元，增幅达到 33.76%；但增幅第二位的是盈余公积，增幅达到 120.5%。从以上数据看，该公司所有者权益增加的主要原因是资本公积和盈余公积，这表明企业经营成果卓著，但经营比较稳健，当年实现的净利润较大部分用于提取盈余公积而增强企业发展后劲；而资本公积增加也从侧面反映企业的经营得到投资者的认可，从而甘愿以较高的出资来取得该公司的股权。

综合以上分析，我们不难看出，该公司经营稳健，经营形势和经营前景乐观，企业的规模不断扩大，企业的经济实力不断提升，企业的发展后劲强劲；但同时可能也面临一定的问题，如货币资金持有过高，可能导致资金利用率低；存货增加较多，应加强管理，提高资金周转率；对外长期股权投资增加较多，是否会影响企业内部的经营实力等，具体情况还需要结合其他资料和同行业其他单位的相关指标进行综合而审慎的分析。同时，在分析过程中，还要注意不能忽略定性分析，并结合自身需要，进行相关和实用分析。

2．资产负债表垂直分析

M 公司的资产负债表垂直分析如表 2-20 所示。

表 2-20　　M 公司资产负债表垂直分析表

2012 年 12 月 31 日

金额单位：（人民币）元

资　产	年　末	年　初	占比（%）	占比（%）
流动资产：				
货币资金	124 006 031.75	23 436 512.51	19.27	6.8
交易性金融资产				
应收票据	4 000 000.00		0.62	
应收账款	122 254 586.11	88 686 681.76	19	25.8
预付款项	30 460 751.81	38 714 700.45	4.73	11.26
应收利息				
其他应收款	4 264 800.52	4 596 432.16	0.66	1.34
存货	133 372 898.66	85 244 074.38	20.72	24.80
一年内到期的非流动资产				

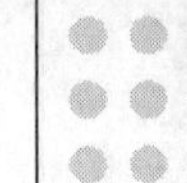

续表

资　　产	年　　末	年　　初	占比（%）	占比（%）
其他流动资产				
流动资产合计	418 359 068.85	240 678 401.26	65	70
非流动资产：				
可供出售金融资产				
持有至到期投资				
长期应收款				
长期股权投资	19 600 000.00	1 000 000.00	3.05	0.30
投资性房地产				
固定资产	150 780 119.53	89 871 411.34	23.43	26.15
在建工程	5 242 208.91	2 519 095.54	0.81	0.74
工程物资				
固定资产清理				
生产性生物资产				
油气资产				
无形资产	46 528 999.27	8 120 137.61	7.23	2.36
开发支出				
商誉				
长期待摊费用	1 278 333.33		0.2	
递延所得税资产	1 791 728.50	1 559 445.81	0.28	0.45
其他非流动资产				
非流动资产合计	225 221 389.54	103 070 090.30	35	30
资产合计	643 580 458.39	343 748 491.56	100	100
负债和所有者权益	年　　末	年　　初	占比（%）	占比（%）
流动负债：				
短期借款	21 161 698.02	43 196 019.80	3.288	12.57
交易性金融负债				
应付票据	88 007 638.80	59 678 601.17	13.675	17.36
应付账款	113 190 014.68	79 894 849.41	17.588	23.24
预收款项	9 417 196.00	5 243 722.03	1.463	1.53
应付职工薪酬	5 018 021.74	9 986 680.23	0.80	2.91
应交税费	−12 181 159.21	−7 048 039.69	−1.793	−2.05
应付利息	41 930.11	77 045.61	0.008	0.02
其他应付款	5 073 992.41	3 000 000.30	0.79	0.87
一年内到期的非流动负债		14 024 640.00		4.08
其他流动负债				

续表

负债和所有者权益	年　末	年　初	占比（%）	占比（%）
流动负债合计	229 729 332.55	208 053 518.86	35.819	60.53
非流动负债：				
长期借款		16 033 110.00	0	4.66
应付债券				
长期应付款	800 000.00	800 000.00	0.001	0.23
专项应付款				
预计负债				
递延所得税负债				
其他非流动负债				
非流动负债合计	800 000.00	16 833 110.00	0.001	4.89
负债合计	230 529 332.55	224 886 628.86	35.82	65.42
所有者权益（或股东权益）：				
实收资本（或股本）	75 280 000.00	56 280 000.00	11.70	16.37
资本公积	221 195 772.25	167 844.25	34.37	0.04
减：库存股				
盈余公积	20 292 329.22	9 203 030.41	3.15	2.68
未分配利润	96 283 024.37	53 210 988.04	14.96	15.48
外币报表折算差额				
归属于母公司所有者权益合计	413 051 125.84		64.18	
少数股东权益				
所有者权益合计	413 051 125.84	118 861 862.70	64.18	34.58
负债和所有者权益合计	643 580 458.39	343 748 491.56	100	100

根据资产负债表垂直分析表逐项分析如下。

（1）货币资金项目占比为 19.27%，比 2011 年的 6.8%增加了 12.47%，说明企业有丰富的现金流，短期偿债能力强，但也说明企业资金的使用效率偏低。

（2）应收票据项目占比为 0.42%，2011 年无此项目，说明企业销售收现率比 2011 年降低，企业应注意加强这方面的管理。

（3）应收账款项目占比为 19%，比 2011 年的 25.8%，降低了 6.8%，说明企业加强了应收账款项目的管理，从而提高了企业的资金周转率。

（4）预付款项目的占比为 4.73%，比 2011 年的 11.26%下降了 6.53%，表明企业资金周转速度加快了。

（5）其他应收款项目的占比为 0.66%，比 2011 年的 1.34%降低了 0.68%，表明企业加强了该项目的管理，从而提高了流动资金的周转率。

（6）存货项目的占比为 20.72%，比 2011 年的 24.8%降低了 4.08%，说明企业已经意识到加强存货资金管理的重要性，开始加强存货资金的管理，这同样有助于提高流动资金周转率。

（7）流动资产合计项目的占比为 65%，比 2011 年的 70%降低了 5%，这应该是企业加大非流动资金投入的缘故，尤其是增加固定资产等项目的投资的结果。总体来看，流动资金的占比仍然不低。这一项目是流动资产各项综合变化的结果，进行分析时应具体项目具体分析。

（8）长期股权投资项目的占比为 3.05%，比 2011 年的 0.3%提高了 2.75%，提高的幅度很大，说明企业发生了重大的对外股权投资项目，同时也表明企业的资金闲置或企业进行战略投资以求达到某种经营目的。

（9）固定资产项目的占比为 23.43%，比 2011 年的 26.15%降低了 2.72%，这可能与增加长期股权投资的占比有关，因为企业的资金是有限的，此项多则彼项一定会少，关键取决于经营者投资决策的方向。

（10）在建工程项目的占比为 0.81%，比 2011 年 0.74%提高了 0.07%，说明企业加大了固定资产的投资力度。

（11）无形资产项目的占比为 7.23%，比 2011 年的 2.36%提高了 4.87%，增幅较大，表明企业重视无形资产的投资，且加大了对其的投资力度，这是一个有发展潜力的企业的明智选择。

（12）长期待摊费用项目的占比为 0.2%，这是该公司新增项目，可能是发生了诸如经营租入固定资产的改良支出等资金的流出。

（13）递延所得税资产项目的占比为 0.28%，比 2011 年的 0.45%下降了 0.17%，这一项目企业应根据具体情况进行分析，因为它是由于企业的资产或负债的计量与计税基础的差异引起的综合变化，因此不能仅依靠综合变化的结果来评价其优劣。

（14）非流动资产合计项目的占比为 35%，2011 年为 30%，相比提高了 5%，这是所有非流动资产项目综合变动的结果，一般来说这一比例可能偏低，具体情况应与同行业其他企业相比、或结合企业发展的机遇或时机才能得出最终结论。

（15）短期借款项目的占比为 3.288%，比 2011 年的 12.57%下降 9%还多，表明企业流动资金充足，短期的借款债务较少，企业的融资政策有所改变。

（16）应付票据项目的占比为 13.675%，比 2011 年的 17.36%降低了 3.685%，企业应较多利用此项目的负债，因为一般不带利息，但债务期限较短是其弊端，企业应根据实际情况做出选择。

（17）应付账款项目的占比为 17.588%，比 2011 年的 23.24%下降了 5.652%，这可能与企业的货币资金充足有关，具体应结合企业经营的内外部环境而定，降低或提高的小幅波动亦是正常现象，欲研究其变动趋势还应取得多期数据进行分析和判断。

（18）预收款项目的占比为 1.463%，与 2011 年的 1.53%相比依然是降低，这说明企业的融资政策较为稳健，降低了偿还短期债务的压力，这是企业流动资金充足的表现。

（19）应付职工薪酬项目的占比为 0.80%，比 2011 年的 2.91%下降了 2.11%，表明企业重视员工的切身利益或可能是企业的裁员等所致，具体还应结合企业的实际情况做出判断。

（20）应交税费项目本期与上期均为负数金额，且本期比上期增加的金额较大，形式上说明企业多交了税金，实质上是因该公司本期销项税额不足于抵扣进项税额继续大幅增加以及本期购进国产设备可抵免所得税增加所致。

（21）应付利息项目的占比与 2011 年比较变动不大，但金额变动较大，因此应与水平分析相结合做出评判。

（22）其他应付款项目的占比为 0.79%，比 2011 年的 0.87%略有下降，应结合具体项目进行详细分析。

（23）长期借款项目本年为零，说明企业今年既无新增长期借款，又不存在以前发生的未还借款，表明企业的自有资金充足，企业的经营稳健，融资策略稳健。

（24）负债合计项目的占比为 35.82%，比 2011 年的 65.42%降低了近 30%，表明企业的融资以自有资金为主，经营形势乐观，自有资金充足。负债合计项目下降的主要原因还是流动负债项目的下降直接导致的，因为流动负债占比与 2011 年相比下降了近 25%。

（25）实收资本或股本项目的占比为 11.70%，比 2011 年的 16.37%下降了 4.67%，这一比例较高，因为这一项目的基数大，小幅波动带来的是大额的增减变化。应具体分析变化的原因，做出合理的评价。

（26）资本公积项目的占比为 34.37%，比 2011 年的 0.04%增加了 34.33%，这可能是企业溢价发行股票所致，说明企业经营前景广阔，经营形势良好，为投资者青睐，甘愿出大价钱取得公司的股权。

（26）盈余公积项目的占比为 3.15%，比 2011 年的 2.68%增加了 0.47%，表明企业经营效果好，经营盈利高而增加了盈余公积的提取。

（27）未分配利润项目的占比为 14.96%，比 2011 年的 15.48%略有降低，可能是企业利润分配的影响。

（28）所有者权益合计项目的占比为 64.18%，比 2011 年的 34.58%提高了近 30%，这是企业经营成果提高、增发新股等的综合影响的结果。

综上所述，企业的资产增加主要是企业的净利润增加所致，其次是增发新股等因素，而不是负债资金的增加所致，说明企业处在高速发展时期，经营形势乐观，经营成果喜人，保持了强势的增长实力。

知识链接——阅读和分析资产负债表应注意的问题

在阅读和分析资产负债表时，下面是值得注意的一些问题。

（1）应以综合的、联系的眼光进行分析和评价。由于书中提供的这些指标是单一的、片面的，某些反映企业财务结构指标的高低往往与企业的偿债能力相矛盾。如企业净资产比率很高，说明其偿还其债务的安全性较好，但同时也反映出其财务结构不尽合理。因此，就需要读者或报表信息的使用者能够以综合的、客观的态度来分析和判断。

（2）定性分析与定量分析相结合。教材提供的一些分析多是运用定量分析的方法，实践中不能忽略定性分析，因为某些定量指标是死板的，具有一定的局限性，阅读分析时还应结合所处的经济环境、结合阅读和分析的对象等资料分析，那么分析就是灵活的，有针对性的。

（3）阅读和分析时应注意相关性和实用性。读者或报表信息的使用者的目的不同，对这些信息的评价亦会有所不同，如作为一个长期投资者，所关心的就是企业的财力结构是否健全合理；相反，如你以债权人的身份出现，就会非常关心该企业的债务偿还能力。

（4）阅读和分析时应注意资产或负债的变动。不仅应关注绝对变动，有时可能更应关注相对变动，从中找出规律或趋势性的资料，以方便决策参考。

（5）注意选择适宜的分析方法。不同方法，适用不同的分析项目和不同的分析目的，方法得当，才能得出正确的结论。

（6）还须说明的是，由于资产负债表仅仅反映的是企业某一方面的财务信息，因此要对企业有一个全面的认识，还必须结合财务报告中的其他内容，如利润表、现金流量表等进行分析，以得出正确的结论。

小　结

本模块的主要任务是根据模块一编制出来的M公司2012年12月的资产负债表，结合其他期间各项目的相关数据，逐一解析M公司的财务状况。首先对资产负债表进行浅层、直观的阅读，在了解企业的资产结构、权益结构等基本信息的基础上，再将资产、负债、所有者权益各项目进行有机组合，通过趋势分析、对比分析、结构分析、比率分析等多种方式，全面、深入地解读企业的偿债能力、资产营运能力等信息。

课后习题与实训

一、判断题

1. 资产负债率是负债总额占资产总额的百分比。其中资产总额应为扣除累计折旧后的净额，负债总额是扣除流动负债后的净额。（　　）

2. 为了评价一个企业的长期偿债能力，一般把各年的已获利息倍数的平均数作为评价指标。（　　）

3. 在销售利润率不变的情况下，提高资产利用率可以提高资产报酬率。（　　）

4. 某企业年末速动比率为0.5，则该企业可能仍具有短期偿债能力。（　　）

5. 现金作为一项流动资产，同样存在估价的问题。（　　）

6. 已获利息倍数指标可以反映企业偿付利息的能力。（　　）

7. 净报酬率是所有比率中综合性最强的最具有代表性的一个指标，它也是杜邦财务分析体系的核心。（　　）

8. 在确定财产的价值来估计企业清偿债务的能力时，如果具有财产的账面历史成本，就不必再考虑其市价或变现价值。（　　）

9. 资产负债表反映会计期末财务状况，现金流量表反映现金流量。（　　）

10. 从股东角度分析，资产负债率高，节约所得税带来的收益就大。（　　）

二、单项选择题

1. 下列指标中，侧重于分析债务偿付安全性的物质保障程度的指标时（　　）。

A. 资产负债率　B. 产权比率　C. 现金流动负债率　D. 流动比率

2. 可用于企业财务状况趋势分析的方法为（　　）。

A. 比较分析法　B. 比率分析法　C. 财务比率综合分析法　D. 杜邦分析法

3. 下列财务比率中，（　　）可以反映企业的偿债能力。

A. 平均收款期　B. 销售利润率　C. 权益乘数　D. 已获利息倍数

4. 某企业2012年流动资产平均余额为1 000万元，流动资产周转次数7次。若企业2012年销售利润为210万元，则2012年销售利润率为（　　）。

A. 30%　B. 50%　C. 40%　D. 15%

5. 在计算速动比率时，要从流动资产中扣除存货部分，再除以流动负债。这样做的原因在于流动资产中（　　）。

A. 存货的价值变动较大　B. 存货的质量难以保证

C. 存货的变现能力最低　　D. 存货的数量不易确定

6. 对应收账款周转率速度的表达，正确的是（　　）。

A. 应收账款周转天数越长，周转速度越快

B. 计算应收账款周转率时，应收账款余额不应包括应收票据

C. 计算应收账款周转率时，应收账款余额应为扣除坏账准备后的净额

D. 应收账款周转率越小，表明周转速度越快

7. 一般而言，短期偿债能力与（　）关系不大。

A. 资产变现能力　B. 企业再融资能力　C. 企业获利能力　D. 企业流动负债

8. 某零售商店主要采用现金销售，应收账款较少。该店的速动比率若保持在（　　）的水平上应当被认为是正常的。

A. 1∶1　B. 4∶1　C. 0.4∶1　D. 2∶1

9. 可以分析评价长期偿债能力的指标是（　　）。

A. 存货周转率　B. 固定支出偿付倍数　C. 保守速动比率　D. 流动比率

10. 某企业 2012 年年末的流动资产为 360 000 元，长期资产为 4 800 000 元，流动负债为 205 000 元，长期负债 780 000 元，则 2012 年年末的资产负债率为（　）。

A. 15.12%　B. 19.09%　C. 16.25%　D. 20.52%

三、多项选择题

1. 分析企业营运能力的指标有（　）。

A. 存货周转率　B. 流动资产周转率

C. 速动比率　D. 资产净利润率　E. 净值报酬率

2. 应收账款的周转率越高，则（　）。

A. 应收账款收回越迅速　B. 应收账款周转天数越短

C. 资产流动性越强　D. 短期偿债能力越强

E. 流动资产的收益能力越低

3. 造成流动比率不能正确反映偿债能力的原因有（　　）。

A. 季节性经营的企业销售不均衡量　B. 存货计价方式发生改变

C. 大量的销售为现销　D. 大量使用分期付款结算方式

E. 年末销售大幅下降

4. 应收账款周转率有时不能说明应收账款正常收回时间的长短，其原因有（　　）。

A. 销售的季节性变动很大　B. 大量使用现销而非赊销

C. 大量使用赊销而非现销　D. 年底前大力促销和收缩商业信用

E. 计算有错误

5. 对固定资产周转率的表述，正确的有（　　）。

A. 在销售收入净额一定的情况下，固定资产平均占用额越高，固定资产周转率越高。

B. 在销售收入净额一定的情况下，流动资产在总资产中占的比率越高，流动资产周转率越高，则固定资产周转率越高。

C. 固定资产平均占用额越低，销售收入净额越高，固定资产周转率越高。

D. 流动资产周转率越高，则固定资产周转率越低。

E. 如果企业资产总额及其构成都保持不变，则流动资产周转率越高，固定资产周转率越高。

6. 企业长期债券的持有者关注的指标有（　　）。
A. 已获利息倍数　　B. 有形资产债务率
C. 有形净值债务率　　D. 应收账款周转率　　E. 资产利润率

7. 分析企业资金周转状况的比率有（　　）。
A. 速动比率　　B. 已获利息倍数
C. 应收账款平均收账期　　D. 存货周转率　　E. 流动资产周转率

8. 影响资本保值增值的因素有（　　）。
A. 负债额的变动　　B. 固定资产的增减
C. 经营盈亏　　D. 股利支付情况　　E. 资本结构的变动

9. 计算存货周转率可以（　　）为基础的存货周转率。
A. 主营业务收入　　B. 主营业务成本
C. 其他业务收入　　D. 销售费用　　E. 其他业务成本

10. 以下项目中应列示在资产负债表流动资产的项目包括（　　）。
A. 应收账款　　B. 待摊费用
C. 预收账款　　D. 预付账款　　E. 低值易耗品

四、单项实训

1. 练习财务比率的计算

资料：某企业的全部流动资产为 600 000 元，流动比率为 1.5。该公司刚完成以下两项交易：

（1）购入商品 160 000 元以备销售，其中的 80 000 元为赊购。

（2）购置运输车辆一部，价值 50 000 元，其中 30 000 元以银行存款支付，其余部分开出 3 个月期应付票据一张。

要求：计算每次交易后的流动比率。

2. 练习财务比率的计算

资料：某企业的全部流动资产为 820 000 元，流动比率为 1.6，该公司购入商品 160 000 元以备销售，其中的 80 000 元为赊购，又购置运输车辆一部，价值 46 000 元，其中 18 000 元以银行存款支付，其余开出应付票据一张。

要求：（1）计算交易后的营运资本。

（2）计算交易后的速动比率。

3. 练习资产营运能力指标的计算

资料：某公司流动资产由速动资产和存货构成，年初存货为 145 万元，年初应收账款为 125 万元，年末流动比率为 3，年末速动比率为 1.5，存货周转率为 4 次，年末流动资产余额为 270 万元。一年按 360 天计算。

要求：（1）计算该公司流动负债年末余额。

（2）计算该公司存货年末余额和年平均余额。

（3）计算该公司本年销货成本。

（4）假定本年赊销净额为 960 万元，应收账款以外的其他速动资产忽略不计，计算该公司应收账款周转期。

五、综合实训

1. 实训一

（1）目的：练习财务比率的计算，并评价相关指标。

（2）资料：大宇公司 2012 年 13 月 31 日的部分账户资料如表 2-21 所示。

表 2-21　　部分账户资料表　　金额单位：元

项　目	期末余额
货币资金	1 503 600
交易性金融资产—债券投资	29 160
应收票据	60 000
固定资产	24 840 000
其中：累计折旧	300 000
应收账款	210 000
其中：坏账准备	12 000
原材料	450 000
应付票据	90 000
应交税费	60 000
应付利息	1 000 000
长期借款—基建借款	1 800 000

（3）要求：（1）计算该企业的营运资本。

（2）计算该企业的流动比率。

（3）计算该企业的速动比率。

（4）计算该企业的现金比率。

（5）简要分析其短期偿债能力的好坏。

2. 实训二

（1）目的：练习财务比率的计算，并评价相关指标。

（2）资料：某企业连续三年的资产负债表中相关资产项目的数额如表 2-22 所示。

表 2-22　　资产负债表部分项目资料　　金额单位：万元

项　目	2010 年年末	2011 年年末	2012 年年末
流动资产	2 200	2 680	2 680
其中：应收账款	944	1 028	1 140
存货	1 060	928	1 070
固定资产	3 800	3 340	3 500
资产总额	8 800	8 060	8 920

已知 2012 年主营业务收入额为 10 465 万元，比 2011 年增长了 15%，其主营业务成本为 8 176 万元，比 2011 年增长了 12%。

（3）试计算并分析：

① 该企业 2011 年和 2012 年的应收账款周转率、成本基础计算存货周转率、流动资产周转

率、固定资产周转率、总资产周转率。

② 对该企业的资产运用效率进行评价。

3. 实训三

（1）目的：练习财务比率的计算，并评价相关指标。

（2）资料：资料：某企业有关的财务比率如表2-23所示。

表2-23　财务比率资料

项　目	本　企　业	本行业平均水平	差　异
流动比率	1.5	1.11	+0.39
速动比率	0.4	0.55	−0.15
存货周转率	3.5次	4次	−0.5次
应收账款周转率	6.25次	6次	+0.25次
流动资产周转率	2.5次	3.1次	−0.6次

（3）要求：请写出表中财务比率的计算公式，并通过对各指标的评价，说明存货周转率和应收账款周转率两个指标，在分析偿债能力和资产运用效率所起的作用。

4. 实训四

（1）目的：练习用水平分析法和垂直分析法对资产负债表进行分析。

（2）资料：某企业资产负债表如表2-24所示。

表2-24　资产负债表　金额单位：元

项目/截止日期	2012一季（20120331）	2012中期（20120630）	2012三季（20120930）	2012年度（20121231）
流动资产	555 703 269.43	519 425 469.78	390 999 906.21	436 959 487.35
货币资金	116 730 095.42	78 074 980.99	69 787 962.09	142 606 450.25
应收账款	176 513 325.79	165 939 479.82	88 474 935.41	122 254 586.11
其他应收款	3 628 855.65	8 792 480.41	6 052 928.33	4 264 800.52
预付账款	62 037 706.25	83 820 828.61	91 043 480.47	30 460 751.81
存货	196 283 556.57	182 797 699.95	135 640 599.91	133 372 898.66
待摊费用	1 213 333.33	1 148 333.32	1 083 333.31	1 278 333.33
长期投资	1 000 000.00	1 000 000.00	21 000 000.00	1 000 000.00
固定资产	182 406 467.75	187 484 786.40	188 943 696.73	150 780 119.53
无形资产	55 457 588.39	55 163 769.08	48 338 891.26	46 528 999.27
资产合计	806 301 757.92	775 407 799.45	665 526 347.82	643 580 876.89
流动负债	374 206 800.52	333 504 712.07	176 606 867.77	229 729 751.05
应付账款	203 196 293.44	169 236 155.42	84 344 720.10	113 190 014.68
预收账款	11 184 338.04	13 420 483.54	12 665 161.43	9 417 196.00
长期负债				
负债合计	375 006 800.52	334 304 712.07	177 406 867.77	230 529 751.05
股东权益	431 294 957.40	441 103 087.38	488 119 480.05	413 051 125.84

续表

项目/ 截止日期	2012 一季 （20120331）	2012 中期 （20120630）	2012 三季 （20120930）	2012 年度 （20121231）
股本	75 280 000.00	150 560 000.00	150 560 000.00	75 280 000.00
资本公积	221 195 772.25	160 971 772.25	160 971 870.95	221 195 772.25
盈余公积	20 292 329.22	20 292 329.22	20 292 329.22	20 292 329.22
未分配利润	114 061 485.97	107 939 609.25	126 791 967.23	96 283 024.37
负债及股东权益合计	806 301 757.92	775 407 799.45	665 526 347.82	643 580 876.89

（3）要求：请分别用水平分析法和垂直分析法对所给企业的资产负债表进行分析。

模块三 利润表阅读与分析

技能目标

1. 能在对利润表进行直观阅读的基础上，理解利润表蕴涵的经营信息；
2. 能运用财务报表分析的比率分析法等基本方法，通过利润表对企业盈利能力进行分析。

知识目标

1. 知道利润表的内容和结构；
2. 理解利润表项目蕴涵的经营信息；
3. 掌握利润表阅读和分析中运用的分析方法。

阅读材料

寅吃卯粮，透支未来收入

某电器公司发布未审计的半年报称：关于2004年本公司人民币5.76亿元的货物销售事项的跟踪，前任审计师在其2004年度审计报告的审计意见中提出本公司对两家国内客户销售人民币5.76亿元的货物未能从客户取得直接的回函确认，而且截至2004年12月31日该笔货款尚未收回。本公司董事会与管理当局对此事做了积极的跟踪。该事项的跟踪处理情况如下：经查证，前任审计意见中所提及的人民币5.76亿元的销售，是依据本公司2004年向两家客户实际开具销售发票金额人民币2.03亿元，加上本公司2004年底向两家客户已出库未开票货物补记收入人民币4.27亿元，再减去本公司2004年对两家客户确认的退货人民币0.54亿元后计算得来的。实际上本公司2004年向两家客户实际开具销售发票金额人民币2.03亿元中有人民币1.21亿元属于本公司对2003年度的已出库未开票货物补开发票，该笔销售本公司在2003年已经确认了销售收入，所以当中只有人民币 0.82 亿元包含在本公司 2004 年度的收入中，本公司 2004 年度实际上向该两家客户销售了人民币 4.27 亿元加上人民币 0.82 亿元，总共人民币 5.09 亿元的货物，其中已经收到货款的销售为人民币 0.78 亿元，另外人民币 4.31 亿元的货物由于该两家客户到期未能付款，在本公司要求下已将货物陆续退回本公司，该批退回的货物大部分已经在 2005 年上半年销售给其他客户。对于该笔人民币 4.31 亿元的退货，由于占 2004 年度对该客户的销售比例不正常，并且前任审计师对该笔销售的真实性提出怀疑，本公司管理层认为该笔人民币 4.31 亿元的销售在 2004 年确认收入不适当，所以本公司按追溯调整法进行了处理，此项追溯调整调减了本公司 2005 年年初未分配利润人民币 1.12 亿元。

这个解释表明，该电器公司 2004 年度确实虚增巨额收入和利润。从该解释我们也可以发现，计入 2003 年度 1.21 亿元收入确认也是有疑问的，怀疑计入 2004 年度更恰当；事实上，2003 年度确认收入有多少属于 2004 年度可能还有进一步核查，这只是一份管理层没有变动情况下未审计的半年报，相信还有更多的财务舞弊手法还未为人所知。实际上，结合 2004 年报对提取退货准备的解释，可以判断科龙 2003 年度也犯了同样的错误，至少有 1.21 亿元收入怀疑是虚构的，或有提前确认之嫌。

此前有网友在新浪留言称：2002 年 12 月，该电器公司针对当月销售出台了一个销售政策，要点如下：（1）空调淡季当旺季；（2）经销商 12 月打款享受 9 月的贴息政策；（3）经销商用科龙账上金额提货，享受提货奖励和年度奖励；（4）经销商可以不把货提走，该电器公司的各分公司仓库调整出部分位置放经销商的货；（5）如 2003 年价格调整，享受补差政策；（6）如经销商所提之货，旺季不能销售，可换货；（7）12 月的客户发票全部留在该电器公司各分公司，用于退货冲账。

现在分析这段话的真假，笔者认为可信度非常高，调节经销商库存是企业最常用的会计数字游戏手法之一，填塞渠道的极端表现是假销售及假退货，该电器公司 2003 年度退回 2 亿多元也被怀疑是使用填塞渠道游戏的迹象；此外，该电器公司还被怀疑使用了臭名昭著的开票持有方式，这种销售方式经销商连货都没提，还放在该电器公司的仓库中（这个仓库也可能是经销商秘密租赁的），该电器公司两个经销商 2005 年上半年发生 4.31 亿元的销售退回，怀疑根本就是虚构收入或未转移货物所有权的收入确认。

【启示】诚信是根　真实为本

作为企业经济活动载体的会计信息必须真实、可靠。诚信是做人之本，也是企业生存和发展之本，提供真实可靠的信息供报表使用者阅读与分析，对企业、对报表信息使用者是一举多得的好事。欺上瞒下，采用移花接木的方式提供虚假的信息给决策者，最终将被淘汰出局。

任务一 利润表阅读

一、任务引入

根据M公司的利润表资料（见模块二资产负债表阅读与分析），进行利润表的阅读。

二、相关知识

1．“营业收入”项目的阅读

“营业收入”项目反映的是企业的主营业务收入和其他业务收入的总和，阅读时应结合利润表附表进行，从而了解营业收入中主营业务收入和其他业务收入各自的金额，帮助读者分析企业主营业务发展趋势，进而做出合理的决策。通过对比不同期间本项目的变化，可以掌握企业经营前景和未来发展态势。若与基期比较，该项目金额增加，说明企业经营状况良好，经营前景乐观，投资者可以考虑投资计划。但具体决策还需通过进一步分析做出。

2．“营业成本”项目的阅读

“营业成本”项目与营业收入相对应，反映的是企业的主营业务成本和其他业务成本的总和。阅读时应结合利润表附表进行，以了解营业成本中主营业务成本和其他业务成本各自的数额，看是否与营业收入相互配比。同时，还应比较报告期与基期的成本变化，分析成本变化的趋势则需通过进一步借助财务分析方法才能进行。

3．“营业税金及附加”项目的阅读

“营业税金及附加”项目反映的是企业主营业务和其他业务应交的营业税、消费税、城市维护建设税、教育费附加等税费，一般与营业收入成比例。通过阅读此项目的增加或减少即可知晓营业收入的增加或减少。

4．“销售费用”项目的阅读

“销售费用”项目反映的是企业销售商品和材料、提供劳务过程中发生的各种费用，包括包装费、保险费、展览费、广告费、商品维修费、预计产品质量保证损失、运输费、装卸费等，以及为销售本企业商品而专设的销售机构的职工薪酬、业务费、折旧费等经营费用，此外，企业发生的与专设销售机构相关的固定资产修理等后续支出也在此项列示。阅读时应关注其变化情况，是否与营业收入成比例变动，至于导致变化的因素，还需结合利润表附表进行收入的研读。

5．“管理费用”项目的阅读

“管理费用”项目反映的是企业为组织和管理企业生产经营发生的管理费用，包括企业在筹建期间内发生的开办费，董事会和行政管理部门在企业经营管理中发生的或者应由企业统一负担的公司经费、工会经费、董事会费、诉讼费、业务招待费、房产税、车船使用税、土地使用税、印花税、技术转让费、矿产资源补偿费、研究费用、排污费等支出。阅读时一般通过比较掌握其变动情况，分析其变化是否合理，有无可降低的空间。

6．“财务费用”项目的阅读

“财务费用”项目反映的是企业为筹集生产经营所需资金而发生的筹资费用，包括利息支出、

汇兑损益以及相关的手续费、企业发生的现金折扣或收到的现金折扣等。为构建或生产资本化条件的资产而发生的借款费用中不能资本化的部分也应在此列示。阅读时主要关注其变化情况，进而分析节约开支的可能性。

7．“资产减值损失”项目的阅读

“资产减值损失”项目反映的是企业计提各项资产减值准备所形成的损失。企业应提供减值损失的相关证明材料。对于其变化，必须结合相关证明材料进行相应的分析，才能解读其变化的具体原因，从而采取相应的对策。

8．“公允价值变动损益”项目的阅读

“公允价值变动损益”反映的是企业交易性金融资产、交易性金融负债，以及采用公允价值模式计量的投资性房地产、衍生工具、套期保值业务等公允价值变动形成的应计入当期损益的利得或损失。该项目阅读时应结合利润表附表相关具体项目的明细资料具体分析，帮助企业做出合理的投资决策。

9．“投资收益”项目的阅读

“投资收益”项目反映的是企业进行对外投资发生的投资损失或投资收益。本项目应结合企业的具体投资项目进行阅读和分析，以便企业做出合理的投资决策。

10．“汇兑收益”项目的阅读

“汇兑收益”项目反映的是企业发生的外币交易因汇率变动而产生的收益或损失，损失以负数列示。阅读时应结合企业外币业务和国际形势及外币汇率等认真仔细分析和研究，以期取得理想的回报。

11．“营业利润”项目的阅读

“营业利润”项目等于营业收入减去各项营业成本和营业支出加投资收益等综合计算的结果。阅读时应通过比较不同期间的变化，找出节约增效的途径和措施。

12．“营业外收入”项目的阅读

“营业外收入”项目反映的是企业发生的营业外收入，主要包括非流动资产处置利得、非货币性资产交换利得、债务重组利得、政府补助、盘盈利得、捐赠利得等。阅读时应结合利润表附表进行。

13．“营业外支出”项目的阅读

“营业外支出”项目反映的是企业发生的各项营业外支出，包括非流动资产处置损失、非货币性资产交易损失、债务重组损失、公益性捐赠支出、非常损失、盘亏损失等。阅读时应结合利润表附表进行。

14．“利润总额”项目的阅读

“利润总额”项目反映的是企业的营业利润与营业外收支净额的和，通过阅读此项目总括地了解企业利润的总量，并通过对比分析，找出进一步提高利润的途径和方法。

15．“所得税费用”项目的阅读

“所得税费用”是企业应纳税所得额与所得税税率的乘积，反映企业确认的应从当期利润总额中扣除的所得税费用。本项目实质上是应纳税所得额的反映。阅读时应结合相关资料综合评价。

16．“净利润”项目的阅读

“净利润”项目是利润总额与所得税费用的差，不需特别注意。但通过阅读该项目可以了解企业净利润的总体水平。

17．“其他综合收益”项目的阅读

18．“综合收益总额”项目的阅读

19．“每股收益”项目的阅读

“每股收益”项目反映的是企业归属于普通股股东的净利润除以发行在外普通股股票的加权平均数。作为投资者来说，他们比较关注的首先是这一项目。通过该项目，股东可以计算自身在报告企业净利润中拥有的份额。

三、任务实施

1．“营业收入”项目的阅读

M 公司 2012 年度营业收入总额为 783 027 675.40 元，比 2011 年的 618 087 466.27 元净增 164 940 209.13 元，说明该公司 2012 年经营情况平稳上升，经营前景广阔。

2．“营业成本”项目的阅读

M 公司 2012 年度营业成本为 633 224 765.34 元，比 2011 年的 500 938 948.94 元净增 132 285 816.40 元，与营业收入增加的幅度基本平衡。具体情况需要进一步分析解读。

3．“营业税金及附加”项目的阅读

M 公司 2012 年度营业税金及附加为 2 550 720.65 元，比 2011 年的 1 753 126.38 元净增 797 594.27 元，与营业收入的增加基本保持平衡。具体、详细的情况需待进一步分析解读。

4．“销售费用”项目的阅读

M 公司 2012 年销售费用为 46 719 056.36 元，比 2011 年的 28 541 170.02 元净增 18 177 886.34 元，基本与营业收入的变化保持平衡。如果企业欲研究进一步节约开支、提高效益的措施，仍需进一步分析和研究。

5．“管理费用”项目的阅读

M 公司 2012 年管理费用为 28 325 883.65 元，比 2011 年的 28 921 141.19 元降低了 595 257.54 元，在企业营业收入持续上升的形式下，企业的管理费用反而下降，说明企业重视节约开支，至于具体是哪些因素的影响，还应进一步结合相关资料深入分析。

6．“财务费用”项目的阅读

M 公司 2012 年财务费用为 7 389 036.46 元，比 2011 年的 5 641 656.50 元净增 1 747 379.96 元。这一变化应结合企业资金筹集和分析、资本市场综合分析来考察是否属于合理变动。

7．“资产减值损失”项目的阅读

M 公司 2012 年该项目为 3 203 113.79 元，比 2011 年的 1 484 899.07 元增加了 1 倍之多，应进一步取得相关证明材料深入分析，合理规划。

8．“公允价值变动损益”项目的阅读

M 公司 2012 年无此项目列示。

9．“投资收益”项目的阅读

M 公司 2012 年本项目为–4 117 708.61 元，说明是投资损失，企业应分析发生损失的原因，从而做出合理的投资决策。

10．“汇兑收益”项目的阅读

M 公司无此项目。

11．“营业利润”项目的阅读

M 公司 2012 年营业利润为 57 497 390.54 元，比 2011 年的 50 987 312.40 元净增 6 510 078.14 元，说明企业经营顺畅，但是否有更大的利润空间，还应进一步分析研究。

12．“营业外收入”项目的阅读

M公司2012年该项目为5 741 289.19元，应进行进一步的分析和研究。

13．“营业外支出”项目的阅读

M公司2012年该项目为1 988 396.40元，应根据利润表附表具体分析。

14．“利润总额”项目的阅读

M公司2012年利润总额为61 250 283.33元，比2011年的51 172 306.81元净增10 077 976.52元，说明企业经营形势比较乐观，至于能否进一步提高，仍需进行详细分析和研读。

15．“所得税费用”项目的阅读

M公司2012年所得税费用为13 392 465.19元，可以结合所得税纳税申报表进行阅读与分析。

16．“净利润”项目的阅读

M公司2012年净利润为47 857 818.14元，与2011年比较有大幅度提高。至于提高的原因，应进一步运用财务分析的专门方法查找。

17．“其他综合收益”项目的阅读

M公司2012年无直接计入所有者权益的其他综合收益项目

18．“综合收益总额”项目的阅读

M公司2012年综合收益总额即为当年实现的净利润。

19．“每股收益”项目的阅读

M公司2012年每股收益为0.69元，比2011年增加0.03元，这是相当不容易的事情，作为企业的管理者应该引以为荣。但仍需具体分析增加的真实因素，探讨持续增加的途径和方法。

任务二 利润表分析

一、任务引入

根据M公司利润表（见表3-1），进行利润表分析。

表3-1　利润表

2012年度

编制单位：M公司　金额单位：元

项　目	本 期 数	上年同期数
一、营业收入	783 027 675.40	618 087 466.27
减：营业成本	633 224 765.34	500 938 948.94
营业税金及附加	2 550 720.65	1 753 126.38
销售费用	46 719 056.36	28 541 170.02
管理费用	28 325 883.65	28 921 141.19
财务费用	7 389 036.46	5 641 656.50
资产减值损失	3 203 113.79	1 484 899.07
加：公允价值变动收益（损失以“-”号填列）		

续表

项　　目	本　期　数	上年同期数
投资收益（损失以"–"号填列）	–4 117 708.61	180 787.23
其中：对联营企业和合营企业的投资收益		
汇兑收益（损失以"–"号填列）		
二、营业利润（亏损以"–"号填列）	57 497 390.54	50 987 312.40
加：营业外收入	5 741 289.19	1 395 776.51
减：营业外支出	1 988 396.40	1 210 782.10
三、利润总额（亏损总额以"–"号填列）	61 250 283.33	51 172 306.81
减：所得税费用	13 392 465.19	14 009 085.25
四、净利润（净亏损以"–"号填列）	47 857 818.14	37 163 221.56
归属于母公司所有者的净利润	47 857 818.14	37 163 221.56
少数股东损益		
五、其他综合收益各项目扣除所得税影响后的净额		
六、综合收益总额	47 857 818.14	37 163 221.56
七、每股收益		
（一）基本每股收益	0.69	0.66
（二）稀释每股收益	0.69	0.66

法定代表人：张祥荣　　　　主管会计工作的负责人：余广林　　　　会计机构负责人：余广林

二、相关知识

（一）利润表的结构分析

现行利润表采用多步式结构，按照先计算营业利润，再计算利润总额、净利润、每股收益的先后顺序依次排列。利润表的这种排列顺序有助于报表信息使用者清晰明了地分析企业的利润形成及各部分利润在净利润中的地位。利润表结构如表 3-2 所示。

（1）第一项列示的是营业收入。这一项告诉报表信息使用者报告企业在相应会计期间所取得的主营业务和其他业务收入的总和，即全部营业收入，它是形成利润的保证和前提。

（2）列示营业利润的形成过程。这一步让报表信息使用者了解取得营业收入的同时企业付出了多大的代价，包括营业成本、营业税金及附加、销售费用、管理费用、财务费用、资产减值损失、公允价值变动收益、投资收益等项目，详尽列示各项成本、费用和税金的数目，真实再现企业经营的总体过程，让人一目了然，清楚明白。

（3）列示利润总额的形成过程。以营业利润为前提，加营业外收入，减营业外支出，即得利润总额。它反映了利润总额与营业利润以及营业外收支的关系，是营业利润与营业外收支净额的和，让报表信息使用者知晓报告企业的经济实力和经营前景。因为营业利润是利润总额的源泉，若利润总额中营业外收支净额占比颇高，则意味着企业经营情况不理想，经营形势不乐观，经营前景不看好。反之，则相反，企业的经营形势乐观，经营前景光明，经营状况平稳。

（4）列示净利润的形成。即利润总额减所得税费用，它反映的是报告企业按照现行企业所得税法的规定从利润总额中扣除的，应计入所得税费用的金额。两者的配合形成了报告企业的税后净利润，它是企业利润分配的源泉和基础，是投资者最关心的指标之一。

（5）列示每股收益。即普通股股东享有的每股净利润，它亦是普通股股东关心和关注的指标之一。

表 3-2　　　　　　　　　　　　利润表

年　月

编制单位：　　　　　　　　　　　　　　　　　　　　　　　　　　金额单位：

项　目	本 期 金 额	上 期 金 额
一、营业收入		
减：营业成本		
营业税金及附加		
销售费用		
管理费用		
财务费用		
资产减值损失		
加：公允价值变动收益（损失以“–”号填列）		
投资收益（损失以“–”号填列）		
其中：对联营企业和合营企业的投资收益		
汇兑收益（损失以“–”号填列）		
二、营业利润（亏损以“–”号填列）		
加：营业外收入		
减：营业外支出		
三、利润总额（亏损总额以“–”号填列）		
减：所得税费用		
四、净利润（净亏损以“–”号填列）		
归属于母公司所有者的净利润		
少数股东损益		
五、其他综合收益项目扣除所得税影响后的净额		
六、综合收益总额		
七、每股收益		
（一）基本每股收益		
（二）稀释每股收益		

法定代表人：　　　　　　主管会计工作的负责人：　　　　　　会计机构负责人：

利润表结构分析主要采用垂直分析法，即根据利润表中的资料，通过计算各利润构成因素占营业收入的比重，分析说明企业净利润的结构及增减变动的合理程度。表 3-3 为某公司利润垂直变动趋势分析表。

表 3-3　　　　　　　　某公司利润垂直变动趋势分析表

年度

项　目	本 期 数	上年同期数	占比（%）	占比（%）
一、营业收入				
减：营业成本				
营业税金及附加				
销售费用				

续表

项　　目	本　期　数	上年同期数	占比（%）	占比（%）
管理费用				
财务费用				
资产减值损失				
加：公允价值变动收益（损失以“–”号填列）				
投资收益（损失以“–”号填列）				
其中：对联营企业和合营企业的投资收益				
汇兑收益（损失以“–”号填列）				
二、营业利润（亏损以“–”号填列）				
加：营业外收入				
减：营业外支出				
三、利润总额（亏损总额以“–”号填列）				
减：所得税费用				
四、净利润（净亏损以“–”号填列）				
归属于母公司所有者的净利润				
少数股东损益				
五、其他综合收益各项目扣除所得税影响后的净额				
六、综合收益总额				
七、每股收益				
（一）基本每股收益				
（二）稀释每股收益				

结合结构表，进行利润表各构成项目的比率分析，找出利润变动的原因。具体分析见任务实施。

（二）企业盈利能力分析

盈利能力通常是指企业在一定时期内赚取利润的能力，它是一个相对概念，即利润是相对于一定的资源投入、一定的收入而言的。利润率越高，盈利能力越强；利润率越低，盈利能力越差。企业经营业绩的好坏最终可通过企业的盈利能力来反映。无论是企业的经营管理人员，还是股东、债权人，都非常关心企业的盈利能力，并重视对利润率及其变动趋势的分析及预测。

衡量或反映企业盈利能力的指标有：反映资本经营盈利能力的指标，如总资产报酬率、负债利息率、净资产收益率等；反映资产经营盈利能力的指标；反映商品经营盈利能力的指标，如收入利润率等。

1．资本经营盈利能力分析

资本经营盈利能力是指企业的所有者通过投入资本经营所取得利润的能力。反映资本经营盈利能力的基本指标是净资产收益率，即企业本期净利润与本期净资产的比率，其计算公式是：

$$净资产收益率=净利润\div平均净资产\times100\%$$

净资产收益率是反映企业盈利能力的核心指标。因为企业经营的根本目标是所有者权益或股东价值最大化，而净资产收益率既可直接反映资本增值能力，又影响着企业股东价值的大小。该指标越高，反映企业盈利能力越强。评价时，参照指标一般选取社会平均利润率、行业平均利润率或资本成本率等。

（1）影响资本经营盈利能力的因素。反映资本盈利能力的指标是净资产收益率，影响净资产收益率的因素有总资产报酬率、负债利息率、企业资本结构、企业所得税税率等。

（2）资本经营盈利能力因素分析。总资产报酬率的影响体现为：总资产报酬率越高，净资产收益率越高。因为净资产是企业全部资产扣除负债后的余额，总资产报酬率必然影响净资产收益率，且呈正向变动关系。负债利息率、资本结构或负债与净资产之比对净资产收益率的影响体现为：当总资产报酬率高于负债利息率时，加大负债与净资产之比，对净资产收益率产生有利影响，即可以提高净资产收益率；反之，当总资产报酬率低于负债利息率时，加大负债与净资产之比，对净资产收益率产生不利影响，即降低净资产收益率。因为当总资产报酬率高于负债利息率时，由于负债的抵税作用，会使净资产收益率提高，而负债与净资产之比加大则能更有效地利用负债的抵税作用，提高净资产收益率。所得税税率对净资产收益率的影响体现为所得税税率提高，净资产收益率下降；反之，则所得税税率降低，净资产收益率上升。

这里讲的资本结构是指负债与所有者权益之比，二者的比值反映了企业的融资结构和融资策略，资本结构的另一种表现形式是权益乘数，即资产与负债之比，这一内容后面会探讨。

综合以上这些因素对净资产收益率的影响，表现为以下公式。

净资产收益率＝［总资产报酬率＋（总资产报酬率－负债利息率）×负债÷净资产］×（1－所得税率）

其中的所得税税率＝（利润总额－净利润）÷利润总额

负债利息率＝财务费用中的利息支出÷负债

总资产报酬率见下一个因素的分析。

小提示

这里的负债利息率和所得税税率不是直接引用贷款的利息率或国家法律规定的所得税税率，至于这样推算是否合理或有意义，有待探讨。但从企业投资者的角度而言是重要的。因为两个项目最终均导致净利润下降，从而影响投资者的利益；相对于债权人和经营者来说，则另当别论。

2．资产经营盈利能力分析

（1）资产经营盈利能力及评价指标。资产经营盈利能力是指企业运营资产所产生的利润的能力。反映资产经营盈利能力的指标是总资产报酬率，即息税前利润与平均总资产之间的比率。利用资产负债表和利润表的相关资料即可计算出总资产报酬率。其计算公式为：

总资产报酬率＝（利润总额＋利息支出）÷平均总资产×100%

总资产报酬率指标为什么包括利息支出呢？因为企业经营的总资产取得的收入，最终增加净利润，但同时首先应承担利息支出，即总资产产生的利益先保障债权人的利益，再提供给投资者享有，债权人享有的部分表现为利息支出，投资者享有的部分表现为净利润。

评价这一指标时，应结合企业自身前期的比率、同行业其他企业的比率等进行比较，并进一步分析，找出有利和不利的因素，以提高企业的总资产报酬率，从而提高企业的资产经营盈利能力。

（2）资产经营盈利能力因素分析

总资产报酬率＝[销售（或营业）收入÷平均总资产]×（利润总额＋利息支出）÷销售（或营业）收入×100%＝总资产周转率×销售息税前利润率

其中：

销售（营业）收入÷平均总资产＝总资产周转率

（利润总额＋利息支出）÷销售（营业）收入×100%＝销售息税前利润率

（利润总额＋利息支出）＝息税前利润

可见，影响总资产报酬率的因素有两个：一是总资产的周转率，该指标是反映企业营运能力的指标，可用于说明企业资产的运用效率，是企业资产经营效果的直接体现；二是销售息税前利润率，反映了企业商品生产经营的盈利能力，产品盈利能力越强，销售利润率越高。

总之，总资产报酬率受到上述两个因素的综合影响。

3．商品经营盈利能力分析

商品经营是相对资产经营和资本经营而言的。商品经营盈利能力不考虑企业的筹资或投资问题，只研究利润与收入或成本之间的关系。因此，反映商品经营盈利能力的指标可分为两类：一类是各种利润额与收入之间的比率，统称“收入利润率”；另一类是各种利润额与成本之间的比率，统称“成本利润率”。

（1）收入利润率分析。反映收入利润率的指标有主营业务利润率、营业收入利润率、息税前利润率、营业净利润率等。其中，主营业务利润率是主营业务利润与主营业务收入之间的比率；营业收入利润率是营业利润与营业收入之间的比率；息税前利润率是利润总额与利息支出的和与营业收入之间的比率；营业净利润率是净利润与营业收入之间的比率。

收入利润率指标是正指标，指标值越高越好。分析评价时应参照行业平均值、企业目标值等进行判断，不可妄加评判。

（2）成本利润率分析。反映成本利润率的指标有营业成本利润率、营业成本费用利润率、全部成本费用利润率、全部成本费用净利润率等。其中，营业成本利润率是营业利润与营业成本之间的比率；营业成本费用利润率是营业利润与营业成本费用总额之间的比率；全部成本费用利润率是营业利润与营业成本费用总额加营业外支出的和之间的比率；全部成本费用净利润率是净利润与全部成本费用总额加营业外支出的和之间的比率。

说明

营业成本费用总额是营业成本、营业税金及附加、销售费用、管理费用、财务费用、资产减值损失这些项目之和。在分析成本费用利润率时，可以分别成本项目进行逐项分析，如销售成本利润率、销售费用利润率等。

成本费用利润率反映企业投入与产出之比，即所得与所费的比率，是正指标，指标值越高越好。分析评价时，可结合企业管理要求进行判断。

（三）企业自身发展能力分析

企业的发展能力，也称“企业的成长性”，是企业通过自身的生产经营活动，不断扩大积累而形成的发展潜能。企业能否健康发展取决于多种因素，包括外部经营环境、企业内在素质及资源条件等。企业发展能力分析指标有销售增长率、资产增长率、收益增长率等。

1．销售增长率分析

（1）什么是销售增长率。销售增长率是指企业本年销售增长额与上年销售额之间的比率，反映销售的增减变动情况，是评价企业成长状况和发展能力的重要指标。其计算公式为：

销售增长率＝本年销售增长额÷上年销售额
＝（本年销售额−上年销售额）÷上年销售额

（2）销售增长率指标分析。销售增长率是衡量企业经营状况和市场占有能力、预测企业经营业务拓展趋势的重要指标，也是企业扩张增量资本和存量资本的重要前提。该指标越大，表明其增长速度越快，企业市场前景越好。销售增长率的分析又分为销售增长率的趋势分析和同业分析，其中趋势分析一般选取 3 年或以上的数据进行分析。

2．资产增长率分析

（1）资产增长率的含义与计算。在企业销售增长的前提下，一般会导致企业资产的增长，而企业资产的增长体现为企业投资规模的增长。对于一个健康成长的企业来说，其投资规模应该是呈不断增加的趋势。如企业处在成长期，通常存在许多良好的投资机会，此时企业会加大投资规模；如公司处在成熟期或衰退期，通常缺乏投资机会，此时企业一般不会考虑增加投资规模。

资产增长率是企业本年资产的增加额与上年增产总额之间的比率，其计算公式为：

资产增长率＝本年资产增加额÷上年增产总额×100%

资产增长率是用来考核企业资产规模增长幅度的财务指标。资产增长率为正数，说明企业本年度资产规模增加；资产增长率为负数，说明企业本年资产规模减少；资产增长率为零，说明企业资产规模没有发生变化。

（2）资产增长率指标分析。常用的分析方法有以下两种。

① 可以分别计算负债的增加和所有者权益的增加占资产增加额的比重，并进行比较。如果所有者权益增加额所占比重大，就说明企业资产的增加主要来源于所有者权益的增加，说明企业资产的增长状况良好。反之，负债增加额所占比重大，说明企业资产增加主要来源于负债的增加，反映企业资产的增长状况不好。

② 可以采用所有者权益增长率即资本积累率来分析。资本积累率是用于衡量企业所有者权益增长幅度的指标，其计算公式为：

资本积累率＝本年所有者权益增加额÷年初所有者权益×100%

资本积累率越高，表明企业本年度所有者权益增加的越多，可以反映企业资产增长状况良好；资本积累率越低，表明企业本年度所有者权益增加的越少，反映资产增长状况不是很理想。

为全面认识企业资产规模的增长趋势和增长水平，应将企业不同时期的资产增长率加以比较，即进行增长率的趋势分析。一个健康成长的企业，其资产规模应是不断增长的，若时增时减，则说明企业经营不稳定，也说明企业的发展能力不太良好。

3．收益增长率分析

一个企业的价值主要取决于企业的盈利及其增长能力，企业的盈利也即收益的增长，是反映企业增长能力的重要方面。企业的收益通常表现为营业利润、利润总额、净利润等指标，据此，收益增长率也有不同的表现形式。在实践中，一般选择营业利润增长率和净利润增长率两个指标。

（1）营业利润增长率。一般来说，企业的创立或发展总是从单一产品开始，而处于成长期的企业多数都是主营业务突出、经营比较单一的企业。当企业进入成熟期时，其经营格局就会逐步由单一经营向多元化经营发展。因此，利用企业的主营业务利润增长率和营业利润增长率可以反映企业不同时期的成长性。在成长初期，采用主营业务利润率较为恰当；而在成长即将进入成熟期或已进入成熟期时，采用营业利润率来考察企业的成长性则较为合适。主营业务利润增长率和营业利润增长率的公式分别如下。

$$主营业务利润增长率=本年主营业务利润增长额\div 上年主营业务利润\times 100\%$$

$$营业利润增长率=本年营业利润增长额\div 上年营业利润\times 100\%$$

主营业务利润增长率或营业利润增长率越高，表明企业主营业务利润或营业利润增长越快，表明企业的主营业务突出或表明企业的日常经营稳定增长，企业成长顺利。主营业务利润或营业利润增长率越低，表明企业主营业务发展停滞或日常经营不稳定，企业的业务扩展能力较弱，成长不顺利。

要分析主营业务利润增长率或营业利润增长率的优劣，应结合企业的主营业务收入与主营业务成本、主营业务税金及附加或营业收入与营业成本、营业税金及附加、销售费用、管理费用、财务费用等期间费用进行具体分析。对于主营业务利润增长率而言，若通过分析发现主营业务利润增长率低于主营业务收入增长率，表明企业的主营业务成本、主营业务税金及附加等超过了主营业务收入的增长率，说明企业的主营业务能力不强，企业发展潜力值得怀疑。对于营业利润而言，若通过计算分析发现企业的营业利润增长率低于营业收入增长率，表明企业的营业成本、营业税金及附加、期间费用等增长超过了营业收入的增长，企业的发展能力令人质疑，应进一步分析，找出制约企业发展能力的因素，以提高企业的自身发展能力，增强竞争实力。

（2）净利润增长率。由于净利润是企业经营业绩的成果，因此净利润的增长是企业成长性的基本表现。净利润增长率的计算公式如下。

$$净利润增长率=本年净利润增长额\div 上年净利润\times 100\%$$

净利润增长率越高，表明企业的收益增长得越多，说明企业业绩突出，市场竞争能力强；相反，净利润增长率越低，企业收益增长得越少，说明企业经营业绩不佳，市场竞争能力弱。

欲全面衡量一个企业净利润增长率的优劣，全面分析其净利润的增长趋势和增长水平，仅仅计算和分析企业一个时期的净利润增长率是不够的，因为企业某个时期的净利润可能会受一些偶然因素或非正常因素的影响，无法反映出企业净利润的总体增长趋势。正确分析企业净利润的增长趋势应该选取企业多年净利润资料，进行净利润增长率指标分析，才能发现其变化趋势，得出企业是否具有良好的净利润发展趋势。若通过多年资料的分析发现净利润增长率一直平稳上升，则说明企业的净利润发展趋势良好，企业具有良好的自我发展趋势。若其中有或增或减或不增长等情况出现，则表明企业净利润增长不稳定、企业盈利能力不稳定。

4．可持续增长率

（1）可持续增长率的概念。由于企业要以发展求生存，销售增长是任何企业都无法回避的问题。企业增长的财务意义是资金增长。在销售增长时企业往往需要补充资金，这主要是因为销售增加通常会引起存货和应收账款等资产的增加。销售增长得越多，需要的资金越多。

从资金来源上看，企业增长的实现方式有三种：一是完全依靠内部资金增长。有些小企业无法取得借款，有些大企业不愿意借款，它们主要是靠内部积累实现增长。这种完全依靠内部来源支持的增长率就是所谓的“内含增长率”。可是一个企业内部的财务资源是有限的，仅通过内部资金增长会限制企业的发展。二是主要依靠外部资金增长。从外部来源筹资，包括增加债务和股东投资。这样虽然可以提高增长率，但是往往不能持久。增加负债会增加企业的财务风险，筹资能力下降，最终使借款能力完全丧失；增加股东投入资本，不仅会分散控制权，而且会稀释每股盈余，除非追加投资有更高的回报率，否则不能增加股东财富。三是平衡增长。平衡增长，就是保持目前的财务结构和与此有关的财务风险，按照股东权益的增长比例增加借款，以此支持销售增长。这种增长率一般不会消耗企业的财务资源，是一种可持续的增长速度。

可持续增长率是指不增发新股并保持目前经营效率和财务政策条件下公司销售所能增长的最大比率。为了更好地研究可持续增长率，一般提出以下假设条件。

① 公司目前的资本结构是一个目标结构，并且打算继续维持下去；

② 公司目前的股利政策是一个目标股利政策，并且打算继续维持下去；

③ 不愿意或者不打算发售新股，增加债务是其唯一的外部筹资来源；

④ 公司的销售净利率将维持当前水平，并且可以涵盖负债的利息；

⑤ 公司的资产周转率将维持当前的水平。

当上述假设条件成立时，销售的实际增长率与可持续增长率相等。

可持续增长的思想，不是说企业的增长不可以高于或低于可持续增长率，问题在于企业管理人员必须事先预计并且加以解决在公司超过可持续增长率之上的增长所导致的财务问题。超过部分的资金只有两个解决办法：提高资产收益率或者改变财务政策。提高经营效率并非总是可行的，改变财务政策是有风险和极限的，因此，超常增长只能是短期的。尽管企业的增长时快时慢，但从长期来看总是受到可持续增长率的制约。

（2）可持续增长率的计算。

① 根据期初股东权益计算可持续增长率。限制销售增长的是资产，限制资产增长的是资金来源（包括负债和股东权益）。在不改变经营效率和财务政策的情况下（即企业平衡增长），限制资产增长的是股东权益的增长率。因此，可持续增长率的计算公式可推导如下。

若假定总资产周转率不变，销售增长率＝资产增长率；若同时假定资产负债率不变，资产增长率＝净资产增长率。因此

可持续增长率＝资产增长率＝净资产增长率（股东权益增长率）

＝股东权益本期增加额÷期初股东权益

＝本期净利润×本期收益留存比率÷期初股东权益

＝期初净资产收益率×本期收益留存比率

＝期初总资产收益率×期初权益乘数×本期收益留存比率

＝期初总资产周转率×本期销售净利率×期初权益乘数×本期收益留存比率

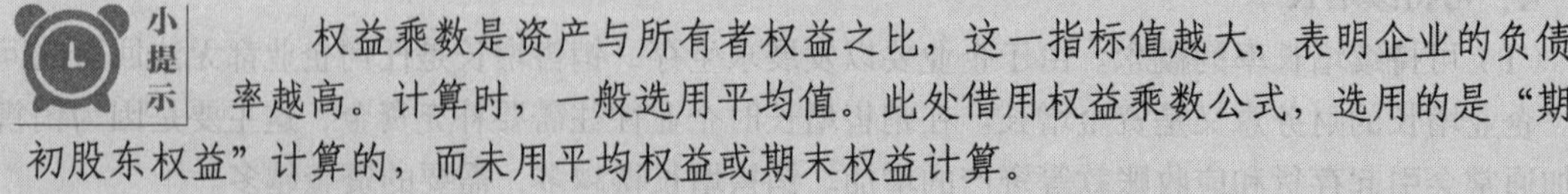

小提示 权益乘数是资产与所有者权益之比，这一指标值越大，表明企业的负债率越高。计算时，一般选用平均值。此处借用权益乘数公式，选用的是“期初股东权益”计算的，而未用平均权益或期末权益计算。

［例］ A公司2009—2012年的主要财务数据如表3-4所示。

表3-4　　A公司历年主要财务数据表　　单位：万元

年　度	2009	2010	2011	2012
销售收入	1 000	1 100	1 430	1 352.46
净利润	50	55	71.5	67.62
留存收益	30	33	42.9	40.57
股东权益	330	363	405.9	446.47
总资产	390	429	557.7	527.46
期初净资产收益率		55/330 = 16.67%	71.5/363 = 19.70%	67.62/405.9 = 16.66%
收益留存比率		60%	60%	60%
可持续增长率		10%（16.67% × 60%）	11.82%	10%
实际增长率		10%	30.00%	−5.42%

② 根据期初股东权益计算的可持续增长率计算如下。

可持续增长率（2010年）= 期初净资产收益率 × 本期收益留存比率 = 16.67% × 60% = 10%

实际增长率（2010年）=（本年销售额 − 上年销售额）/上年销售额

=（1 100−1 000）/1 000 = 10%

其他年份的计算方法与此相同。

③ 根据期末股东权益计算的可持续增长率。可持续增长率也可以全部用期末数和本期发生额计算，而不使用期初数。其推导过程如下。

由于：企业增长所需资金的来源有增加负债和增加股东权益两个来源

所以：资产增加额 = 股东权益增加额 + 负债增加额　（1）

假设：资产周转率不变即资产随销售成正比例增加

则有：资产增加额 ÷ 期末资产总额 = 销售增加额 ÷ 本期销售额

资产增加额 = 期末资产总额 ×（销售增加额 ÷ 本期销售额）　（2）

假设：销售净利率不变

则有：股东权益增加额 = 留存收益增加额

=（基期销售额 + 销售增加额）× 销售净利率 × 收益留存率　（3）

假设：财务结构不变即负债和所有者权益同比例增加

则有：负债增加额 = 期末负债 ×（股东权益增加额 ÷ 期末股东权益）

=（基期销售额 + 销售增加额）× 销售净利率 × 收益留存率 × 期末负债 ÷ 期末股东权益　（4）

将式（2）、式（3）、式（4）代入式（1）：

期末资产总额 ×（销售增加额 ÷ 本期销售额）=（基期销售额 + 销售增加额）× 销售净利率 × 收益留存率 +（基期销售额 + 销售增加额）× 销售净利率 × 收益留存率 × 期末负债 ÷ 期末股东权益 =（基期销售额 + 销售增加额）× 销售净利率 × 收益留存率 ×（1 + 期末负债 ÷ 期末股东权益）

销售增加额 =（基期销售额 + 销售增加额）× 期末总资产周转率 × 销售净利率 × 收益留存率 × 期末总资产/期末股东权益

令 A = 期末总资产周转率 × 销售净利率 × 收益留存率 × 期末总资产/期末股东权益

销售增加额 =（基期销售额 + 销售增加额）× A

销售增加额 = 基期销售额 × A/（1 − A）

因此，可持续增长率 = 期末总资产周转率 × 销售净利率 × 收益留存率 × 期末权益乘数 ÷（1−期末总资产周转率 × 销售净利率 × 收益留存率 × 期末权益乘数）

使用上例的数据，根据本公式计算的可持续增长率见表 3-5。

表 3-5　　单位：万元

年　度	2009	2010	2011	2012
销售收入	1 000	1 100	1 430	1 352.46
净利润	50	55	71.5	67.62
留存收益	30	33	42.9	40.57
股东权益	330	363	405.9	446.47
总资产	390	429	557.7	527.46
期末总资产周转率	2.564 1	2.564 1	2.564 1	2.564 1
销售净利率	5%	5%	5%	5%
期末权益乘数	1.181 8	1.181 8	1.374 0	1.181 4
期末净资产收益率	15.15%	15.15%	17.62%	15.15%
收益留存比率	60%	60%	60%	60%
可持续增长率	10%	10%	11.82%	10%
实际增长率	10%	10%	30%	−5.42%

根据可持续增长率公式，期末股东权益计算如下。

可持续增长率（2010 年）= 期末净资产收益率 × 本期收益留存比率/（1−期末净资产收益率 × 本期收益留存比率）= 15.15% × 60%/（1 − 15.15% × 60%）= 10%

通过比较可以看出，两个公式计算的可持续增长率是一致的。

（3）可持续增长率与实际增长率的相互关系。通过上面的举例可以看出，可持续增长率与实际增长率是两个概念。可持续增长率是企业当前经营效率和财务政策决定的内在增长能力，而实际增长率是本年销售额比上年销售额的增长百分比。它们之间有一定联系。

① 如果某一年的经营效率和财务政策与上年相同，则实际增长率等于上年的可持续增长率。例如，2010 年的经营效率和财务政策与 2009 年相同，2010 年的实际增长率（10%）与根据 2009 年有关财务比率计算的可持续增长率（10%）相同。这种增长状态，在资金上可以永远持续发展下去，称之为平衡增长。当然，外部条件是公司不断增加的产品能为市场所接受。

② 如果某一年的公式中的四个财务比率有一个或多个数值增加，则实际增长率就会超过上年的可持续增长率。例如，2011 年权益乘数提高（其他比率不变）使得实际增长率上升到 30%，超过上年的可持续增长率（10%）。由此可见，超常增长是“改变”财务比率的结果，而不是持续当前状态的结果。企业不可能每年提高这四个财务比率，也就不可能使超常增长继续下去。

③ 如果某一年的公式中的四个财务比率有一个或多个数值比上年下降，则实际销售增长率就会低于上年的可持续增长率。例如，2012 年权益乘数下降（其他比率不变）使得实际增长率下降到−5.42%，低于上年的可持续增长率（10%）。即使该年的财务比率恢复到 2009 年和 2010 年的历

史正常水平，下降也是不可避免的。超常增长之后，低潮必然接踵而来。对此事先要有所准备。如果不愿意接受这种现实，继续勉强冲刺，现金周转的危机很快就会来临。

可持续增长率的高低，取决于公式中的四项财务比率。销售净利率和资产周转率的乘积是资产净利率，它体现了企业运用资产获取收益的能力，取决于企业的综合实力。至于采用“薄利多销”还是“厚利少销”的方针，则是政策选择问题。收益留存率和权益乘数的高低是财务政策选择问题，取决于决策人对收益与风险的权衡。企业的实力和承担风险的能力，决定了企业的增长速度。因此，一个理智的企业在增长率问题上并没有多少回旋余地，尤其是从长期来看更是如此。一些企业由于发展过快陷入危机甚至破产，另一些企业由于增长太慢遇到困难甚至被其他企业收购，这说明不当的增长速度足以毁掉一个企业。

（四）利润表的趋势分析

利润表的趋势分析，即通过对比多期利润表中的相关数据，找出形成利润的各个项目的变动趋势，进而探讨节约开支、增加收入以提高投入产出率、销售利润率和不断增加利润的分析活动。

利润表的趋势分析，应综合运用因素分析法、水平分析法、垂直分析法等多种方法实现。

下面仍以 M 公司资料为例进行说明。

（1）根据利润表，运用水平分析法，编制利润水平变动趋势分析表如表 3-6 所示。

表 3-6　　某公司利润水平变动趋势分析表

年度

项　目	本 期 数	上年同期数	变 动 情 况	变动率（%）
一、营业收入				
减：营业成本				
营业税金及附加				
销售费用				
管理费用				
财务费用				
资产减值损失				
加：公允价值变动收益（损失以“−”号填列）				
投资收益（损失以“−”号填列）				
其中：对联营企业和合营企业的投资收益				
汇兑收益（损失以“−”号填列）				
二、营业利润（亏损以“−”号填列）				
加：营业外收入				
减：营业外支出				
三、利润总额（亏损总额以“−”号填列）				
减：所得税费用				
四、净利润（净亏损以“−”号填列）				
归属于母公司所有者的净利润				
少数股东损益				

续表

项　　目	本 期 数	上年同期数	变 动 情 况	变动率（%）
五、其他综合收益各项目扣除所得税影响后的净额				
六、综合收益总额				
七、每股收益				
（一）基本每股收益				
（二）稀释每股收益				

将表中的比率逐一展开分析，找出利润的形成原因，详细分析见任务实施。

（2）根据利润表，运用垂直分析法进行利润表趋势分析。根据利润表编制利润表垂直分析表，如表 3-7 所示。

表 3–7　　某公司利润垂直变动趋势分析表

年度

项　　目	本期数	上年同期数	占比（%）	占比（%）
一、营业收入				
减：营业成本				
营业税金及附加				
销售费用				
管理费用				
财务费用				
资产减值损失				
加：公允价值变动收益（损失以“–”号填列）				
投资收益（损失以“–”号填列）				
其中：对联营企业和合营企业的投资收益				
汇兑收益（损失以“–”号填列）				
二、营业利润（亏损以“–”号填列）				
加：营业外收入				
减：营业外支出				
三、利润总额（亏损总额以“–”号填列）				
减：所得税费用				
四、净利润（净亏损以“–”号填列）				
归属于母公司所有者的净利润				
少数股东损益				
五、其他综合收益各项目扣除所得税影响后的净额				
六、综合收益总额				
七、每股收益				
（一）基本每股收益				
（二）稀释每股收益				

进行利润表垂直分析，即通过计算利润形成过程中的各项目在营业收入中所占的比重，分析说明企业经营成果的结构及其增减变化的合理性。

三、任务实施

M 公司利润表分析如下。

（一）利润表的结构分析

M 公司利润垂直变动趋势分析如表 3-8 所示。

M 公司利润垂直变动趋势分析表

表 3–8　　2012 年度　　单位：元

项　目	本期数	上年同期数	占比（%）	占比（%）
一、营业收入	783 027 675.40	618 087 466.27	100	100
减：营业成本	633 224 765.34	500 938 948.94	80.87	81.05
营业税金及附加	2 550 720.65	1 753 126.38	0.33	0.28
销售费用	46 719 056.36	28 541 170.02	5.97	4.62
管理费用	28 325 883.65	28 921 141.19	3.62	4.68
财务费用	7 389 036.46	5 641 656.50	0.94	0.91
资产减值损失	3 203 113.79	1 484 899.07	0.41	0.24
加：公允价值变动收益（损失以“–”号填列）				
投资收益（损失以“–”号填列）	–4 117 708.61	180 787.23	–0.53	0.03
其中：对联营企业和合营企业的投资收益				
汇兑收益（损失以“–”号填列）				
二、营业利润（亏损以“–”号填列）	57 497 390.54	50 987 312.40	7.34	8.25
加：营业外收入	5 741 289.19	1 395 776.51	0.73	0.23
减：营业外支出	1 988 396.40	1 210 782.10	0.25	0.20
三、利润总额（亏损总额以“–”号填列）	61 250 283.33	51 172 306.81	7.82	8.28
减：所得税费用	13 392 465.19	14 009 085.25	1.71	2.27
四、净利润（净亏损以“–”号填列）	47 857 818.14	37 163 221.56	6.11	6.01
归属于母公司所有者的净利润	47 857 818.14	37 163 221.56	6.11	6.01
少数股东损益				
五、其他综合收益各项目扣除所得税影响后的净额				
六、综合收益总额	47 857 818.14	37 163 221.56	6.11	6.01
七、每股收益				
（一）基本每股收益	0.69	0.66		
（二）稀释每股收益	0.69	0.66		

从表 3-8 中可以看出企业本年度各项利润因素的构成情况。其中，营业成本占比为 80.87%，比 2011 年 81.05%有所下降；营业税金及附加、销售费用、财务费用、资产减值损失在营业收入中的比重都有不同程度的提高，这些项目的提高会对企业营业利润的提高产生抑制作用，若持续下去，可能导致营业利润持续走低；管理费用的占比与 2011 年相比下降了 1.06%，下降的幅度较大，这对于提高企业的营业利润率是有利的影响，企业应积极探讨继续降低相关支出的策略；投资收益项目的占比为负数，说明企业的对外投资发生了损失，应分析投资失利的原因，将有限的

资金投入到比较有发展空间和实力的企业；营业利润的占比为 7.34%，比 2011 年度 8.25%下降了近 1%，呈现下降的趋势，这对企业的成长不利；利润总额的占比为 7.82%，比 2011 年度的 8.28%依然是下降趋势，这主要是由于营业利润的下降所致；净利润的占比为 6.11%，与 2011 年度的占比 6.01%相比反而提高了，这主要是所得税税率下降原因所致，这从企业的长远发展来看并不乐观，因为企业的所得税作为企业取得应纳税所得额的一种必要支出，是企业应纳税所得增减变动的直接反映。

总之，该企业的净利润占比最终是上升了，尽管其中存在不足，但作为企业的经营管理者和投资者来说，必须正视企业面临的问题，从中找到解决的措施。

（二）企业盈利能力分析

1．M 公司资本经营盈利能力分析

M 公司净资产收益率计算如下，损益指标根据利润表，资产、负债、所有者权益根据资产负债表（见模块二）

2012 年平均净资产 =（413 051 125.84 + 118 861 862.70）/2 = 265 956 494.27（元）

2012 年净资产收益率 = 47 857 818.14/265 956 494.27 = 18%

假定 2011 年平均净资产为 118 156 786.24 元。

2011 年净资产收益率 = 37 163 221.56/118 156 786.24 = 31%

通过指标计算，M 公司的净资产收益率由 2011 年的 31%下降到 2012 年的 18%，盈利能力在下降，应进一步分析原因。

2．M 公司资产经营盈利能力分析

（1）M 公司总资产报酬率计算分析如下。

假定财务费用全部是利息支出。

2012 年平均总资产 =（643 580 458.39 + 343 748 491.56）/2 = 493 664 474.98（元）

2012 年总资产报酬率 =（61 250 283.33 + 7 389 036.46）/493 664 474.98 × 100% = 14%

假定 2011 年平均总资产为 325 849 732.44 元。

2011 年总资产报酬率 =（51 172 306.81 + 5 641 656.50）/325 849 732.44 × 100% = 18%

通过指标计算，M 公司的总资产报酬率由 2011 年的 18%下降到 2012 年的 14%，表明总资产经营盈利能力在下降，应进一步分析原因。

（2）M 公司总资产报酬率的计算分析如下。

总资产报酬率 = 总资产周转率 × 销售息税前利润率

总资产周转率 = 销售（或营业）收入 ÷ 平均总资产

2012 年总资产周转率 = 783 027 675.40 ÷ 493 664 474.98 = 1.5（次）

2011 年总资产周转率 = 618 087 466.27 ÷ 325 849 732.44 = 1.9（次）

销售息税前利润率 =（利润总额 + 利息支出）÷ 销售（或营业）收入 × 100%

2012 年销售息税前利润率 =（61 250 283.33 + 7 389 036.46）/783 027 675.40 × 100% = 9.33%

2011 年销售息税前利润率 =（51 172 306.81 + 5 641 656.50）/618 087 466.27 × 100% = 9.47%

由指标计算发现，M 公司总资产经营盈利能力下降的原因来自两方面：总资产周转率和销售息税前利润率下降。企业应从提高这两个方面入手，提高企业的资产经营盈利能力。

3．M 公司商品经营盈利能力分析

（1）收入利润率分析。我们通过营业收入利润率来展开分析。M 公司营业收入利润率计算分析如下。

2012 年营业收入利润率 = 营业利润 ÷ 营业收入 × 100%

= 57 497 390.54 ÷ 783 027 675.40 × 100% = 7.3%

2011 年营业收入利润率 = 50 987 312.40 ÷ 618 087 466.27 × 100% = 8%

通过指标计算发现，M 公司的销售盈利能力在下降。

（2）成本利润率分析。我们通过营业成本利润率来展开分析。M 公司营业成本利润率计算分析如下。

营业成本利润率 = 营业利润 ÷ 营业成本 × 100%

2012 年营业成本利润率 = 57 497 390.54 ÷ 633 224 765.34 × 100% = 9%

2011 年营业成本利润率 = 50 987 312.40 ÷ 500 938 948.94 × 100% = 10%

通过指标计算，我们发现 M 公司成本利润率也在下降。

（三）M 公司自身发展能力分析

1．销售增长率分析

2012 年 M 公司销售增长率 =（783 027 675.40 − 618 087 466.27）÷ 618 087 466.27 × 100% = 26.67%

表明 M 公司销售增长率较高，但是这一指标还应结合销售盈利能力进一步分析；通过前面对 M 公司盈利能力分析发现，其盈利能力在下降，因此 M 公司提高盈利能力的突破口应选择在成本、费用的降低上。

2．资产增长率分析

2012 年 M 公司资产增长率 =（643 580 458.39 − 343 748 491.56）÷ 343 748 491.56 × 100% = 87.2%

表明 M 公司资产增长率较高，还应进一步分析资产增长的原因，是由于负债、还是股东权益提高引起的。若是股东权益提高引起的，还应进一步分析是由于发行新股还是由于经营净损益带来的。我们进一步计算 M 公司资本积累率。

资本积累率 = 本年所有者权益增加额 ÷ 年初所有者权益 × 100%

2012 年 M 公司资本积累率 =（413 051 125.84 − 118 861 862.70）÷ 118 861 862.70 × 100% = 250%

资本积累率大于资产增长率，应该说 M 公司资产增长的原因主要取决于股东权益的提高，这样的增长是可持续增长的。

3．收益增长率分析

（1）营业利润增长率。

M 公司 2012 年营业利润增长率 =（57 497 390.54 − 50 987 312.40）÷ 50 987 312.40 × 100% = 13%

这一增长率较高，但是还应结合以往的增长率和同行业的平均水平进行比较，做进一步的分析。

（2）净利润增长率。

M 公司 2012 年净利润增长率 =（47 857 818.14 − 37 163 221.56）÷ 37 163 221.56 × 100% = 30%

这一增长率较高，但是还应结合以往的增长率和同行业的平均水平进行比较，做进一步的分析。

（四）M 公司利润表的趋势分析

1．水平分析

M 公司利润水平变动趋势分析表如表 3-9 所示。

表 3-9　　　　　　　M 公司利润水平变动趋势分析表

2012 年度

项　　目	本 期 数	上年同期数	变 动 情 况	变动率（%）
一、营业收入	783 027 675.40	618 087 466.27	164 940 209.13	26.69
减：营业成本	633 224 765.34	500 938 948.94	132 285 816.40	26.41
营业税金及附加	2 550 720.65	1 753 126.38	797 594.27	45.50
销售费用	46 719 056.36	28 541 170.02	18 177 886.34	63.69
管理费用	28 325 883.65	28 921 141.19	−595 257.54	−2.06
财务费用	7 389 036.46	5 641 656.50	1 747 379.96	30.97
资产减值损失	3 203 113.79	1 484 899.07	1 718 214.72	115.71
加：公允价值变动收益（损失以“−”号填列）				
投资收益（损失以“−”号填列）	−4 117 708.61	180 787.23	−4 298 495.84	−2 378
其中：对联营企业和合营企业的投资收益				
汇兑收益（损失以“−”号填列）				
二、营业利润（亏损以“−”号填列）	57 497 390.54	50 987 312.40	6 510 078.14	12.77
加：营业外收入	5 741 289.19	1 395 776.51	4 345 512.66	311.33
减：营业外支出	1 988 396.40	1 210 782.10	777 614.3	64.22
三、利润总额（亏损总额以“−”号填列）	61 250 283.33	51 172 306.81	10 077 976.52	19.69
减：所得税费用	13 392 465.19	14 009 085.25	−616 620.06	−4.4
四、净利润（净亏损以“−”号填列）	47 857 818.14	37 163 221.56	10 694 596.58	28.78
归属于母公司所有者的净利润	47 857 818.14	37 163 221.56	10 694 596.58	28.78
少数股东损益				
五、其他综合收益各项目扣除所得税影响后的净额				
六、综合收益总额	47 857 818.14	37 163 221.56	10 694 596.58	28.78
七、每股收益				
（一）基本每股收益	0.69	0.66	0.03	4.54
（二）稀释每股收益	0.69	0.66	0.03	4.54

根据分析表，我们按照利润形成过程进行分析。从表 3-9 中可以看出以下内容。

（1）营业收入与 2011 年相比，本年净增 164 940 209.13 元，增幅达到 26.69%，它是企业营业利润增加的前提和基础。

（2）“营业成本”项目与 2011 年相比，净增 132 285 816.40 元，增幅达到 26.41%，它的增幅基本与营业收入保持一致。若此项目的增幅超过营业收入的增幅，对营业利润的增加将造成不利的影响。

（3）“营业税金及附加”项目与 2011 年相比，净增 797 594.27 元，增幅达到 45.5%，超过了营业收入的增幅，对净利润的增加有不利影响。但此项目也应结合当年国家税收政策进行分析。它的增加可能是宏观调控的结果，非企业所能控制。

（4）“销售费用”项目与 2011 年相比，净增 18 177 886.34 元，增幅达到 63.69%，远远超过营业收入的增幅，为不利因素，但具体情况还需进一步分析其大幅度增加的原因，进而提高企业营业利润率。

（5）“管理费用”项目，与 2011 年相比净增−595 257.54 元，即减少 595 257.54 元，减幅达到 2.06%，为有利变动，有助于提高企业营业利润率。说明企业重视节约开支，只有在增加收入的同时减少开支，才能实现利润的增加。

（6）“财务费用”项目，与 2011 年比较，净增 1 747 379.96 元，增幅达到 30.97%，超过当年的营业收入增幅，为不利变化。企业应进一步分析上升的原因，以提高营业利润率。

（7）“资产减值损失”项目，与 2011 年相比净增 1 718 214.72 元，增幅达到 115.71%，即翻了一番还多，这可能是由于企业采取了更为稳健的会计政策，也可能是企业资产陈旧过时而致，具体情况需进一步分析。

（8）“投资收益”项目，与 2011 年比较减少 4 298 495.84 元，减幅达到 2 378%，主要是由投资收益转为投资损失，说明企业对外投资效益较差，外部投资不仅未给企业带来额外的收益，反而降低了收益，因此企业对外投资需谨慎。

（9）“营业利润”项目，与 2011 年比较净增 6 510 078.14 元，增幅达到 12.77%，低于营业收入的增幅，这也是通过前面各项的分析我们得出的结论，是营业收入的增加与各可抵扣项目的大幅度增加和小幅降低（只有管理费用降低了）以及对外投资收益项目大幅度损失等因素综合变化的结果。

（10）“营业外收入”项目，与 2011 年比较净增 4 345 512.66 元，增幅达到 311.33%，翻了两番之多。作为偶然项目的营业外收入增加虽然对利润总额的增加具有积极作用，但它是不稳定、不经常发生的，因此，它并不能带来企业利润的长期增加。

（11）“营业外支出”项目，与 2011 年比较，净增 777 614.3 元，增幅达到 64.22%，远低于营业外收入的增幅，它与营业外收入两者的净额会导致利润总额大幅度增加。但必须清醒地认识此项目对利润总额的不利影响，并通过相应的措施来降低不利影响，提高企业利润率。

（12）“利润总额”项目，与 2011 年比较净增 10 077 976.52 元，增幅达到 19.69%，超过了营业利润的增幅，其原因是营业外收支净额净增加的缘故。

（13）“所得税费用”项目，与 2011 年比较，净增−616 620.06 元，即减少了 616 620.06 元，减幅达到 4.4%，这可能是企业享受了税收优惠。

（14）“净利润”项目，与 2011 年比较，净增 10 694 596.58 元，增幅达到 28.78%，超过了利润总额的增长幅度，比营业收入的增幅高 2.09%，比营业利润的增幅 12.77%高 1 倍还多，原因一是营业外收入增幅过高；一是所得税费用减少所致。

（15）“其他综合收益总额”项目的分析与净利润分析相同。

（16）“每股收益”项目，与 2011 年比较，净增 0.03 元，增幅达到 4.54%，低于净利润的增幅，可能是企业发行新股所致。

2．垂直分析

M 公司利润垂直变动趋势分析表如表 3-10 所示。

表 3-10　　　　　　　　M 公司利润垂直变动趋势分析表

2012 年度

项　目	本 期 数	上年同期数	占比（%）	占比（%）
一、营业收入	783 027 675.40	618 087 466.27	100	100
减：营业成本	633 224 765.34	500 938 948.94	80.87	81.05
营业税金及附加	2 550 720.65	1 753 126.38	0.33	0.28
销售费用	46 719 056.36	28 541 170.02	5.97	4.62
管理费用	28 325 883.65	28 921 141.19	3.62	4.68
财务费用	7 389 036.46	5 641 656.50	0.94	0.91
资产减值损失	3 203 113.79	1 484 899.07	0.41	0.24
加：公允价值变动收益（损失以“–”号填列）				
投资收益（损失以“–”号填列）	–4 117 708.61	180 787.23	–0.53	0.03
其中：对联营企业和合营企业的投资收益				
汇兑收益（损失以“–”号填列）				
二、营业利润（亏损以“–”号填列）	57 497 390.54	50 987 312.40	7.34	8.25
加：营业外收入	5 741 289.19	1 395 776.51	0.73	0.23
减：营业外支出	1 988 396.40	1 210 782.10	0.25	0.20
三、利润总额（亏损总额以“–”号填列）	61 250 283.33	51 172 306.81	7.82	8.28
减：所得税费用	13 392 465.19	14 009 085.25	1.71	2.27
四、净利润（净亏损以“–”号填列）	47 857 818.14	37 163 221.56	6.11	6.01
归属于母公司所有者的净利润	47 857 818.14	37 163 221.56	6.11	6.01
少数股东损益				
五、其他综合收益各项目扣除所得税影响后的净额				
六、综合收益总额	47 857 818.14	37 163 221.56	6.11	6.01
七、每股收益				
（一）基本每股收益	0.69	0.66		
（二）稀释每股收益	0.69	0.66		

根据垂直分析表，我们逐项分析如下。

（1）营业成本占营业收入的比重为 80.87%，比 2011 年的 81.05%降低了 0.18%，说明企业营业成本率呈降低趋势。

（2）“营业税金及附加”项目占营业收入的比重为 0.33%，比 2011 年度 0.28%上升了 0.05%，可能是国家税收政策所致。

（3）“销售费用”项目占营业收入的比重为 5.97%，比 2011 年的 4.62%增加了 1.35%，可能是企业在销售宣传方面投入较多的缘故，是否有继续提高的趋势还应根据具体情况进一步分析才能清楚。

（4）“管理费用”项目占营业收入的比重为 3.62%，比 2011 年的 4.68%下降了 1.06%，说明企业已经逐渐重视节约日常管理支出，以求提高经济效益。

（5）“财务费用”项目占营业收入的比重为0.94%，比2011年的0.91%提高了，可能是企业带息负债增加的原因所致。是否呈现上升趋势，还需进一步分析和了解具体情况，并结合企业的融资策略进行判断。若融资成本过高，对企业的投资者而言则是不利的，同时也会给企业的经营带来巨大的财务风险，进而影响营业利润的持续增长。

（6）“资产减值损失”项目占营业收入的比重为0.41%，比2011年的0.24%增加了0.17%，可能是企业采取了更为稳健的会计政策，也可能是企业资产陈旧过时等原因所致。但是此项目呈上升趋势对营业利润的增长是不利的，企业应进一步分析原因，研究解决对策，以提高营业利润率。

（7）“投资收益”项目占营业收入的比重为−0.53%，比2011年的0.03%下降了0.56%，可能是企业的对外投资发生了较大的损失，这可能是企业所处的投资环境发生了不利的变化或其他情况。具体有待进一步探讨和研究。

（8）“营业利润”项目占营业收入的比重为7.34%，比2011年的8.25%降低了0.91%，这是上述各项目增减变化综合影响的结果。其中，营业成本、管理费用的下降对营业利润的提高具有正面的促进作用；而营业税金及附加、销售费用、财务费用、资产减值损失的增加与投资收益的下降对营业利润具有负面的制约作用，最终导致企业营业利润的比重比2012年下降近1%，这种情形延续下去对企业未来发展将产生不利的影响。

（9）“营业外收入”项目占营业收入的比重为0.73%，比2011年度0.23%提高了0.5%。但是我们应注意这一项目非企业正常经营的所得，为偶然事件，若企业的利润总额的提高是依赖营业外收入的增加而致，企业的发展形势不容乐观。

（10）“营业外支出”项目占营业收入的比重为0.25%，比2011年的0.20%提高了0.05%。虽然它的增加最终会导致利润总额的降低，但因为这个项目为偶发事项的支出，不具有多大的威胁。

（11）“利润总额”项目占营业收入的比重为7.82%，比2011年的8.28%降低了0.46%。这主要是“营业利润”项目占比下降所致。应进一步探讨增加营业利润率的方法和举措，以求企业利润保持持续增长态势。

（12）“所得税费用”项目占营业收入的比重为1.71%，比2011年的2.27%下降了0.56%。这可能是由于企业的经营活动充分享受了国家对税收优惠政策导致所得税费用率下降。

任务三　上市公司利润表的特殊分析

对上市公司盈利能力的分析需借助一系列特有的指标来进行，如每股收益、每股净资产、市盈率、市净率、每股股利、股利发放率、股利报酬率、普通股权益报酬率、股利保障倍数、留存盈利比率等指标对上市公司进行评价，进而做出是否投资的决策。

一、任务引入

若我们收到的是上市公司的利润表信息，则我们需要进行特殊的分析。具体的分析借助相关指标进行。

二、相关知识

（一）每股收益

1．每股收益的含义与计算

每股收益是指净利润扣除优先股股息后的余额与发行在外的普通股的平均股数之比，它反映了每股发行在外的普通股所能分摊到的净收益额。这一指标对普通股股东的利益关系极大，他们往往据此进行投资决策。其计算公式如下。

$$每股收益=\frac{净利润-优先股股息}{发行在外的普通股加权平均数（流通股数）}$$

说明

公式中的分子是从净利润中扣除优先股股息是因为优先股股东对股利的受领权优于普通股股东，计算普通股每股收益时应将其剔除；公式中的分母采用普通股加权平均数是因为在报告期内发行在外的普通股股数只能在增加以后的这一段时期内产生权益，减少的普通股股数在减少以前的期间内仍产生收益，所以需要采用加权平均数。

每股收益指标是正指标，指标值越大，表明企业的盈利能力越强。但判断企业盈利能力时应参照同行业其他企业或本企业不同期间的指标值进行分析和评价。

2．每股收益因素分析

为了能够准确分析每股收益的变动，应确定影响每股收益波动的因素，并对各个因素进行分析，测算各个因素的变动对每股收益的影响的程度。

影响每股收益的因素有每股账面价值、普通股权益报酬率。其计算公式如下。

$$每股账面价值=普通股权益\div 流通股数$$

$$普通股权益报酬率=（净利润-优先股股息）\div 普通股权益$$

因此，每股收益 = 每股账面价值 × 普通股权益报酬率

从上述公式可以看出，每股收益受每股账面价值和普通股报酬率双重因素的影响，其中的每股账面价值又称“每股净资产”，是指股东权益总额减去优先股权益后的余额与发行在外的普通股平均股数的比值。该指标可帮助投资者了解每股的权益，并有助于潜在的投资者进行投资分析。其中的普通股权益报酬率是影响每股收益的另一个重要因素，它的变动会使每股收益发生同方向的变动，对它的分析将在下面的问题中讲述。

小提示

每股收益指标往往只用于在同一企业不同时期的纵向比较，以反映企业盈利能力的变动，而很少用于不同企业之间的比较，因为不同企业所采用的会计政策不同，会使这一指标产生较大的差异。

（二）每股净资产

每股净资产是指股东权益总额减去优先股股息后的余额与发行在外流通股的加权平均数之间的比率。其计算公式为：

每股净资产 =（股东权益总额 − 优先股股息）÷ 发行在外普通股的加权平均数

这一指标反映每股股票所拥有的资产现值。每股净资产越高，股东拥有的资产现值越多；每股净资产越少，股东拥有的资产现值越少。通常每股净资产越高越好。

> **说明** 若流通股股数当年无变化，普通股的加权平均数是公司发行普通股股票的总股数。企业若无优先股，分子即是股东权益总额即所有者权益的账面价值。此时，每股净资产又可以成为每股账面价值。

公司净资产代表公司本身拥有的财产，也是股东们在公司中的权益，又称作"股东权益"。在会计计算上，相当于资产负债表中的总资产减去全部债务后的余额。公司净资产除以发行总股数，即得到每股净资产。例如，某公司净资产为 15 亿元，总股本为 10 亿股，它的每股净资产值为 1.5 元（即 15 亿元/10 亿股）。

每股净资产值反映了每股股票代表的公司净资产价值，是支撑股票市场价格的重要基础。每股净资产值越大，表明公司每股股票代表的财富越雄厚，一般创造利润的能力和抵御外来因素影响的能力越强。

净资产收益率是公司税后利润除以净资产得到的百分比率，用以衡量公司运用自有资本的效率。还以上述公司为例，其税后利润为 2 亿元，净资产为 15 亿元，净资产收益率为 13.33%。

> **小提示** 每股净资产指标因为受现行会计制度谨慎性的限制，部分会计核算方式与国际惯例尚有一定的距离，应该进行适当调整。根据国际通行会计准则，企业的支出有收益性支出和资本性支出之分，收益性支出的效益仅与本会计年度相关，资本性支出的效益则与几个会计年度相关。对每股净资产指标的调整，实际上是扣除了资产中的一些潜在费用或未来费用，更加适应国际惯例，并结合我国企业的实际情况，为投资者提供了一个有价值的参考指标。

（三）市盈率

市盈率指在一个考察期（通常为 12 个月的时间）内，股票的价格和每股收益的比例。投资者通常利用该比例值估量某股票的投资价值，或者用该指标在不同公司的股票之间进行比较。市盈率通常用来作为比较不同价格的股票是否被高估或者低估的指标。然而，用市盈率衡量一家公司股票的质地时并非总是准确的。一般认为，如果一家公司股票的市盈率过高，那么该股票的价格具有泡沫，价值被高估。然而，当一家公司增长迅速以及未来的业绩增长非常看好时，股票目前的高市盈率可能恰好准确地估量了该公司的价值。需要注意的是：利用市盈率比较不同股票的投资价值时，这些股票必须属于同一个行业，因为此时公司的每股收益比较接近，相互比较才有效。其计算公式为：

市盈率＝普通股每股市场价格÷普通股每年每股盈利

市盈率越低，代表投资者能够以较低价格购入股票以取得回报。每股盈利的计算方法，是该企业在过去 12 个月的净收入除以总发行已售出股数。假设某股票的市价为 24 元，而过去 12 个月的每股盈利为 3 元，则市盈率为 24/3 = 8。该股票被视为有 8 倍的市盈率，即每付出 8 元可分享 1 元的盈利。投资者计算市盈率主要用来比较不同股票的价值。理论上，股票的市盈率愈低，愈值得投资。比较不同行业、不同国家、不同时段的市盈率是不大可靠的，只有比较同类股票的市盈率较有实用价值。

市盈率把股价和利润联系起来，反映了企业的近期表现。如果股价上升，但利润没有变化，甚至下降，则市盈率将会上升。市盈率作为衡量上市公司价格和价值关系的一个指标，其高低标准并非绝对的。事实上，市盈率高低的标准和本国货币的存款利率水平有紧密联系。如果市盈率过高，投资不如存款，大家就会放弃投资而把钱存在银行吃利息；反之，如果市盈率过低，大家就会把存款取出来进行投资，以取得比存款利息高的投资收益。

市盈率高，虽在一定程度上反映了投资者对公司增长潜力的认同，但同时也表明投资净利率低，收回投资所需时间长，投资风险也可能高；反之，投资风险可能较小。由此可见，市盈率也反映了股票投资的风险。

市盈率是一个非常粗略的指标，考虑到其可比性，对同一股价指数不同阶段的市盈率进行比较较有意义，而对不同市场的市盈率进行横向比较时应特别小心。

（四）市净率

市净率是每股股票市价与每股净资产之间的比率。其计算公式为：

市净率＝股票市价÷每股净资产

股票净值即净资产是公司资本金、资本公积金、法定盈余公积金、任意盈余公积金、未分配盈余等项目的合计，它代表全体股东共同享有的权益，也称“净资产”。净资产的多少是由股份公司经营状况决定的，股份公司的经营业绩越好，其资产增值越快，股票净值就越高，因此股东所拥有的权益也越多。

股票净值是决定股票市场价格走向的主要根据。上市公司每股内含净资产值高而每股市价不高的股票，即市净率越低的股票，其投资价值越高。相反，其投资价值就越小。但在判断投资价值时还要考虑当时的市场环境以及公司经营情况、盈利能力等因素。

小提示

市净率不适用于短线炒作。对于市净率，要从长远的动态的角度来看，因为市净率指的是市价与每股净资产之间的比值，比值越低，意味着风险越低。短期市价的波动不能反映真实的比价，只有长期关注，才能动态地分析其风险，发现投资机遇。更为重要的是净资产仅仅是企业静态的资产概念，存在着一定的变数。上年盈利会增加每股净资产，但如果当年亏损就会减少每股净资产。比如说，海南航空在2002年每股净资产是3.26元，到了2003年因为每股亏损1.74元，就变成了1.53元，跌幅超过50%。同时，每股净资产的构成基数不同往往也会造成不同结果。比如说神马实业，每股净资产高达5.989元，不可谓不高，但是其净资产构成中拥有12.11亿元的应收账款，折合成每股2.14元，一旦计提坏账准备，其每股净资产就会大幅下降。

（五）每股股利

每股股利是公司股利总额与公司流通股数的比值，反映上市公司每一普通股获取股利的大小。它是衡量每份股票代表多少现金股利的指标，每股股利越大，则公司股本获利能力就越强；每股股利越小，则公司股本获利能力就越弱。但须注意，上市公司每股股利发放多少，除了受上市公司获利能力大小影响以外，还取决于公司的股利发放政策。如果公司为了增强公司发展的后劲而增加公司的公积金，则当前的每股股利必然会减少；反之，则当前的每股股利会增加。

每股收益是公司每一普通股所能获得的税后净利润，但上市公司实现的净利润往往不会全部用于分派股利。每股股利通常低于每股收益，其中一部分作为留存利润用于公司自我积累和发展。但有些年份，每股股利也有可能高于每股收益。比如，公司经营状况不佳，税后利润不足支付股利，或经营亏损无利润可分，按照规定，为保持投资者对公司及其股票的信心，公司仍可按不超过股票面值的一定比例，用历年积存的盈余公积金支付股利，或在弥补亏损以后支付。这时每股收益为负值，但每股股利却为正值。每股股利的高低，首先受制于每股收益的高低，其次取决于企业的股利政策和融资政策。对于股利政策和融资政策来说，当每股收益既定的情况下，每股股利越低，意味着企业的融资策略以内部融资为主，股利政策是少发股利，这一般是企业比较稳健的融资策略。其计算公式为：

每股股利＝当期发放的现金股利总额÷流通股总股数

小提示

在公司分配方案公告中每股股利通常表述为“每10股发放现金股利××元”，所以投资者需要将分配方案中的现金股利再除以10才可以得到每股股利。此外，如果公司一年中有两次股利发放，需要将两次股利相加后除以总股本得出年度每股股利。计算每股股利，一是可以衡量公司股利发放的多寡和增减，二是可以作为股利收益率指标的分子，计算股利收益率是否诱人。每股股利与每股收益一样，由于分母是总股本，所以也会有因为股本规模扩大导致的摊薄效应。对于投资者而言，不论公司股本是否扩大，都希望每股股利保持稳定，尤其对于收益型股票，每股股利的变动是投资者选股的重要考量。

（六）股利发放率

股利发放率又称“派息率”，是计算公司净利润中有多少用于给股东发放股利的比例，其计算公式为：

股利发放率＝股利发放总额÷净利润×100%

或　　股利发放率＝每股股利÷每股收益×100%

投资者会根据公司股利发放率的多少和持续性来推测管理层的信心和诚意。在实际操作中，通常保持30%以上的股利发放率可以被认为公司是“慷慨”的，愿意回报股东，且表明公司对未来业绩有把握。对于那些快速扩张、资金需求巨大的行业或公司，较低的股利发放率甚至长期不发放股利也属正常，只要业绩能保持快速增长即可。

（七）股利报酬率

股利报酬率亦称“股息盈利率”、“获利率”，也是通常被广泛采用来衡量股价的方法。所谓获利率并不是指发行公司的获利能力，而是指投资者用以评估投入的资金所能得到利益的百分比率，即按市价计算，投资人实际可获得的盈利率。股利报酬率的计算公式为：

股利报酬率＝每股股利÷每股市价×100%

一般来说，股票市价上涨，获利率偏低，因为股价已经上涨，再升高的幅度毕竟有限；而在股票市价低时计算，其获利率则较高。因此获利率的计算只能作为投资者投资的参考，因为衡量股价的方法很多，而且股价受各种内在及外在因素的综合影响。

（八）普通股权益报酬率

普通股权益报酬率是指净利润扣除应发放的优先股股息的余额与普通股权益之比。如果公司未发行优先股，那么普通股权益报酬率就等于股东权益报酬率或自有资本报酬率。其计算公式为：

普通股权益报酬率＝（净利润－优先股股利）÷普通股权益平均额

或　　股东权益报酬率＝净利润÷平均股东权益总额

股东权益报酬率是杜邦分析图中的核心内容。它代表了投资者净资产的获利能力。该指标从普通股东的角度反映企业的盈利能力，指标值越高，说明盈利能力越强，普通股东可得收益也越多，或者用于扩大再生产的潜力越大。

从计算公式中可知，普通股权益报酬率的变化受净利润、优先股股息和普通股权益平均额三个因素影响。一般情况，优先股股息比较固定，因此应着重分析其他两个因素，即净利润和普通股权益平均余额。

例如，红星公司2011年、2012年度有关资料如表3-11所示。

表3-11　　红星公司2011年、2012年度有关资料　　单位：元

项　目	2011年	2012年
净利润	2 000 000	2 500 000
优先股股息	500 000	500 000
普通股股利	1 500 000	2 000 000

（续表）

项　目	2011 年	2012 年
发行在外普通股股数	3 000 000	3 500 000
发行在外普通股股数	3 000 000	3 500 000
每股账面价值	5	5.14

根据所给资料，2011 年度该企业的普通股权益报酬率为：

$$(2\ 000\ 000-500\ 000)/(3\ 000\ 000\times 5)\times 100\%=10\%$$

2012 年普通股权益报酬率为：

$$(2\ 500\ 000-500\ 000)/(3\ 500\ 000\times 5.14)\times 100\%=11.11\%$$

可见，2012 年普通股权益报酬率比 2011 年增加了 1.11%，对于其变动原因，可做如下分析。

（1）由于净利润变动对普通股权益报酬率的影响。

$$(2\ 500\ 000-2\ 000\ 000)/(3\ 000\ 000\times 5)\times 100\%=3.33\%$$

（2）由于普通股权益平均额变动对普通股权益报酬率的影响。

$$(2\ 000\ 000/18\ 000\ 000-2\ 000\ 000/15\ 000\ 000)\times 100\%=2.22\%$$

两因素共同作用的结果，即（3.33% − 2.22% = 1.11%），使普通股权益报酬率升高了 1.11%。

（九）股利保障倍数

股利保障倍数又称“现金股利保障倍数”，是指经营活动净现金流量与现金股利支付额之比。其计算公式为：

现金股利保障倍数 =（每股营业现金净流量 ÷ 每股现金股利）× 100%

该指标表明企业用年度正常经营活动所产生的现金净流量来支付股利的能力，比率越大，表明企业支付股利的现金越充足，企业支付现金股利的能力也就越强。支付现金股利率越高，说明企业的现金股利占结余现金流量的比重越小，企业支付现金股利的能力越强。

对于这一指标的评价，仅仅以 1 年的数据很难说明该指标的好坏，实践中通常利用 5 年或者更长时间的平均数计算更能说明问题。同时，对这一指标进行分析时还应注意与同行业其他企业的指标进行比较，以便做出客观的评价。

该指标还体现支付股利的现金来源及其可靠程度，是对传统的股利支付率的修正和补充。由于股利发放与管理当局的股利政策有关，因此，该指标对财务分析只起参考作用。由于我国很多公司（尤其是 ST 公司）根本不支付现金股利，导致这一指标的分母为零，所以在预测我国上市公司财务危机时该指标可不做考虑。

例如，假设 D 公司每股营业现金净流量为 0.076，每股现金股利为 0.05 元，则：

现金股利保障倍数 = 0.076 ÷ 0.05 = 1.52

若同业平均现金股利保障倍数为 3，相比之下，D 公司的股利保障倍数不高。如遇不景气，可能没有现金维持当前的股利水平，或者要靠借债才能维持。

（十）留存盈利比率

留存盈利比率是企业留存盈利（税后净利润减去全部股利的余额）与企业净利润的比率。其计算公式是：

$$留存盈利比率=（净利润-全部股利）÷净利润\times 100\%$$

式中，留存盈利是指企业的税后留利，包括法定盈余公积金、任意盈余公积金和未分配利润等。它不是指每年累计下来的盈利，而是指当年利润中留下的部分。全部股利则包括发放的优先股股利和普通股股利。

企业的税后利润经常要提留一部分用于扩展经营规模、弥补以后年度亏损等用途，余下的才可用于发放股利。留用的利润便称为“留存盈利”，包括法定盈余公积和任意盈余公积。留用盈利直接关系到股利分派的大小，因此投资人必然要对留存盈利占税后利润的比例（即留存盈利率）进行分析。

留存盈利比率用于衡量当期净利润总额中有多大的比例留存在企业用于发展，它体现了企业的经营方针。从长远利益考虑，为积累资金扩大经营规模，留存盈利比率应该大些。如果认为可以通过其他方式筹集资金，那么为了不影响投资人的当前收益，留存盈利比率应该小些。此外，还有其他一些因素会导致盈利留存率的变化，例如法律、行政法规强制性规定的盈利留存比例的变动。

知识链接——利润分配表阅读

1．“净利润”项目的阅读

利润分配表格式如表 3-12 所示。

表 3-12　　利润分配表

会企 02 表附表 1

编制单位：　　　　年度　　　　单位：元

项　　目	行次	本年实际	上年实际
一、净利润	1		
加：年初未分配利润	2		
其他转入	4		
二、可供分配的利润	8		
减：提取法定盈余公积	9		
提取公益金	10		
提取职工奖励及福利基金	11		
提取储备基金	12		
提取企业发展基金	13		
利润归还投资	14		
三、可供投资者分配的利润	16		
减：应付优先股股利	17		
提取任意盈余公积	18		
应付普通股股利	19		
转作资本（或股本）的普通股股利	20		
四、未分配利润	25		

企业负责人：　　主管会计：　　制表：　　报出日期：　年　月　日

净利润直接源自利润表中的“净利润”项目，阅读时的方法与利润表相同，这里不再赘述。

2. “年初未分配利润”项目的阅读

“年初未分配利润”项目反映的是报告年度企业年初未分配利润。该项目是企业以前年度滚存下来的累计未分配利润。通过该项目的阅读可以了解企业过去的经营成果，通过对比本年实际与上年实际，又可知道报告年度上一年的经营成果，进而可以进一步分析企业经营的潜力及发展的前景。

3. “其他转入”项目的阅读

“其他转入”项目反映企业由盈余公积弥补亏损等转增的未分配利润的金额，除盈余公积弥补亏损外，也可以用资本公积弥补亏损。本项目反映用净利润之外的其他自有资金弥补亏损而转入的资金。

4. “可供分配的利润”项目的阅读

“可供分配的利润”项目反映企业在报告年度可供投资者分配的利润，由年度净利润加年初未分配利润和其他转入计算得出。股东通过阅读这一项目可以了解企业能够支配的留给投资者的净利润，并通过比较本年实际与上年实际，了解报告年度企业新增净利润，进而对是否继续投资或增加投资做出决策。但更为细致的分析，还应结合其他相关资料进行。

5. “提取法定盈余公积”项目的阅读

“提取法定盈余公积”项目反映企业以报告年度净利润为依据按照一定比例计算提取的法定盈余公积的数额。按照现行《公司法》的规定，盈余公积达注册资本的50%时可不再提取，这是一个非强制性规定，企业可以结合自身情况做出选择，但未达标之前必须按规定计提。阅读时，应结合相关资料分析理解。

6. “提取职工奖励及福利基金”项目的阅读

“提取职工奖励及福利基金”项目反映的是外商投资企业从当年实现的净利润中提取的用于职工奖励和福利方面的基金，一般根据企业的规定按照一定的比例提取。阅读时，可对比其他相关企业资料，但还是应针对企业自身情况而定。

7. “提取储备基金”项目的阅读

“提取储备基金”项目反映的是外商投资企业从当年实现的净利润中提取的用于企业储备方面的基金，一般根据企业的规定按照一定的比例提取的。阅读时，可对比其他相关企业资料，但还是应针对企业自身情况而定。

8. “提取企业发展基金”项目的阅读

“提取企业发展基金”项目反映的是外商投资企业从当年实现的净利润中提取的用于企业储备方面的基金，一般根据企业的规定按照一定的比例提取。阅读时，可参照其他相关企业资料，但还是应针对报告企业自身情况而定。

9. “利润归还投资”项目的阅读

“利润归还投资”项目反映的是中外合作企业以企业实现的利润归还外方投资者的投资金额，本项目应根据合作各方的协议而定。

10. “可供投资者分配的利润”项目的阅读

“可供投资者分配的利润”项目是由上述项目进行计算得出的，反映企业净利润中能够直接分配给投资者的部分。对于投资者而言，一般希望越多越好。对于经营者而言，更希望将净利润留存下来以降低筹资风险。

11．“应付优先股股利”项目的阅读

“应付优先股股利”项目反映的是企业根据约定的条件或公司章程的规定，应分配给优先股股东的股利。优先股股东希望这一指标越多越好，但只能按照相关规定享有应得的部分。阅读时应结合公司章程和相关协议进行。

12．“提取任意盈余公积”项目的阅读

“提取任意盈余公积”项目反映的是企业根据公司章程的规定，由股东大会表决通过的按照当年实现的净利润的一定比例计算提取的非法定盈余公积。

13．“应付普通股股利”项目的阅读

“应付普通股股利”项目反映的是企业进行上述分配后留给普通股股东享有的，按照股东大会表决通过的比例应得的股利部分。

14．“转作股本的普通股股利”项目的阅读

“转作股本的普通股股利”项目反映的是企业在利润分配时发放的股票股利部分。

小　结

本模块的主要任务是根据模块一编制出来的M公司2012年12月份的利润表，结合资产负债表以及该公司利润表其他期间各项目的相关数据，逐一解析M公司的经营成果信息。首先对利润表进行浅层、直观的阅读，在了解企业的利润形成过程和构成要素的基础上，再将各报表项目与资产负债表等报表中的各项目进行有机组合，通过趋势分析、对比分析、结构分析、比率分析等多种方式，全面、深入地解读企业的盈利能力、盈利质量等信息。

课后习题与实训

一、判断题

1. 现金比率可以反映企业的即时付现能力，因此在评价企业变现能力时都要计算现金比率。（　）

2. 计算每股收益使用的净收益，既包括正常活动损益，也包括特别项目收益，其中特别项目不反映经营业绩。（　）

3. 当负债利息率大于资产收益率时，财务杠杆将产生正效应。（　）

4. 在销售利润率不变的情况下，提高资产利用率可以提高资产报酬率。（　）

5. 净资产报酬率是所有比率中综合性最强的最具有代表性的一个指标，它也是杜邦财务分析体系的核心。（　）

6. 股票市场效率越低，财务报表分析对投资者的价值越大。（　）

7. 上市公司的成本、费用、利润率越低，表明公司的获利能力越强。（　）

8. 每股收益越高，意味着股东可以从上市公司分得越高的股利。（　）

9. 企业能否持续增长，对投资者、经营者至关重要，而对债权人相对不重要，因为他们更关心企业的变现能力。（　）

10. 可持续增长率是企业收益在未来时期所能够达到的最大增长速度。（　）

二、单项选择题

1. 营业利润与营业利润率的关系是（　　）。

A. 正比例关系　B. 反比例关系　C. 相等关系　D. 无关

2. 企业利润总额中属于最基本、最经常同时也是最稳定的因素是（　　）。

A. 其他业务收入　B. 营业收入　C. 投资收益　D. 营业利润

3. 假设某公司普通股 2012 年的平均市场价格为 17.8 元，其中年初价格为 16.5 元，年末价格为 18.2 元，当年宣布的每股股利为 0.25 元。则该公司的股票获利率是（　　）%。

A. 25　B. 0.08　C. 10.96　D. 1.7

4. 假设某公司 2012 年普通股的平均市场价格为 17.8 元，其中年初价格为 17.5 元，年末价格为 17.7 元，当年宣布的每股股利为 0.25 元。则股票获利率为（　　）。

A. 1.40%　B. 2.53%　C. 2%　D. 3.1%

5. 以下对市盈率表述正确的是（　　）。

A. 过高的市盈率蕴含着较高的风险　B. 过高的市盈率意味着较低的风险

C. 市盈率越高越好　D. 市盈率越低越好

6. 以下（　　）指标是评价上市公司获利能力的基本核心指标。

A. 每股收益　B. 净资产收益率　C. 每股市价　D. 每股净资产

7. 股票获利率中的每股利润是（　　）。

A. 每股收益　B. 每股股利

C. 每股股利 + 每股市场利得　D. 每股利得

8. 不会分散原有股东控制权的筹资方式是（　　）。

A. 吸收权益投资　B. 发行长期债券

C. 接受固定资产捐赠　D. 取得经营利润

9. 正常情况下，如果同期银行存款利率为 4%，市盈率应为（　　）。

A. 25　B. 30　C. 40　50

10. 资本结构是指企业的（　　）的构成和比例关系。

A. 权益资本与长期负债　B. 长期债权投资与流动负债

C. 长期应付款与固定资产　D. 递延资产与应付账款

11. 要想取得财务杠杆效应，资本利润率与借款利息率应满足（　　）关系。

A. 资本利润率大于借款利息率　B. 资本利润率小于借款利息率

C. 资本利润率等于借款利息率　D. 两者毫无关系

12. 能够反映企业发展能力的指标是（　　）。

A. 总资产周转率　B. 资本积累率　C. 已获利息倍数　D. 资产负债率

三、多项选择题

1. 分析企业投资报酬情况时，可使用的指标有（　　）。

A. 市盈率　B. 股票获利率　C. 市净率　D. 销售利润率

E. 资产周转率

2. 影响每股收益的因素包括（　　）。

A. 优先股股数　B. 可转换债券的数量

C. 净利润　D. 优先股股利

E. 普通股股数

3. 能够引起企业市盈率发生变动的因素有（　　）。

A. 企业财务状况变动　　B. 同期银行存款利率
C. 上市公司的规模　　D. 行业发展
E. 股票市场价格波动

4. 下列事项中，能导致普通股股数发生变动的是（　　）。
A. 企业合并　　B. 库藏股票的购买
C. 可转换债券转为普通股　　D. 股票分割
E. 增发新股

5. 下列项目中不属于企业资产规模增加原因的是（　　）。
A. 企业对外举债　　B. 企业发放股利
C. 企业发行股票　　D. 企业实现盈利
E. 企业偿还贷款

6. 可以用来反映企业增长能力的财务指标有（　　）。
A. 资产增长率　　B. 销售增长率　　C. 资本积累率
D. 净利润增长率　　E. 主营业务利润增长率

7. 反映企业盈利能力的指标有（　　）。
A. 净利润　　B. 净资产收益率　　C. 利息保障倍数
D. 成本利润率　　E. 营业利润

8. 反映上市公司盈利能力的指标有（　　）。
A. 每股收益　　B. 普通股权益报酬率
C. 股利发放率　　D. 总资产报酬率
E. 价格与收益比率

9. 反映商品经营盈利能力的指标是（　　）。
A. 总资产报酬率　　B. 销售收入利润率
C. 净资产收益率　　D. 销售成本利润率
E. 营业利润

10. 发放股票股利可能产生下列影响（　　）。
A. 引起每股收益下降　　B. 使公司留存大量资金
C. 股票价格下跌　　D. 股东权益总额发生变化
E. 股东权益各项目的比例发生变化

四、单项实训

1. 练习每股收益的计算

资料：已知华夏公司2012年的净利润额为824万元，应付优先股股利为30万元。假设该公司流通在外所普通股股数情况如表3-13所示。

表3-13　　华夏公司普通股情况表

时　间	股　数
1—5月	1 468 700
7—12月	1 136 550
合计	——

要求：试计算公司的每股收益。

2. 练习每股收益、市盈率的计算

资料：某上市公司上年末股本总额为 1 亿元（全为普通股，每股面值 1 元），实现销售收入 3 亿元，净利润 5 000 万元，预计本年比上年销售收入增长 5%，净利润增长 10%，股本不变。另外，该公司最近 3 年的平均市盈率为 30 倍。

要求：

（1）计算上年的每股收益；

（2）计算本年预计的每股收益；

（3）运用市盈率估价法计算本年该上市公司股票的市价。

3. 练习每股净收益的计算

资料：甲、乙、丙三个企业的资本总额相等，均为 20 000 000 元，息税前利润也都相等，均为 1 200 000 元。但三个企业的资本结构不同，其具体组成如表 3-14 所示。

表 3–14　　各公司资本结构情况表　　金额单位：元

项　目	甲 公 司	乙 公 司	丙 公 司
总资本	20 000 000	20 000 000	20 000 000
普通股股本	20 000 000	15 000 000	10 000 000
发行的普通股股数	2 000 000	1 500 000	1 000 000
负债（利率 8%）	0	5 000 000	10 000 000

要求：假设企业所得税率为 25%，试计算各公司的财务杠杆系数及每股净收益。

五、综合实训

1. 实训一

资料：表 3-15 是天力公司 2011 年度、2012 年度的利润表。

表 3–15　　利润表　　单位：万元

项　目	2011 年度	2012 年度
一、营业收入	41 438	48 401
减：营业成本	26 991	33 230
营业税金及附加	164	267
销售费用	1 380	1 537
管理费用	2 867	4 279
财务费用	1 615	1 855
资产减值损失		51
加：投资收益	990	1 250
二、营业利润	9 411	8 332
加：营业外收入	694	365
减：营业外支出	59	33
三、利润总额	10 046	8 664
减：所得税费用	3 315	2 455
四、净利润	6 731	6 209

天力公司董事长认为，2012年销售收入上升而利润下降不是正常情况，同时管理费用大幅度增加也属异常，要求有关人士进行解释。

要求：（1）编制结构百分比财务报表，计算百分比至小数点后二位。

（2）简要评述两年的各项变动，并分析其原因。

2. 实训二

资料：表3-16是某企业2009—2012年有关的会计资料。

表3-16　某企业2009-2012年有关会计资料　金额单位：万元

项　目	2009年	2010年	2011年	2012年
资产总额	1 711	2 061	2 759	3 879
所有者权益	996	1 235	1 679	2 394
主营业务收入	5 720	7 742	10 839	15 516
净利润	498	688	991	1 516

要求：分析评价该企业的增长能力

3. 实训三

资料：某公司2009年、2010年、2011年、2012年的资产总额分别为200万元、296万元、452万元、708万元；四年的负债分别为78万元、120万元、179万元、270万元

要求：分析该公司资产增长能力

4. 实训四

资料：某公司2012年度有关经营成果资料如表3-17所示。

表3-17　利润表

编制单位：某公司　2012年　金额单位：万元

项　目	本期金额	上期金额
一、营业收入	1 396 902	1 253 496
减：营业成本	1 153 535	1 052 033
营业税金及附加	15 450	7 334
销售费用	3 143	2 148
管理费用	133 513	117 624
财务费用	–25 485	114 732
资产减值损失	5 283	2 341
加：公允价值变动收益（损失以“–”号填列）		
投资收益（损失以“–”号填列）	26 876	75 008
其中：对联营企业和合营企业的投资收益		
汇兑收益（损失以“–”号填列）		
二、营业利润（亏损以“–”号填列）	138 339	32 292
加：营业外收入	19	

续表

项　　目	本 期 金 额	上 期 金 额
减：营业外支出	4 553	2 184
三、利润总额（亏损总额以"-"号填列）	133 805	30 108
减：所得税费用	25 477	4 609
四、净利润（净亏损以"-"号填列）	108 328	25 449
归属于母公司所有者的净利润		
少数股东损益		
五、其他综合收益各项目扣除所得税影响后的净额		
六、综合收益总额		
七、每股收益		
（一）基本每股收益		
（二）稀释每股收益		

要求：

（1）分析企业本期利润比上期增减变动情况。

（2）对企业利润结构进行分析。

（3）评价企业经营成果完成情况。

模块四 现金流量表阅读与分析

技能目标

1 会阅读现金流量表的主表；

2 能初步运用财务报表分析的基本方法对现金流量进行增减变动、结构和比率等方面的分析。

知识目标

1 掌握现金流量表的内容和结构；

2 理解现金流量表的编制原理和主表项目蕴涵的经营信息；

3. 了解现金流量表的作用，熟悉现金流量表的编制基础。

阅读材料

安然公司破产的教训

2001 年 12 月 2 日，美国上演了历史上最大规模的破产申请案，在《财富》杂志 2000 年世界 500 强排名中位于第 16 位的安然公司，根据美国《破产法》第 11 章的规定，向纽约破产法院申请了破产保护。从表面上看，这是一家模范公司，在过去的几年里一直保持着盈利持续增长，股价高企，为众多著名的银行及投资基金所青睐，被誉为新经济时代砖头加鼠标模式的典范。究竟是哪一个环节出了问题，难道所有的人都被它的表象所蒙骗了吗？这其中固然有相关机构因收取安然公司高额的股票交易佣金收入及咨询费以致很难保持中立的因素，但传统的滞后的财务报告模式掩盖了其存在的问题才是根本的原因。

当时美国国内通行的会计制度太过程序化，反应太慢，它告诉人们的永远只是过去发生的事情，而投资者关注的重点也仍然集中在一贯沿用下来的每股盈利数字上。这种报告模式产生于工业时代，当时的资产都是有形且可以量化的，报表可以真实地反映企业的财务状况，不会产生偏差。但是随着技术不断更新，出现了许多新型的商业模式、金融工具，在创造更多价值的同时，也增加了与之相关联的风险，而现行的会计报告制度却无法对此进行衡量及控制。安然公司正是利用了这个漏洞，运用最正宗的会计标准，做出了一份极其复杂、却使众多投资者难于理解其业务真相的报表。管理层知道大众所关心的只是每股收益、股票价格等问题，因此，他们利用调整长期交易的市场价值来保持公司盈利的表面增长，而与之相应的不受监控的资产负债表外的负债及亏损则被巧妙地掩盖了起来，过度的融资和授权交易使得公司账内账外负债急剧增加，虽然根据市值调整而产生的账面利润在持续稳定增长，但实质性业务所带来的现金流量却与盈利的提高极不匹配，直到有一天，其中间的某一环节没有衔接上，整座大厦就这样在倾刻之间倒塌了。

【启示】现金流比利润更重要

现金是企业经营的血液，是企业最基本的流动资产之一。然而，一个盈利丰厚的企业却可能因为现金不足而陷入困境乃至破产倒闭。现金流净额是经营活动产生的现金净流量、投资活动产生的现金净流量、筹资活动产生的现金净流量三者总和。现金流是企业生存和发展的基础，有人甚至指出，在“现金为王”的时代，现金流比利润更重要。如果一家上市公司现金流为负或非常低，则往往显示公司财务状况不乐观。因此，上市公司现金流吃紧问题需引起投资者的密切关注。

任务一 现金流量表阅读

一、任务引入

【基本资料】

（1）企业基本情况介绍（同模块一任务一）。

（2）企业现金流量表如表 4-1 所示。

表 4-1　　现金流量表

2012 年度

编制单位：M 股份有限公司　　金额单位：元

项　目	本　期	上年同期
一、经营活动产生的现金流量		
销售商品、提供劳务收到的现金	793 626 195.61	635 778 331.73
收到的税费返还	62 531 381.20	23 736 275.95

续表

项　　目	本　　期	上 年 同 期
收到其他与经营活动有关的现金	53 432 632.43	25 045 191.80
经营活动现金流入小计	909 590 209.24	684 559 799.48
购买商品、接受劳务支付的现金	713 988 981.96	521 857 913.41
支付给职工以及为职工支付的现金	55 361 569.82	38 405 408.81
支付的各项税费	45 047 454.80	15 207 155.54
支付其他与经营活动有关的现金	81 701 358.90	62 438 374.10
经营活动现金流出小计	896 099 365.57	637 908 851.86
经营活动产生的现金流量净额	13 490 843.67	46 650 947.62
二、投资活动产生的现金流量		
收回投资收到的现金	27 802 291.39	3 083 999.67
取得投资收益收到的现金	180 000.00	180 000.00
处置固定资产、无形资产和其他长期资产收回的现金净额	783 576.25	996 799.24
处置子公司及其他营业单位收到的现金净额		
收到其他与投资活动有关的现金		
投资活动现金流入小计	28 765 867.64	4 260 798.91
购建固定资产、无形资产和其他长期资产支付的现金	72 678 156.29	66 331 071.41
投资支付的现金	32 100 000.00	500 000.00
取得子公司及其他营业单位支付的现金净额	18 600 000.00	
支付其他与投资活动有关的现金		
投资活动现金流出小计	123 378 156.29	66 831 071.41
投资活动产生的现金流量净额	−94 612 288.65	−62 570 272.50
三、筹资活动产生的现金流量		
吸收投资收到的现金	246 104 500.00	
取得借款收到的现金	182 088 321.78	330 501 188.20
收到其他与筹资活动有关的现金		
筹资活动现金流入小计	428 192 821.78	330 501 188.20
偿还债务支付的现金	234 180 393.56	310 005 147.40
分配股利、利润或偿付利息支付的现金	1 580 569.44	3 557 783.93
支付其他与筹资活动有关的现金	6 076 572.00	
筹资活动现金流出小计	241 837 535.00	313 562 931.33
筹资活动产生的现金流量净额	186 355 286.78	16 938 256.87
四、汇率变动对现金及现金等价物的影响	−4 827 412.56	−2 160 471.54
五、现金及现金等价物净增加额	100 406 429.24	−11 441 539.55
加：期初现金及现金等价物余额	11 461 802.51	12 603 342.06
六、期末现金及现金等价物余额	111 868 231.75	11 461 802.51

公司法定代表人：张祥荣　　主管会计工作负责人：余广林　　会计机构负责人：余广林

【要求】

请结合表 4-1，将前面四项，即经营活动产生的现金流量、投资活动产生的现金流量、筹资活动产生的现金流量、汇率变动对现金及现金等价物的影响予以解释，并对现金流量表补充项目资料予以解释。

二、任务实施

（一）经营活动产生的现金流量阅读

经营活动中包括三个指标，即现金流入量、现金流出量和净额。现金流入量和现金流出量下又包括许多项目。

1．现金流入量

现金流入量包括许多项目，把这些项目加总在一起，就是经营活动的现金流入小计。这些指标主要是下列一些项目。

（1）销售商品和提供劳务收到的现金。本项目反映企业本年销售商品、提供劳务收到的现金，以及以前年度销售商品、提供劳务本年收到的现金（包括应向购买者收取的增值税销项税额）和本年预收的款项，减去本年销售本年退回商品和以前年度销售本年退回商品支付的现金。企业销售材料和代购代销业务收到的现金，也在本项目反映。表中数据当期为 793 626 195.61 元，上年同期为 635 778 331.73 元，表明比上年有所增长。

（2）收到的税费返还。本项目反映企业收到返还的所得税、增值税、营业税、消费税、关税和教育费附加等各种税费返还款。例如所得税，在我国通常是按季预交，年终清算，多退少补。一旦企业的所得税多交了，在该年度内要退回，对于企业来讲，这笔钱也属于现金流入。表中数据当期为 62 531 381.20 元，上年同期为 23 736 275.95 元，表明比上年增长近 3 倍。

（3）收到的其他与经营活动有关的现金。本项目反映企业经营租赁收到的租金等其他与经营活动有关的现金流入，金额较大的应当单独列示。也就是说，在现金流量表中，重要的项目必须有一个名称，不重要的项目一般归纳为收到的其他与经营活动有关的现金。表中该项目数据当期为 53 432 632.43 元，上年同期为 25 045 191.80 元，表明比上年增长 2 倍多。

2．现金流出量

现金流出量包括许多项目，把这些项目加总在一起，就是经营活动的现金流出量小计。这些指标主要是下列一些项目。

（1）购买商品和接受劳务所支付的现金。本项目反映企业本年购买商品、接受劳务实际支付的现金（包括增值税进项税额），以及本年支付以前年度购买商品、接受劳务的未付款项和本年预付款项，减去本年发生的购货退回收到的现金。企业购买材料和代购代销业务支付的现金，也在本项目反映。这个项目说明企业在采购环节花了多少钱，包括本期采购付款和本期为上期采购还债，还包括本期为下期采购预付的款项。表中该项目数据当期为 713 988 981.96 元，上年同期为 521 857 913.41 元，表明比上年有所增长。

（2）支付给职工以及为职工支付的现金。本项目反映企业本年实际支付给职工的工资、资金、各种津贴和补贴等职工薪酬（包括代扣代缴的职工个人所得税）。企业支付给职工的现金，不管是

哪个时期的，只要钱在本期支出的就算本期的流出。表中该项目数据当期为 55 361 569.82 元，上年同期为 38 405 408.81 元，表明比上年有所增长。

（3）支付的各项税费。依据国家现行法律和制度规定，企业在经营活动中必须依法缴纳各项税费。本项目反映企业本年发生并支付、以前各年发生本年支付以及预交的各项税费，包括所得税、增值税、营业税、消费税、印花税、房产税、土地增值税、车船使用税、教育费附加等。表中该项目数据当期为 45 047 454.80 元，上年同期为 15 207 155.54 元，表明比上年增长近 3 倍。

（4）支付其他与经营活动有关的现金。这项现金支付是反映除了前面提到的项目之外的现金支出，包括企业经营租赁支付的租金，支付的差旅费、业务招待费、保险费、罚款支出等其他与经营活动有关的现金流出，金额较大的应当单独列示。表中该项目数据当期为 81 701 358.90 元，上年同期为 62 438 374.10 元，表明比上年有所增长。

3．净额

经营活动的总流入量减去经营活动的总流出量，就是经营活动给企业带来的最终结果，即净额。如果净额是正的，表示这个企业增加了现金；如果是负的，表示从期初到期末，这个企业不但没有增加现金，反而减少了现金。表中该项目数据显示当期经营活动带来的现金增量为 13 490 843.67 元，上年同期为 46 650 947.62 元，表明比上年大幅减少。需要进一步展开分析。

（二）投资活动产生的现金流量阅读

企业的投资活动有对内投资和对外投资。投资活动中也包括三个指标，即流入量、流出量和净额。同样，每个指标又包含几个项目。

1．现金流入量

（1）收回投资所收到的现金。本项目反映企业出售、转让或到期收回除现金等价物以外的对其他企业长期股权投资而收到的现金，但处置子公司及其他营业单位收到的现金净额除外。表中该项目数据显示当期投资收到的现金为 27 802 291.39 元，上年同期为 3 083 999.67 元，表明比上年增加近 9 倍，意味着不少投资项目在本期到期。

（2）取得投资收益所收到的现金。取得投资收益所收到的现金是指企业投资期间每年在投资收益上获得了多少钱，反映企业当年除现金等价物以外的对其他企业的长期股权投资等分回的现金股利和利息等。例如，某一个企业搞联营，联营期限是 20 年，每年企业从联营中拿回的钱，即取得投资收益所收到的现金。表中该项目数据显示当期投资收益收到的现金为 180 000.00 元，与上年同期相同。

（3）处置固定资产、无形资产和其他长期资产所收到的现金。本项目反映企业出售、报废固定资产、无形资产和其他长期资产所取得的现金（包括因资产毁损而收到的保险赔偿收入），减去为处置这些资产而支付的有关费用后的净额。现金流量表在披露时要遵循一个事实重要性原则，对于重要的业务要披露它的过程；对于相对不太重要的业务，只需告诉结果。固定资产、无形资产和长期投资等业务在企业当中不算是主要业务，因此，报表的设计者对于这些项目只需告诉结果而不需要告诉过程。表中该项目数据当期为 783 576.25 元，上年同期为 996 799.24 元，表明比上年略有减少。

（4）处置子公司及其他营业单位收到的现金净额。本项目反映企业处置子公司及其他营业单位所取得的现金，减去相关处置费用以及子公司及其他营业单位持有的现金和现金等价物后的净额。表中该项目没有发生额，表明该公司近两年均没有发生处置子公司及其他营业单位的经济活动。

（5）收到其他的投资活动有关的现金。本项目反映企业在投资活动中收到的除上面四项以外事项所取得的现金。表中该项目没有发生额，表明该公司近两年均没有发生其他投资活动的现金流入。

2．现金流出量

（1）购建固定资产、无形资产和其他长期资产所支付的现金。本项目反映企业购买、建造固定资产，取得无形资产和其他长期资产所支付的现金（含增值税款等），以及用现金支付的应由在建工程和无形资产负担的职工薪酬。表中该项目数据当期为 72 678 156.29 元，上年同期为 66 331 071.41 元，表明比上年略有增加。

（2）投资所支付的现金。本项目反映企业取得除现金等价物以外的对其他企业的长期股权投资所支付的现金以及支付的佣金、手续费等附加费用，但取得子公司及其他营业单位支付的现金净额除外。表中该项目数据当期为 32 100 000.00 元，上年同期为 500 000.00 元，表明比上年有较大幅度的增加。

（3）取得子公司及其他营业单位支付的现金净额。本项目反映企业购买子公司及其他营业单位购买出价中以现金支付的部分 减去子公司及其他营业单位持有的现金和现金等价物后的净额。表中该项目数据当期为 18 600 000.00 元，上年同期没有发生此项行为。

（4）支付其他与投资活动有关的现金。本项目反映企业除上述三个项目外支付的其他与投资活动有关的现金，金额较大的应当单独列示。表中该项目数据为空，表明当年该企业没有其他与投资活动有关的现金流出事项。

3．净额

投资活动的现金流入量减去投资活动的现金流出量，所得到的结果就是投资活动给企业增加的现金量，即净额。表中该项目数据当期为−94 612 288.65 元，上年同期为−62 570 272.50 元，两年的数据均为负数，表明投资活动产生的现金流量为净流出。

（三）筹资活动产生的现金流量阅读

1．现金流入量

（1）吸收投资收到的现金。本项目反映企业以发行股票、债券等方式筹集资金实际收到的款项，减去直接支付的佣金、手续费、宣传费、咨询费、印刷费等发行费用后的净额。表中该项目数据当期为 246 104 500.00 元，上年同期没有发生吸收投资的活动。

（2）借款所收到的现金。本项目反映企业举借各种短期、长期借款而收到的现金。表中该项目数据当期为 182 088 321.78 元，上年同期为 330 501 188.20 元，表明当期继续有借款行为发生，但借款金额比上期有所减少。

（3）收到的其他与筹资活动有关的现金。既不属于吸收投资者入资，也不属于借款，但属于筹资活动的，就是收到的其他与投资活动有关的现金。表中该项目数据为空，表明近两年没有其他筹资活动的现金流入。

2. 现金流出量

（1）偿还债务所支付的现金。本项目反映企业为偿还债务本金而支付的现金。表中该项目数据当期为 234 180 393.56 元，上年同期为 310 005 147.40 元，比上年略有减少。

（2）分配股利或偿付利息所支付的现金。本项目反映企业实际支付的现金股利、支付给其他投资单位的利润或用现金支付的借款利息、债券利息。表中该项目数据当期为 1 580 569.44 元，上年同期为 3 557 783.93 元，比上年有所减少。

（3）支付的其他与筹资活动有关的现金。反映企业除上述两个项目外支付的其他与筹资活动有关的现金，金额较大的应当单独列示。表中该项目数据当期为 6 076 572.00 元，上年同期没有发生其他与筹资活动有关的现金流出。

3. 净额

用筹资活动的流入量总和减去流出量总和，就得到了筹资活动产生的现金流量净额。表中该项目数据当期为 186 355 286.78 元，上年同期为 16 938 256.87 元，都是正数，表明近两年均为筹资活动产生的现金流量为净流入，且当期比上年增加幅度很大。

（四）汇率变动对现金及现金等价物的影响阅读

该项目反映外币现金流量以及境外子公司的现金流量折算为人民币时，所采用的现金流量发生日的即期汇率或按照系统合理的方法确定的、与现金流量发生日即期汇率近似的汇率折算的人民币金额与“现金及现金等价物净增加额”中外币净增加额按期末汇率折算的人民币金额之间的差额。即反映下列项目之间的差额：（1）企业外币现金流量折算为记账本位币时，采用现金流量发生日的即期汇率近似的汇率折算的金额（编制合并现金流量表时折算境外子公司的现金流量，应当比照处理）；（2）企业外币现金及现金等价物净增加额按年末汇率折算的金额填列。表中当期数据为−4 827 412.56 元，上年同期为−2 160 471.54，均为负数，表示汇率变动对应时期现金及现金等价物的影响为负面影响，且当期的影响额比上年同期有所扩大。

为便于理解汇率变动对现金的影响，现举例说明如下。

【例 4-1】资料：某企业本期发生如下外币业务。

（1）出口商品一批，售价 210 万美元，收汇当日汇率为 1 : 6.22；

（2）收到以前客户欠款 65 万美元，收汇当日汇率为 1 : 6.26；

（3）当期进口货物一批，支付 145 万美元，当日汇率为 1 : 6.28；

（4）支付前期欠款 15 万美元，当日汇率为 1 : 6.27；

该企业一直按照当日汇率作为外币折算汇率。年末编表日的汇率为 1 : 6.29。假设当期再无其他外币业务。

要求：计算汇率变动对现金的影响额。

分析：

（1）首先计算汇率变动对现金流入的影响额。

汇率变动对现金流入的影响额 = ∑（经营活动流入的现金 × 汇率变动）

=2 100 000 ×（6.29 − 6.22）+ 650 000 ×（6.29 − 6.26）

=166 500（元）

（2）其次计算汇率变动对现金流出的影响额。

汇率变动对现金流出的影响额 = ∑（经营活动流出的现金 × 汇率变动）

= 1 450 000 ×（6.29 − 6.28）+ 150 000 ×（6.29 − 6.27）

= 17 500（元）

（3）最后计算汇率变动对现金的影响额。

汇率变动对现金的影响额 = 汇率变动对现金流入的影响额−汇率变动对现金流出的影响额

= 166 500 − 17 500

= 149 000（元）

（五）现金流量表补充资料项目阅读

现金流量表补充资料中“将净利润调节为经营活动的现金流量”，实际上是以间接法编制的经营活动的现金流量。间接法是以净利润为出发点，通过对若干项目的调整，最终计算确定经营活动产生的现金流量。其基本原理是：

经营活动产生的现金流量净额 = 净利润 + 不影响经营活动现金流量但减少净利润的项目 − 不影响经营活动现金流量但增加净利润的项目 + 与净利润无关但增加经营活动现金流量的项目 − 与净利润无关但减少经营活动现金流量的项目

对不影响经营活动现金流量但影响净利润的业务，一般应通过调整损益类账户的发生额确定，此类业务涉及的是“投资活动”和“筹资活动”两类业务。如无形资产摊销业务，应调整“管理费用——无形资产摊销”账户；对与净利润无关但影响经营活动现金流量的业务，应通过调整“经营性流动性类”账户本身的发生额确定。如收回客户前欠账款业务，应分析调整“应收账款”账户的发生额确定。

具体项目内容说明如下。

1．计提的“资产减值准备”项目

“资产减值准备”项目包括坏账准备、存货跌价准备、短期投资跌价准备、长期投资减值准备、固定资产减值准备和无形资产减值准备等。本期资产计提减值准备时，记入当期的利润表中的“损益类”项目，但实际上并未影响经营活动现金流量，因此应在净利润的基础上进行调整，当计提资产减值准备时，应将其加回到净利润中，若恢复以前年度计提的减值准备，应从净利润中将其扣除。

2．“固定资产折旧”项目

企业计提固定资产折旧时，有的计入管理费用等期间费用，有的计入制造费用。计入期间费用部分已列入了利润表，计入制造费用部分则可能通过销售成本列入利润表，也可能形成企业的存货。企业计提的固定资产折旧，并不影响经营活动现金流量，应在净利润的基础上将其全部加回。当计提的固定资产折旧费包含在存货中时，虽然未影响净利润，但是增加了存货，这里也将其加回，然后在“存货的减少（减：增加）”项目中再将其相同净额扣除，形成自动平衡。

3．“无形资产摊销和长期待摊费用摊销”项目

无形资产摊销时，计入了管理费用，使本期净利润减少，应在净利润的基础上将其全部加回。长期待摊费用摊销时，计入了管理费用或制造费用等。本项目的确定原理与固定资产折旧项目相同，应在净利润的基础上将其全部加回。

4. “待摊费用的减少（减：增加）”项目

本项目反映由于经营活动影响的待摊费用的增减变化。待摊费用减少一般会增加费用，减少净利润，应在净利润的基础上加回；待摊费用增加一般会减少现金或存货等，应从净利润中扣除。但由于投资活动和筹资活动业务影响的待摊费用的增加或减少业务，则不应考虑。

5. “预提费用的增加（减：减少）”项目

本项目反映由于经营活动影响的预提费用的增减变化。预提费用增加一般会增加费用，减少净利润，应在净利润的基础上加回；预提费用减少一般会减少现金或存货等，应从净利润中扣除。但由于投资活动和筹资活动业务影响的预提费用的增加或减少业务，则不应考虑，如预提短期借款利息等。

6. “处置固定资产、无形资产和其他长期资产的损失（减：收益）”项目

处置固定资产、无形资产和其他长期资产业务，不会影响经营活动产生的现金流量的增减变化，若导致净利润和经营活动产生的现金流量净额不一致，一定是这种业务影响了净利润。因此，应在净利润的基础上加回或扣除。

7. “固定资产报废损失”项目

固定资产报废损失计入了营业外支出，使净利润减少，但这部分损失并没有影响经营活动现金流量，所以应在调节净利润时加回。固定资产的盘盈和盘亏的处置也会影响净利润，也应在净利润基础上加回。

8. “财务费用”项目

企业发生的财务费用可以分别归属于经营活动、投资活动和筹资活动。对属于经营活动产生的财务费用，若既影响净利润又影响经营活动现金流量的业务，则无需进行调整；若影响净利润但不影响经营活动现金流量的业务，应通过调整经营性项目本身完成，如应收票据贴现业务，记入“财务费用”的金额应通过调整“经营性应收项目的减少（减：增加）”项目完成。对属于投资活动和筹资活动产生的财务费用，只影响净利润，但不影响经营活动现金流量，应在净利润的基础上进行调整。也就是说，与投资活动和筹资活动有关的财务费用应全额考虑，与经营活动有关的财务费用不予考虑。

9. “投资损失（减：收益）”项目

投资收益是因为投资活动所引起的，与经营活动无关。也就是说，该项目影响净利润的变化，但不会影响经营活动现金流量。若为投资收益，调节净利润时应减去；若为投资损失，调节净利润时应加回。本项目不考虑投资计提减值准备影响的净利润。

10. “递延税款贷项（减：借项）”项目

递延税款贷项或借项，在一般情况下会对当期所得税费用产生影响。应纳税时间性差异产生的递延税款贷项，是由于计入当期所得税费用的金额大于当期应交所得税而产生的，并不会发生现金流出，但在计算净利润时已经扣除，所以在将净利润调节为经营活动产生的现金流量时，应当加回。可抵减时间性差异产生的递延税款借项，是由于计入当期所得税费用的金额小于当期应交所得税而产生的，已经发生现金流出，但在计算净利润时没有包括在内，所以在将净利润调节为经营活动产生的现金流量时应当扣除。

11. “存货的减少（减：增加）”项目

存货的增减变动一般属于经营活动。存货增加，说明现金减少或经营性应付项目增加；存货减少，说明销售成本增加，净利润减少。所以在调节净利润时，应减去存货的增加数，或加上存

货的减少数。在存在赊购的情况下，还应通过调整经营性应付项目的增减变动来反映赊购对现金流量的影响。若存货的增减变动不属于经营活动，则不能对其进行调整，如对外投资减少的存货、接受投资者投入的存货等业务。

12．“经营性应收项目的减少（减：增加）”项目

“经营性应收”项目主要是指应收账款、应收票据和其他应收款中与经营活动有关的部分（包括应收的增值税销项税额）等。经营性应收项目的增减变动一般属于经营活动。经营性应收项目增加，说明收入增加，净利润增加；经营性应收项目减少，说明现金增加。所以在调节净利润时，应减去经营性应收项目的增加数，或加上经营性应收项目的减少数。若经营性应收项目的增减变动不属于经营活动，则不能对其进行调整，如收到客户以固定资产抵债业务减少的应收账款等业务。

13．“经营性应付项目的增加（减：减少）”项目

“经营性应付”项目主要是指应付账款、应付票据、应付福利费、应交税金、其他应付款中与经营活动有关的部分（包括应付的增值税进项税额）等。经营性应付项目的增减变动一般属于经营活动。经营性应付项目增加，说明存货增加，最终导致销售成本增加，净利润减少。经营性应付项目减少，说明现金减少。所以在调节净利润时，应加上经营性应付项目的增加数，或减去经营性应付项目的减少数，若经营性应付项目的增减变动不属于经营活动，则不能对其进行调整，如债务重组业务中以固定资产抵债减少的应付账款等业务。

任务二 现金流量表分析

一、任务引入

【基本资料】

（1）企业基本情况介绍（同模块一任务一）。

（2）企业现金流量表（同表 4-1）。

【要求】针对表 4-1 分别进行结构分析、质量分析和比率分析。

二、相关知识

1．经营活动现金流量是分析的重点

一个健康运转的企业，购、产、销活动是引起现金流量变化的主要原因，所以经营活动应该是现金流量的主要来源。企业的投资、筹资活动主要是为经营活动服务的，属于企业的理财活动。理财活动从某种意义上讲意味着相应的财务风险，理财活动的规模越大，说明企业面临的财务风险也就越大。

2．现金流量分析必须注重销售现金收入

由于会计系统中权责发生制的实施和债务链的困扰，往往导致企业的销售收入大量停留在应收账款之中，销售现金收入较少，从而严重影响债务偿还和经营活动的顺利展开。企业破产不一定是亏损的结果，虽然账面利润丰厚、但由于现金流不足导致资金链断裂，使企业在巨额负债的情况下不得不宣布破产，往往是成长型企业最易致命的环节。相反，有的企业虽然亏损，但是由于有充足的销售现金收入，却有可能使企业有机会走出困境，扭亏为盈。

3．对于投资人来讲，现金流量的未来预测比历史分析更重要

尽管现金流量表提供了企业财务状况变动和现金流转的动态信息，可以帮助企业管理者发现和总结营运过程中存在的问题，但是从会计披露的角度讲，如果我们是企业的投资人，我们分析会计报表的主要目的就是以历史现金流量为基础，挖掘企业未来现金流转及发展的信息，用于指导理财活动。

4．正确对待现金流量变化的结果

现金流量变化的结果无非三种情况：一是现金及其等价物的净增加额大于零；二是现金及其等价物的净增加额等于零；三是现金及其等价物的净增加额小于零。无论出现哪种情况，我们均不能简单得出企业现金流量状况“好转”、“维持不变”或者“恶化”的结论。我们需要认真分析现金状况变化的原因，需要分析各种因素对现金流量的影响。对现金流量变化过程的分析远比对变化结果的分析更重要。

判断企业收益质量的关键是把握收入、利润、现金流量的相互关系，高收入并不一定代表高利润，也不一定代表高现金流量，同样，高现金流量也不一定代表高利润。企业的危机往往始于因应收账款、折旧、库存、筹资、税收等原因导致的企业利润与现金流的差异，使企业发生利润虚增、税金和利润分配超过实际情况的现象，最终出现投资回报率下降的结果。

5．不要偏废对不涉及现金收支的活动分析

不涉及现金收支的活动虽然不会引起现金流量的变化，但是可以在一定程度上反映企业面临一定的现金流转困难。如企业用固定资产偿还债务、易货交易等，可能意味着企业没有足够的现金流偿还到期债务。另外，企业的投资活动也可能对未来现金流影响较大，这一点在现金流量预测中不可不考虑。

6．现金流量分析要与现金预算的编制结合起来

现金流量不仅要重视事后分析，更要重视事前分析，也就是说要根据预测或计划的现金预算表进行分析，由此衡量一个企业在预测期内需要多少资金？这些资金在经营业务中可以取得多少？最有能力的债务偿还期间和金额是多少？最佳筹资（或投资）时机和金额是多少？以便我们更好地监控、掌握、分析和评价企业的现金流转情况。

7．应结合企业具体的经营、投资、筹资活动分析、评价企业的现金流量

不能单纯从现金及现金等价物的净增加额是正数还是负数来判断一个企业财务状况的优劣。现金流量主要由经营、投资、筹资三类活动产生。经营活动产生的现金流量净额一般为正数。由于会计核算是以权责发生制为基础的，企业实现的净利润常常与现金流量不一致。对于适销对路、经营状况良好的企业，经营活动可以带来可观的现金增量；而对于销售规模大、经营活动的现金流出超过现金流入的企业，大多是因为巨额的应收账款。投资活动所产生的现金流量净额一般为负数。如募股资金投入计划的项目，就要产生大量的现金流出，同时要结合前后各期的现金流量表评价企业的投资收益。过去投资的回报大或进入稳定的投资回报期，投资活动的现金流量净额也可能为正数。对筹资活动来说，如果企业把直接融资和间接融资两种手段结合起来，筹资活动所产生的现金流量净额一般为正数。但企业可能由于偿还贷款等原因，筹资活动所产生的现金流量净额也可能为负数。所以，对企业的现金流量净增加额的评价，很难说增加了就一定好，减少了就一定不好，要结合各企业的具体情况来分析。

8．应结合企业其他报表分析现金流量

对现金流量表的分析，既要掌握该表的结构及特点，分析其内部构成，又要结合资产负债表、利润表来分析企业的现金流量。资产负债表和利润表是静态报表，它只能反映企业在特定时点的财务状况和经营成果；现金流量表是动态报表，它能够反映企业在一定时期的现金流量状况。任何单个报表提供的信息都不完整，所以应把三张报表结合起来分析当期现金收支信息，借此判断企业的资产流动性、财务弹性、盈利能力、偿债能力及风险。

三、任务实施

（一）现金流量表结构分析

现金流量表结构分析是指在现金流量表有关数据的基础上，通过对现金流量表中不同项目间的比较，分析企业现金流入的主要来源和现金流出的方向，并评价现金流入流出对净现金流量的影响。现金流量结构包括现金流入结构、现金流出结构、流入流出比例等，可列表进行分析。旨在进一步掌握企业的各项活动中现金流量的变动规律、变动趋势、公司经营周期所处的阶段及异常变化等情况。对于一个健康的正在成长的公司来说，经营活动现金流量应是正数，投资活动的现金流量是负数，筹资活动的现金流量应是正负相间的。如果公司经营现金流量的结构百分比具有代表性（可用 3 年或 5 年的平均数），我们还可根据它们和计划销售额来预测未来的经营现金流量。

1．现金流入结构分析

现金流入构成是反映企业各项业务活动现金流入，如经营活动的现金流入、投资活动现金流入、筹资活动现金流入等在全部现金流入中的比重，以及各项业务活动现金流入中具体项目的构成情况，明确企业的现金究竟来自何方，要增加现金流入主要应在哪些方面采取措施等。

流入结构分析分为总流入结构和经营、投资和筹资等 3 项现金流入的内部结构分析。总流入结构分析就是分析经营、投资和筹资活动现金流入所占的比重。内部结构分析就是分析经营、投资和筹资这 3 项活动中各内部项目流入所占的比重。

总流入结构分析公式：

$$经营活动流入所占的比重=\frac{经营活动流入}{总流入}\times 100\%$$

$$投资活动流入所占的比重=\frac{投资活动流入}{总流入}\times 100\%$$

$$筹资活动流入所占的比重=\frac{筹资活动流入}{总流入}\times 100\%$$

内部结构分析公式：

$$经营活动某内部项目流入所占的比重=\frac{该内部项目流入}{经营活动流入}\times 100\%$$

$$投资活动某内部项目流入所占的比重=\frac{该内部项目流入}{投资活动流入}\times 100\%$$

$$筹资活动某内部项目流入所占的比重=\frac{该内部项目流入}{筹资活动流入}\times100\%$$

M 公司的现金流入结构分析表如表 4-2 所示。

表 4-2　M 公司现金流入结构分析表

项　目	绝对数（百万元）		比重（%）	
	2012 年	2011 年	2012 年	2011 年
销售商品、提供劳务收到的现金	793 626 195.61	635 778 331.73	87.25	92.87
收到的税费返还	62 531 381.20	23 736 275.95	6.87	3.47
收到的其他与经营活动有关的现金	53 432 632.43	25 045 191.80	5.88	3.66
经营活动现金流入小计	909 590 209.24	684 559 799.48	66.57	67.16
收回投资收到的现金	27 802 291.39	3 083 999.67	96.65	72.38
取得投资收益收到的现金	180 000.00	180 000.00	0.63	4.22
处置固定资产、无形资产和其他长期资产收回的现金净额	783 576.25	996 799.24	2.72	23.40
投资活动现金流入小计	28 765 867.64	4 260 798.91	2.10	0.42
吸收投资收到的现金	246 104 500.00	0	57.48	0.00
取得借款收到的现金	182 088 321.78	330 501 188.20	42.52	100
筹资活动现金流入小计	428 192 821.78	330 501 188.20	31.33	32.42
现金流入总量	1 366 548 898.66	1 019 321 786.59	100.00	100.00

从表 4-2 可以看出，M 公司 2012 年、2011 年的现金流入总量分别为 1 366 548 898.66 元和 1 019 321 786.59 元，其中，经营活动现金流入量均为 67%，投资活动现金流入量均未超过 2%，筹资活动的现金流入量分别为 31%和 32%，说明公司现金流量的 2/3 来自于经营活动，近 1/3 来自融资活动，投资带来的现金流入极少，进一步分析可以发现，经营活动的现金流入量主要是以销售商品、提供劳务收到的现金为主，这一项分别占对应整个现金流入总量的 87%和 92%。这说明该公司的主业突出的特征还是比较明显的，另外，公司的融资活动近两年还比较活跃，而且 2012 年融资额比上年增加近 30%，说明公司还处于扩张发展时期，表中还说明 2012 年公司融资结构比上年有改进，即从单纯负债融资到股权融资与负债融资并举，有力降低了发展过程中的债务风险，优化了融资结构。

2．现金流出结构分析

现金流出结构分析是指企业的各项现金支出占企业当期全部现金支出的百分比。它具体反映企业的现金用于哪些方面。

流出结构分析分为总流出结构和经营、投资与筹资等 3 项流出的内部结构分析。总流出结构分析就是分析经营、投资和筹资活动流出所占的比重。流出内部结构分析就是分析经营、投资和筹资这 3 项活动中各内部项目流出所占的比重。

总流出结构分析公式如下。

$$经营活动流出所占的比重=\frac{经营活动流出}{总流出}\times100\%$$

$$\text{投资活动流出所占的比重}=\frac{\text{投资活动流出}}{\text{总流出}}\times 100\%$$

$$\text{筹资活动流出所占的比重}=\frac{\text{筹资活动流出}}{\text{总流出}}\times 100\%$$

流出内部结构分析公式如下。

$$\text{经营活动某内部项目流出所占的比重}=\frac{\text{该内部项目流出}}{\text{经营活动流出}}\times 100\%$$

$$\text{投资活动某内部项目流出所占的比重}=\frac{\text{该内部项目流出}}{\text{投资活动流出}}\times 100\%$$

$$\text{筹资活动某内部项目流出所占的比重}=\frac{\text{该内部项目流出}}{\text{筹资活动流出}}\times 100\%$$

M 公司的现金流出结构分析表如表 4-3 所示。

表 4-3　　　　　　　　M 公司现金流出结构分析表

项　目	绝对数（百万元）		比重（%）	
	2012 年	2011 年	2012 年	2011 年
购买商品、接受劳务支付的现金	713 988 981.96	521 857 913.41	79.68	81.81
支付给职工以及为职工支付的现金	55 361 569.82	38 405 408.81	6.18	6.02
支付的各项税费	45 047 454.80	15 207 155.54	5.03	2.38
支付其他与经营活动有关的现金	81 701 358.90	62 438 374.10	9.11	9.79
经营活动现金流出小计	896 099 365.57	637 908 851.86	71.04	62.64
购建固定资产、无形资产和其他长期资产支付的现金	72 678 156.29	66 331 071.41	58.91	99.25
投资支付的现金	32 100 000.00	500 000.00	26.02	0.75
取得子公司及其他营业单位支付的现金净额	18 600 000.00	0	15.07	0.00
投资活动现金流出小计	123 378 156.29	66 831 071.41	9.78	6.56
偿还债务支付的现金	234 180 393.56	310 005 147.40	96.83	98.87
分配股利、利润或偿付利息支付的现金	1 580 569.44	3 557 783.93	0.65	1.13
支付其他与筹资活动有关的现金	6 076 572.00	0	2.52	0.00
筹资活动现金流出小计	241 837 535.00	313 562 931.33	19.18	30.80
现金流出总量	1 261 315 056.86	1 018 302 854.60	100.00	100.00

从表 4-3 可以看出，M 公司 2012 年、2011 年的现金流出总量分别是 1 261 315 056.86 元和 1 018 302 854.60 元；其中，经营活动的现金流出量 2012 年达 71%，2011 年约达 63%，2012 经营活动现金流出量增加的主要原因是公司“购买商品、接受劳务支付的现金”、“支付给职工以及为职工支付的现金”、“支付的各项税费”、“支付的其他与经营活动有关的现金”4 个项目共同增加所致，其中“购买商品接受劳务支付的现金”近两年占经营现金流出的 80%，为主要支出项目，而且该项目支出 2012 年比上年有大幅上升，结合前面资产负债表中的分析可以看到：公司 2012 年的存货比上年有大幅上升，说明公司在存货支出上本年有大幅增加。投资活动现金流出量的比重相对稳定，2012 年约为 10%，上年同期约为 7%，但是在支出结构上有很大变化，2011 年几乎

全部用于购建固定资产、无形资产和其他长期资产上，而2012年占投资现金流出的26.02%用于对外投资上。而筹资活动的现金流出量，这两年有较大的变化，2011年正值公司的还款高峰期，当年筹资活动的现金流出约占现金流出总量的31%，筹资活动的现金流出中“偿还债务支付的现金”占比约达99%，2012年筹资活动的现金流出占现金流出总量这一比重降至19%左右，筹资活动的现金流出中“偿还债务支付的现金”占比约达97%，说明2012年依然处于公司的还款高峰期。总的来说，结合前面现金流入结构的分析，说明公司的现金流量结构合理，资金来源稳定，财务状况安全。

3．现金流入流出比例分析

现金流入流出比例包括经营活动的流入流出比例、投资活动的流入流出比例以及筹资活动的流入流出比例，其计算公式分别是：

$$经营活动流入流出比=\frac{经营活动流入}{经营活动流出}\times 100\%$$

$$投资活动流入流出比=\frac{投资活动流入}{投资活动流出}\times 100\%$$

$$筹资活动流入流出比=\frac{筹资活动流入}{筹资活动流出}\times 100\%$$

M公司的现金流入流出比例分析表如表4-4所示。

表4-4　M公司现金流入流出比例分析表

项　目	绝对数（百万元）		流入：流出	
	2012年	2011年	2012年	2011年
经营活动现金流入小计	909 590 209.24	684 559 799.48	1.02	1.07
经营活动现金流出小计	896 099 365.57	637 908 851.86		
投资活动现金流入小计	28 765 867.64	4 260 798.91	0.23	0.06
投资活动现金流出小计	123 378 156.29	66 831 071.41		
筹资活动现金流入小计	428 192 821.78	330 501 188.20	1.77	1.05
筹资活动现金流出小计	241 837 535.00	313 562 931.33		
现金总流入	1 366 548 898.66	1 019 321 786.59	1.08	1.00
现金总流出	1 261 315 056.86	1 018 302 854.60		

从表4-4可以看出，该公司2012年、2011年经营活动现金流入流出比分别为1.02和1.07，表明1元的现金流出可换回1.02元和1.07元的现金流入，此值越大越好。该公司投资活动的现金流入流出比两年分别为0.23和0.06，公司投资活动引起的现金流出较小，表明公司正处于发展期。一般而言，处于发展时期的公司此值比较小，而衰退或缺少投资机会时此值较大。筹资活动流入流出比两年分别为1.77和1.05，表明筹款明显大于还款，尤以2012年为甚。2012年筹资活动中现金流入系举债和吸收股权投资获得，同时也说明该公司存在举借新债的现象。

一般而言，对于一个健康的正在成长的公司来说，经营活动现金流量应为正数，投资活动的现金流量应为负数，筹资活动的现金流量应是正负相间的，M公司的现金流量基本体现了这种成长性公司的状况。

（二）企业现金流量质量分析

现金流量的质量是指企业的现金流量能够按照企业的预期目标进行运转的质量。现金流量的质量一般从现金流量是否符合企业发展战略的需要，是否满足企业当前稳定发展的需要两个方面体现出来。如具有较好质量的现金流量应当具有如下特征：第一，企业现金流量的状态体现了企业发展的战略要求；第二，在稳定发展阶段，企业经营活动的现金流量应当与企业经营活动产生的利润有一定的对应关系 并能为企业的扩张提供现金流量的支持。现金流量质量分析是对现金流量客观反映公司真实经营状况的程度进行评价，并提供相应的信息促进企业改善财务与经营状况、增强持续经营能力。

1．经营活动产生的现金流量质量分析

经营活动现金流量是企业现金的主要来源，与净利润相比，经营活动所产生的现金净流量的多少，能够更确切地反映企业的经营质量。

经营活动产生的现金流量净额指标表明企业经营活动获取现金的能力。一般说来，在正常情况下企业的现金流入量主要应依靠经营活动来获取。通过该指标与净利润率指标相比较，可以了解到企业净利润的现金含量，而净利润的现金含量则是企业市场竞争力的根本体现。如果企业的净利润大大高于“经营活动产生的现金流量净额”，则说明企业利润的含金量不高，存在大量的赊销行为及未来的应收账款收账风险，同时某种程度上存在着利润操纵之嫌。在了解该指标的过程中，我们还可以了解到企业相关税、费的缴纳情况。对于经营活动产生的现金流量质量，可通过以下表现形式进行分析。

（1）经营活动产生的现金流量净额小于零。经营活动产生的现金流量净额小于零，意味着企业通过正常的供、产、销所带来的现金流入量不足以支付因上述经营活动而引起的现金流出。企业正常经营活动所需的现金支付，则需要通过以下几种方式来解决。

① 消耗企业现存的货币积累。

② 挤占本来可以用于投资活动的现金，推迟投资活动的进行。

③ 在不能挤占本来可以用于投资活动的现金的条件下，进行额外贷款融资，以支持经营活动的现金需要。

④ 在没有贷款融资渠道的条件下，只能用拖延债务支付或加大经营负债规模来解决。

如果这种情况出现在企业经营初期，我们可以认为是企业在发展过程中不可避免的正常状态。因为在企业生产经营活动的初期，各个环节都处于“磨合”状态，设备、人力资源的利用率相对较低，材料的消耗量相对较高，经营成本较高，从而导致企业现金流出较多。同时，为了开拓市场，企业有可能投入较大资金，采用各种手段将自己的产品推向市场，从而有可能使企业在这一时期的经营活动现金流量表现为“入不敷出”的状态。但是，如果企业在正常生产经营期间仍然出现这种状态，说明企业通过经营活动创造现金净流量的能力下降，应当认为企业经营活动现金流量的质量差。

（2）经营活动产生的现金流量净额等于零。经营活动产生的现金流量净额等于零，意味着企业通过正常的供、产、销所带来的现金流入量恰恰能够支付因上述经营活动而引起的现金流出，企业的经营活动现金流量处于“收支平衡”的状态。在这种情况下，企业正常经营活动虽然不需要额外补充流动资金，但企业的经营活动也不能为企业的投资活动以及融资活动贡献现金。

必须指出的是，按照企业会计准则，企业经营成本中有相当一部分属于按照权责发生制原则的要求而确认的摊销成本（如无形资产、长期待摊费用摊销、固定资产折旧等）和应计成本（如预提设备大修理费用等），即非付现成本。这样，在经营活动产生的现金流量等于零时，企业经营活动产生的现金流量不可能为这部分非付现金成本的资源消耗提供货币补偿。如果这种状态长期持续下去，企业的“简单再生产”都不可能维持。因此，如果企业在正常生产经营期间持续出现这种状态，企业经营活动现金流量的质量不高。

（3）经营活动产生的现金流量净额大于零。经营活动产生的现金净流量大于零，意味着企业具有创造现金的能力，通常表明企业生产经营状况较好。

但是，企业经营活动产生的现金流量仅大于零是不够的。经营活动产生的现金净流量大于零并在补偿当期的非现付成本后仍有剩余，才意味着企业通过正常的供、产、销所带来的现金流入量，不但能够支付因经营活动而引起的现金流出、补偿全部当期的非付现成本，而且还有余力为企业的投资等活动提供现金支持。这种状态通常表明企业所生产的产品适销对路，市场占有率高，销售回款能力较强，同时企业的付现成本、费用控制有效。在这种状态下，企业经营活动利润的才具有含金量，对企业经营活动的稳定与发展、企业投资规模的扩大才能起到重要的促进作用。

（4）经营活动现金流量净额与净利润对比分析。

现金流量表补充资料中，第一项是将净利润调节为经营活动的现金流量，就是将净利润与经营活动产生的现金流量净额进行比较，以了解净利润与经营活动产生的现金流量净额差异的原因，从现金流量的角度分析企业净利润的质量，同时也能反映现金流量的质量。

利润表上反映的净利润，是企业根据权责发生制原则确定的，它并不能反映企业生产经营活动产生了多少现金净流入；而现金流量表中的经营活动产生的现金流量净额是以收付实现制原则为基础确定的，经营活动产生的现金流量净额与净利润往往是不一致的。但是，为了防止人为操纵利润和加强企业营销管理，有必要将经营活动的现金流量净额与净利润进行对比，了解净利润与经营活动产生的现金流量差异的原因，从而对净利润质量进行评价。如果经营活动产生的现金流量净额与净利润之比大于 1 或等于 1，通常说明会计收益的收现能力较强，经营活动现金流量质量与净利润质量较好；若小于 1，则说明净利润可能受到人为操纵或存在大量应收账款，经营活动现金流量质量与净利润质量较差。

2．投资活动产生的现金流量的质量分析

从投资活动的目的分析，企业的投资活动主要有 3 个目的：一是为企业正常生产经营活动奠定基础，如购建固定资产、无形资产和其他长期资产等；二是为企业对外扩张和其他发展性目的进行权益性投资和债权性投资；三是利用企业暂时不用的闲置货币资金进行短期投资，以求获得较高的投资收益。

投资活动产生的现金流量净额指标反映企业固定资产投资及权益性、债权性投资业务的现金流量情况。投资活动现金流出会对企业未来的市场竞争力产生影响，其数额较大时，应对相关投资行为的可行性做相应的分析了解。对于投资活动产生的现金流量质量，可通过以下表现形式进行分析。

（1）投资活动产生的现金流量净额小于零。投资活动产生的现金流量净额小于零，意味着企业在购建固定资产、无形资产和其他长期资产、权益性投资以及债权性投资等方面所流出的现金之和，大于企业因收回投资、分得股利或利润、取得债券利息收入、处置固定资产、无形资产和其他长期资产而流入的现金净额之和。

通常情况下，企业投资活动的现金流量处于"入不敷出"的状态，投资活动所需资金的"缺口"可以通过以下几种方式解决。

① 消耗企业现存的现金积累。

② 利用经营活动积累的现金进行补充。

③ 在不能挤占经营活动的现金的条件下，通过贷款融资渠道对外融资。

④ 在没有贷款融资渠道的条件下，适度拖延债务支付时间或加大投资活动的负债规模。

在企业的投资活动符合企业的长期规划和短期计划的条件下，投资活动产生的现金流量净额小于零，表明企业扩大再生产的能力较强，也可能表明企业进行产业及产品结构调整的能力或参与资本市场运作实施股权及债权投资的能力较强，是投资活动现金流量的正常状态。企业投资活动的现金流出大于流入的部分，将由经营活动的现金流入量来补偿。例如，企业的固定资产、无形资产购建支出，将由未来使用有关固定资产和无形资产会计期间的经营活动的现金流量来补偿。

（2）投资活动产生的现金流量净额大于或等于零。投资活动产生的现金流量大于或等于零，意味着企业在投资活动方面的现金流入量大于或等于流出量。

这种情况的发生，如果是企业在本会计期间的投资回收的规模大于投资支出的规模，表明企业资本运作收效显著、投资回报及变现能力较强；如果是企业处理手中的长期资产以求变现，则表明企业产业、产品结构将有所调整，或者未来的生产能力将受到严重影响，已经陷入深度的债务危机之中。因此，必须对企业投资活动的现金流量原因进行具体分析。

3．筹资活动产生的现金流量的质量分析

筹资活动现金流量反映了企业的融资能力和融资政策，可以通过以下表现形式进行质量分析。

（1）筹资活动产生的现金流量净额大于零。筹资活动产生的现金流量净额大于零，意味着企业在吸收权益性投资、发行债券以及借款等方面所收到的现金之和大于企业在偿还债务、支付筹资费用、分配股利或利润、偿付利息以及减少注册资本等方面所支付的现金之和。

在企业起步到成熟的整个发展过程中，筹资活动产生的现金流量净额往往大于零，通常表明企业通过银行及资本市场的筹资能力较强。例如在企业处于发展的起步阶段，投资需要大量的资金，而此时企业经营活动的现金流量净额又多小于零，企业对现金的需求，主要通过筹资活动现金流入来解决。因此，分析企业筹资活动产生的现金流量大于零是否正常，关键要看企业的筹资活动是否已经纳入企业的发展规划，是企业管理层的主动行为，还是企业因投资活动和经营活动的现金流出失控不得已而为之的被动行为。

（2）筹资活动产生的现金流量净额小于零。筹资活动产生的现金流量净额小于零，意味着企业筹资活动收到的现金之和小于企业筹资活动支付的现金之和。

这种情况的出现，如果是企业在本会计期间集中发生偿还债务、支付筹资费用、分配股利或利润、偿付利息等业务，则表明企业经营活动与投资活动在现金流量方面运转较好，自身资金周转已经进入良性循环阶段，经济效益得到增强，从而使企业支付债务本息和股利的能力加强。如果企业筹资活动产生的现金流量净额小于零，是由于企业在投资和企业扩张方面没有更多作为造成的，或者是丧失融资信誉造成的，则表明筹资活动产生的现金流量质量较差。

4．现金及现金等价物净增加额的质量分析

（1）现金及现金等价物净增加额为正数。企业的现金及现金等价物净增加额为正，如果主要是经营活动产生的现金流量净额引起的，通常表明企业经营状况好，收现能力强，坏账风险小；

如果主要是投资活动产生的，甚至是由处置固定资产、无形资产和其他长期资产引起的，则表明企业生产经营能力衰退，或者是企业为了走出不良境地而调整资产结构，须结合资产负债表和损益表作深入分析；如果主要是筹资活动引起的，则意味着企业未来将支付更多的本息或股利，需要未来创造更多的现金流量净增加额，才能满足偿付的需要，否则，企业就可能承受较大的财务风险。

（2）现金及现金等价物净增加额为负数。企业的现金及现金等价物净增加额为负数，通常是一个不良信息。但如果企业经营活动产生的现金流量净额是正数，且数额较大，而企业整体上现金流量净减少主要是固定资产、无形资产或其他长期资产投资引起的，或主要是对外投资引起的，则可能是企业为了进行设备更新或扩大生产能力或投资开拓更广阔的市场，此时现金流量净减少并不意味着企业经营能力不佳，而是意味着企业未来可能有更大的现金流入。同样情况下，如果企业现金流量净减少主要是由于偿还债务及利息引起的，这就意味着企业未来用于偿债的现金将减少，企业财务风险变小，只要企业生产经营保持正常运转，企业就不会走向衰退。

（三）现金流量表比率分析

现金流量表比率分析是以经营活动现金净流量与资产负债表等财务报表中的相关指标进行对比分析，全面揭示企业的经营水平，测定企业的偿债能力，反映企业的支付能力。大致可分为现金流动性分析、获取现金能力分析、财务弹性分析、资本支出能力分析、收益质量分析 5 个方面。

1．现金流动性分析

所谓流动性，是指将资产迅速转变为现金的能力。根据资产负债表确定的流动比率虽然也能反映流动性，但有很大局限性。这主要是因为：作为流动资产主要成分的存货并不能很快转变为可偿债的现金；存货用成本计价不能反映变现净值；流动资产中的待摊费用也不能转变为现金。许多企业有大量的流动资产，但现金支付能力却很差，甚至无力偿债而破产清算。

真正能用于偿还债务的是现金流量。现金流量和债务的比较可以更好地反映企业偿还债务的能力。现金流动性分析主要考察企业经营活动产生的现金流量与债务之间的关系，主要包括以下指标。

（1）现金到期债务比。公式为：现金到期债务比＝经营现金净流入÷本期到期的债务。本期到期的债务，是指本期到期的长期债务和本期应付票据。通常这两种债务是不能展期的，必须如数偿还。

假设某公司的本期到期长期债务是 10 000 万元，经营现金净流入是 38 110 万元，则：

$$现金到期债务比 = 38\ 110 \div 10\ 000 = 3.8$$

若同业平均现金到期债务比为 2.5，说明该公司偿还到期债务的能力是较好的。

（2）现金流动负债比。公式为：现金流动负债比＝经营现金净流入÷流动负债。

假设某公司流动负债为 54 570 万元，经营现金净流入是 38 110 万元，则：

$$现金流动负债比 = 38\ 110 \div 54\ 570 = 0.7$$

若同业平均现金流动负债比为 0.6，说明该公司偿还流动债务的能力是较好的。

（3）现金债务总额比。公式为：现金债务总额比＝经营现金净流入÷债务总额。

假设某公司的债务总额是 270 570 万元，经营现金净流入是 38 110 万元，则：

$$现金债务总额比 = 38\ 110 \div 270\ 570 = 14\%$$

14%表明企业 100 元债务有 14 元的营业现金流入作保证。这个比率越高，企业承担债务的能力越强。该公司最大的付息能力是 14%，即利息高达 14%时企业仍能按时付息。只要能按时付息，就能借新债还旧债，维持债务规模。如果市场利率是 10%，那么该公司最大的负债能力是 38 110 ÷ 10% = 381 100（万元）。仅从付息能力看，企业还可借债 110 530 万元（381 100−270 570），可见该公司的举债能力是不错的。

2．获取现金能力分析

获取现金的能力，是指经营现金净流入和投入资源的比值。投入资源可以是销售收入、总资产、净营运资金、净资产或普通股股数等。

（1）销售现金比率。其公式为：销售现金比率 = 经营现金净流量 ÷ 销售额。该比率反映每元销售得到的净现金，其数值越大越好。

假设某公司的销售额（含增值税）为 142 080 万元，经营现金净流入是 38 110 万元，则：

销售现金比率 = 38 110 ÷ 142 080 = 0.268 2

该公司每元销售得到的净现金为 0.268 2，说明该公司营业活动获取净现金的能力还是可以的。

（2）每股营业现金净流量。每股营业现金净流量是反映每股发行在外的普通股票所平均占有的现金流量，或者说是反映公司为每一普通股获取的现金流入量的指标。其计算公式为：每股营业现金净流量 = 经营现金净流量 ÷ 普通股股数。该指标实质上所表达的是作为每股盈利的支付保障的现金流量，因而每股经营现金流量指标越高越为股东们所乐意接受。

假设某公司有普通股 500 000 万股，经营现金净流入是 38 110 万元，则：

每股营业现金净流量 = 38 110 ÷ 500 000 = 0.076（元/股）

该指标反映企业最大的分派股利能力，超过此限度，就要借款分红。

（3）全部资产现金回收率。全部资产现金回收率，是指经营现金净流入与全部资产的比值，反映企业运用全部资产获取现金的能力。其公式为：全部资产现金回收率 = 营业现金净流量 ÷ 全部资产 × 100%。

假设某公司的全部资产为 880 230 万元，经营现金净流入是 38 110 万元，则：

全部资产现金回收率 = 38 110 ÷ 880 230 × 100% = 4.33%

若同业平均全部资产现金回收率为 5%，说明该公司资产产生现金的能力较弱。

3．财务弹性分析

所谓财务弹性是指企业适应经济环境变化和利用投资机会的能力。这种能力来源于现金流量和支付现金需要的比较。现金流量超过需要，有剩余的现金，适应性就强。因此，财务弹性的衡量是用经营现金流量与支付要求进行比较。支付要求可以是投资需求或承诺支付等。

（1）现金流量适合比率。现金流量适合比率又称现金满足支付比率，是指经营活动现金净流入与资本支出、存货购置及发放现金股利的比值，它反映经营活动现金满足主要现金需求的程度。其计算公式为：现金流量适合比率 = 近 5 年经营活动现金净流量 ÷ 近 5 年资本支出、存货增加、现金股利之和。

假设某公司经营现金净流入是 38 110 万元 近 5 年经营现金流量平均数与今年相同，平均资本支出为 43 500 万元，存货平均增加 400 万元，现金股利平均每年 1 200 万元，则：

现金流量适合比率 = 38 110 ÷（43 500 + 400 + 1 200）= 0.85

该比率越大，说明资金自给率越高。达到 1 时，说明企业可以用经营获取的现金满足扩充所需资金；若小于 1，则说明企业是靠外部融资来补充。

（2）现金再投资比率。现金再投资比率，是指经营现金净流量减去股利和利息支出后的余额，与企业总投资之间的比率。总投资是指固定资产总额、对外投资、其他长期资产和营运资金之和。这个比率反映有多少现金留下来，并投入公司用于资产更新和企业发展。其公式为：现金再投资比率 =（经营现金净流量−现金股利）÷（固定资产 + 其他长期资产 + 营运资金）。现金再投资比率的行业比较有重要意义。通常，它应当在 7% ~ 11%之间，各行业有区别，同一企业的不同年份也有区别，通常为高速扩张的年份低一些，稳定发展的年份高一些。

（3）现金股利保障倍数。现金股利保障倍数，是指经营活动净现金流量与现金股利支付额之比。支付现金股利率越高，说明企业的现金股利占结余现金流量的比重越小，企业支付现金股利的能力越强。其计算公式如下：现金股利保障倍数 = 每股营业现金净流量 ÷ 每股现金股利。

假设某公司每股现金股利为 0.05 元，每股营业现金净流量为 0.076 元，则：

$$现金股利保障倍数 = 0.076 \div 0.05 = 1.52$$

该比率越大，说明支付现金股利的能力越强。若同业平均现金股利保障倍数为 3，相比之下，该公司的股利保障倍数不高。如果遇有不景气，可能没有现金维持当前的股利水平，或者要靠借债才能维持。

应当注意的是，仅仅以 1 年的数据很难说明该指标的好坏，利用 5 年或者更长时间的平均数计算更能说明问题。

4．资本支出能力分析

资本支出能力的分析是在对企业现金流量表中的投资活动的现金支出及对长期资产进行处置的现金流入的基础上进行揭示的。资本支出能力的分析主要包括投资活动融资比率和现金再投资比率两部分。

（1）投资活动融资比率。投资活动融资比率主要用于衡量企业全部投资活动的现金流出的资金来源。其计算公式为：投资活动融资比率 = 投资活动产生的现金净流量/（经营活动产生的现金净流量 + 筹资活动产生的现金净流量）。

假设某公司当年度经营活动现金净流量为 1 137 960 万元，投资活动现金净流量为−527 480 万元，筹资活动现金净流量为−534 840 万元，则：

$$投资活动融资比率 = -527\,480 \div (1\,137\,960 - 534\,840) = -0.87$$

投资活动融资比率原则上应为｜0.2 ~ 0.5｜，如果大于 1，企业现金的流动性将会受到严重影响。为增强企业发展后劲，须不断加强对外扩展及资本化支出，资金来源于经营活动产生的现金流量和合理融资。该公司实际状态接近于 1，即经营活动产生的现金净流量一半用于归还债务和利息，一半投资于资本性支出，因此，企业现金的流动性受到了一定程度的影响。

（2）现金再投资比率。现金再投资比率主要用于衡量企业可支配现金用于再投资活动的能力。其计算公式为：现金再投资比率 =（经营活动产生的现金净流量 − 现金股利）/［（固定资产净值 + 长期投资 + 在建工程 + 其他资产）+（流动资产 − 流动负债）］。现金再投资比率的分子为保留在企业内部供再投资的现金净流量，分母为总资产减去流动负债。一般认为，该比率达到 7.5% ~ 11.5% 为理想水平。

5．收益质量分析

收益质量是指报告收益与公司业绩之间的相关性。如果收益能如实反映公司的业绩，则认为收益的质量好；如果收益不能很好地方反映公司业绩，则认为收益的质量不好。

收益质量分析涉及资产负债表、利润表和现金流量表的分析，是个非常复杂的问题。我们这里仅从现金流量表的角度评价收益质量。它主要包括两个方面：净收益营运指数分析和现金营运指数分析。

（1）净收益营运指数。净收益营运指数是指经营净收益与全部净收益的比值。其公式为：净收益营运指数 = 经营净收益 ÷ 净收益 =（净收益−非经营收益）÷ 净收益。

假设某公司净收益为 23 790 万元，非经营收益 4 030 万元，计算的净收益营运指数为：

$$净收益营运指数 = (23\ 790 - 4\ 030) \div 23\ 790 = 19\ 760 \div 23\ 790 = 0.830\ 6$$

通过净收益营运指数的历史比较和行业比较，可以评价一个公司的收益质量。例如，2001 年 12 月申请破产的安然公司，从 1997 年开始净利润逐年大幅上升，而经营净收益逐年下降，净收益营运指数越来越低。这是净收益质量越来越差的明显标志。在 2001 年 5 月 6 日，波士顿一家证券分析公司曾建议投资者卖掉安然公司股票，其理由之一就是其越来越低的营业利润率。该公司 1996 年的营业利润率是 21.15%，到 2000 年已经跌至 6.22%，2001 年第一季度只有 1.59%。该公司的收益越来越多依靠证券交易和资产处置。

为什么非经营收益越多，收益质量越差呢？与经营收益相比，非经营收益的可持续性低。非经营收益的来源主要是资产处置和证券交易。资产处置不是公司的主要业务，不反映公司的核心能力。许多公司正是利用“资产置换”达到操纵利润的目的。通过短期证券交易获利是靠运气。由于资本市场的有效性比商品市场高得多，取得正的净现值只是偶然的，不能依靠短期证券交易增加股东财富。一般企业进行的短期证券买卖，只是现金管理的一部分，目的是减少持有现金的损失。企业长期对外投资的主要目的是控制子公司，通过控制权取得额外的好处，而不是直接获利。通过证券交易增加股东财富，主要靠运气。一个人的运气不会总是那么好，如同买彩票不会每次都中奖一样。如果公司靠证券交易获利，不如把钱还给股东，让他们自己去直接进行交易，还可以节约一部分交易费用。因此，非经营收益虽然也是“收益”，但不能代表企业收益“能力”。

（2）现金营运指数。现金营运指数，它是经营现金净流量与经营应得现金的比值。经营应得现金是经营活动净收益与非付现费用之和。其公式为：现金营运指数 = 经营现金净流量 ÷ 经营应得现金，其中，经营应得现金 = 经营活动净收益 + 非付现费用 = 净收益−非经营收益 + 非付现费用。

假设某公司经营活动净收益为 19 760 万元，非付现费用为 26 090 万元，经营现金净流量为 38 110 万元，则：

$$经营应得现金 = 19\ 760 + 26\ 090 = 45\ 850 万元$$

$$现金营运指数 = 38\ 110 \div 45\ 850 = 0.831\ 2$$

营运指数小于 1 的，说明收益质量不够好。该公司每一元的经营活动现金收益，只收回约 0.83 元，另外的 0.17 元到哪里去了？它们被投入营运资金了，应收款增加、应付款减少、存货增加等使实际得到的经营现金减少。这种情况不是一个好兆头。首先现金营运指数小于 1，说明一部分收益尚没有取得现金。停留在实物或债权形态，而实物或债权资产的风险大于现金，应收账款能否足额变现是有疑问的，存货也有贬值的风险，所以未收现的收益质量低于已实现的收益。其次，现金营运指数小于 1，说明营运资金增加了，反映企业为取得同样的收益占用了更多的营运资金，取得收益的代价增加了，同样的收益代表着较差的业绩。

无论是净收益营运指数还是现金营运指数的分析，通常都需要使用连续若干年的数据，仅仅靠一年的数据未必能说明问题。

综上所述，我们可以看出，现金流量表在分析企业财务状况时，确实是一个不可多得的工具。

在实际操作中，注意现金流量表分析与资产负债表和利润表等财务报表分析相结合，可以更清晰、全面地了解企业的财务状况及发展趋势，了解其与同行的差距，及时发现问题，正确评价企业当前、未来的偿债能力、支付能力以及企业当前和前期所取得的利润的质量，科学地预测企业未来财务状况，为报表使用者做出决策的提供正确的依据。

小　结

本模块的主要任务是根据模块一编制出来的 M 公司 2012 年度的现金流量表，结合资产负债表、利润表以及其他生产经营活动核算数据，逐一解析 M 公司的现金流动状况以及资产和利润质量等信息。首先对现金流量表进行浅层、直观的阅读，在了解企业的三大类活动分别产生的现金流量的基础上，再将各报表项目与资产负债表、利润表等报表中的各项目进行有机组合，通过趋势分析、对比分析、结构分析、比率分析等多种方式，全面、深入地解读企业的现金流信息。

课后习题与实训

一、判断题

1. 现金流量表是反映企业一定时期现金流入和现金流出情况的静态报表。（　）
2. 现金流量表在本质上归属于资金表。（　）
3. 现金净流量是流动资产减去流动负债后的净值。（　）
4. 编制现金流量表需要前期与当期的利润表作资料。（　）
5. 一般来说，现金流量净额越大，则企业活动力越强。（　）

二、单项选择题

1. 以下项目（　）属于投资活动产生的现金收入。

A. 销售商品、提供劳务收到的现金　　B. 收到的租金
C. 处置固定资产而收到的现金　　D. 借款所收到的现金

2. 以下项目（　）属于筹资活动产生的现金收入。

A. 收到的租金　　B. 收回投资所收到的现金
C. 发行债券收到的现金　　D. 处置固定资产而收到的现金

3. 以下项目（　）属于经营活动产生的现金流出。

A. 支付的增值税额　　B. 权益性投资所支付的现金
C. 偿还债务支付的现金　　D. 分配股利支付的现金

4. 以下项目（　）属于投资活动产生的现金流出。

A. 支付的所得税款　　B. 购建固定资产所支付的现金
C. 支付的增值税额　　D. 融资租赁支付的现金

5. 以下项目（　）属于筹资活动产生的现金流出。

A. 支付其他税费　　B. 支付的其他经营费用
C. 债权性投资所支付的现金　　D. 融资租赁支付的现金

6. 以下比率属于反映偿债能力时效性的指标（　）。

A. 现金偿还比率　　B. 强制性现金支付比率
C. 现金流量适当比率　　D. 现金流入对现金流出比率

7. 以下比率属于反映现金支付充足性的指标（　）。

A. 现金比率　　B. 现金流量资本支出比率
C. 到期债务本期偿付比率　　D. 盈利现金比率

8. 以下比率属于反映获取现金能力的指标（　）。
A. 现金流量流动负债比率　　B. 现金流量负债总额比率
C. 经营指数　　D. 现金流量对现金股利比率

9. 现金偿付比率计算公式中的分子是（　）。
A. 经营活动产生的现金流量　　B. 投资活动产生的现金流量
C. 经营活动产生的现金净流量　　D. 投资活动产生的现金净流量

三、多项选择题

1. 编制现金流量表列示经营活动产生的现金流量的方法有（　）。
A. 分析法　B. 直接法　C. 比较法　D. 间接法

2. 以下项目（　）属于经营活动产生的现金收入。
A. 借款所收到的现金　　B. 销售商品所收到的现金
C. 提供劳务所收到的现金　　D. 收到的租金

3. 以下项目（　）属于投资活动产生的现金收入。
A. 收到的增值税销项税　　B. 收回投资所收到的现金
C. 处置固定资产而收到的现金　　D. 发行债券收到的现金

4. 以下项目（　）属于筹资活动产生的现金收入。
A. 退回的增值税额　　B. 收到的租金
C. 发行债券收到的现金　　D. 借款所收到的现金

5. 以下项目（　）属于经营活动产生的现金流出。
A. 支付的增值税额　　B. 支付的所得税款
C. 支付的其他税费　　D. 偿还债务支付的现金

6. 以下项目（　）属于投资活动产生的现金流出。
A. 融资租赁支付的现金　　B. 购建固定资产所支付的现金
C. 权益性投资所支付的现金　　D. 债权性投资所支付的现金

7. 以下比率（　）是反映偿债能力时效性的指标。
A. 现金流量流动负债比率　　B. 现金净流量负债总额比率
C. 强制性现金支付比率　　D. 现金偿还比率

四、案例分析

案例：施乐公司未披露应收款的抵押业务，严重误导现金流量分析。

施乐公司（Xerox）一度成为复印机的同义词，曾经在美国和全世界 130 多个国家和生产、销售、租赁复印产品、服务和设备。20 世纪 80 年代初，这家历史悠久的老牌企业差点被日本复印机制造商消灭，然而就在 1999 年至 2000 年期间，施乐公司好像起死回生了。可惜好景不长，2002 年 4 月 SEC 指控施乐欺诈投资者，其中一项就是没有披露应收款的保理业务，误导了投资者对现金流量的判断。

施乐公司在 1999 年的财务报告中，没有披露金额为 2.88 亿美元的应收款保理业务，这使施乐公司报告期末的现金余额由负数变为正数。在处理这 2.88 亿美元的业务时，施乐公司隐瞒了这些交易对其现金状况的重大影响，使投资者误以为现金流量来源于经营活动。

思考：

（1）什么是应收款保理业务？目前我国是否已开展相关业务？

（2）施乐公司隐瞒应收款保理业务对现金流量有哪些影响？

（3）在分析应收款项时应注意哪些问题？

提示：

（1）应收款保理业务就是以折价方式出售或抵押应收账款，即将其未来现金流以低于到期时的价值进行即刻变现，从而改善现金在状况。我国目前尚不允许应收账款的出售业务。

（2）在现金流量分析中，经营活动产生的现金流量是最重要的现金来源，经营活动现金流量的多少，基本可以反映一个企业的获利能力和现金流动状况。而施乐公司在处理这项业务时，隐瞒了这些交易对其现金状况的重大影响，使投资者误以为现金流量来源于经营活动。施乐公司以折价出售或抵押应收账款，将其未来的现金流以低于到期时的价值进行即刻变现，大大改善了其年末的现金状况。

（3）应收款项是以未来现金流量为计量基础。在分析时应关注应收账款周转率指标，并与同业水平、本企业的历史水平相比较，进一步分析应收账款的管理水平。影响应收账款周转率下降的原因主要有：企业的信用政策、客户故意拖延和客户财务困难。过快的应收账款周转率可能是由紧缩的信用政策引起的，其结果可能会损害企业的市场占有率，因此要保持适当的应收账款周转率。

模块五 所有者权益变动表阅读与分析

技能目标

1 会阅读所有者权益变动表；

2 能初步运用报表分析的基本方法进行所有者权益变动表的分析。

知识目标

1 掌握所有者权益变动表的内容和结构；

2 理解所有者权益变动表蕴涵的信息；

3 了解所有者权益变动表所体现的全面收益观念。

阅读材料

安然公司空挂应收票据虚增股东权益

安然公司曾经是全世界最大的能源交易商，掌控美国20%的电力和天然气交易，经营业务覆盖全球40多个国家和地区，营业收入突破1 000亿美元。1997年至2000年的财务报告均显示其取得了极其傲人的业绩：这四年的净利润分别为1.05亿美元、7.03亿美元、8.93亿美元、9.79亿美元。但是在2001年10月末公布的第三季度报表却显示亏损6.18亿美元，紧接着在11月又向SEC提交报告，承认在1997年至2001年第一季度的利润被高估，负债被隐瞒的事实。安然的财务丑闻立即引起了世界性的轰动。

原来，安然公司与LJM2合作成立了4家SPE，为了解决其资本金问题，于2000年4月向“鹰爪”出售了价值1.72亿美元的安然股票，“鹰爪”向安然公司出具了1.72亿美元的应付本票。在没有收到任何认股款的情况下，安然公司仍将其记录为股本增加，并相应增加了应收票据。2001年9月，安然公司不得不做重大会计差错调整。

【启示】企业为逃避监管而提供不实股东权益

根据应收票据的本义，应当是与经营业务有关的应收款项、股本的确认，应当以实际收到为准，而不能以空挂应收票据处理。显然，这样处理的目的就是虚增资产和股东权益，掩盖其巨额负债。会计差错更正使安然公司股东权益骤减 12 亿美元，抵消和更正与 SPE 相关交易的利润，又使安然公司的股东权益减少 22 亿美元，两项共占安然公司 2000 年末净资产的 30%。在报表分析时，对于一些异常的项目，包括在正常情况下不可能有对应关系的经济业务，都要特别注意。

任务一 所有者权益变动表阅读

一、任务引入

【基本资料】

（1）企业基本情况介绍（同模块一任务一）。

（2）所有者权益变动表资料，如表 5-1 所示。

表 5-1　　所有者权益变动表资料　　金额单位：元

项目	本期数					
	股本	资本公积	减：库存股	盈余公积	未分配利润	股东权益合计
一、上年年末余额	56 280 000.00	167 844.25		9 203 030.41	53 210 988.04	118 861 862.70
加：会计政策变更						
前期差错更正						
二、本年年初余额	56 280 000.00	167 844.25		9 203 030.41	53 210 988.04	118 861 862.70
三、本期增减变动金额	19 000 000.00	221 027 928.00		11 089 298.81	43 072 036.33	294 189 263.14
（一）净利润					47 857 818.14	47 857 818.14
（二）其他综合收益				6 303 517.00		6 303 517.00
上述（一）（二）小计				6 303 517.00	47 857 818.14	54 161 335.14
（三）股东投入和减少股本	19 000 000.00	221 027 928.00				240 027 928.00
1. 股东投入股本	19 000 000.00	221 027 928.00				240 027 928.00
2. 股份支付计入股东权益的金额						

续表

项目	本期数					
	股本	资本公积	减：库存股	盈余公积	未分配利润	股东权益合计
3. 其他						
（四）利润分配				4 785 781.81	−4 785 781.81	
1. 提取盈余公积				4 785 781.81	−4 785 781.81	
2. 对股东的分配						
3. 其他						
（五）股东权益内部结转						
1. 资本公积转增股本						
2. 盈余公积转增股本						
3. 盈余公积弥补亏损						
4. 其他						
四、本期期末余额	75 280 000.00	221 195 772.25		20 292 329.22	96 283 024.37	413 051 125.84

项目	上年同期数					
	股本	资本公积	减：库存股	盈余公积	未分配利润	股东权益合计
一、上年年末余额	56 280 000.00	110 566.63		3 322 204.99	18 825 828.28	78 538 599.90
加：会计政策变更				165 575.36	938 260.36	1 103 835.72
前期差错更正						
二、本年年初余额	56 280 000.00	110 566.63		3 487 780.35	19 764 088.64	79 642 435.62
三、本期增减变动金额		57 277.62		5 715 250.06	33 446 899.40	39 219 427.08
（一）净利润					37 163 211.56	37 163 211.56
（二）其他综合收益		57 277.62		1 998 927.90		2 056 205.52
上述（一）（二）小计		57 277.62		1 998 927.90	37 163 211.56	39 219 427.08
（三）股东投入和减少股本						
1. 股东投入股本						
2. 股份支付计入股东权益的金额						
3. 其他						
（四）利润分配				3 716 312.16	−3 716 312.16	
1. 提取盈余公积				3 716 312.16	−3 716 312.16	
2. 对股东的分配						
3. 其他						

续表

项目	上年同期数					
	股本	资本公积	减：库存股	盈余公积	未分配利润	股东权益合计
（五）股东权益内部结转						
1. 资本公积转增股本						
2. 盈余公积转增股本						
3. 盈余公积弥补亏损						
4. 其他						
四、本期期末余额	56 280 000.00	167 844.25		9 203 030.41	53 210 988.04	118 861 862.70

【要求】

请根据以上资料，对所有者权益变动表的主要项目予以解释。

二、相关知识

（一）两种会计收益观念

1. 传统收益观

中世纪地中海沿岸的商人们进行簿记记录，还没有形成明确的收益概念，收益的核算通过盘存、比较经营结束时与开始时的财产物资数量、价值增减变动来计算，即“利润 = 期末财产 - 期初财产”。随着股份公司形式的逐渐普及，人们意识到收益及收益决定的重要性。早在17 世纪中后期，东印度公司就要求明确区分“资本”和“收益”，规定股利只能来自收益的分配，而不是对资本的分割。从这时起，收益开始成为人们关注的一个重要的对象，逐渐形成传统的收益观。收益通常是指期间交易的已实现收入和相应费用配比之后的差额。其特征主要有以下几点。

（1）收益的来源主要基于企业实际发生的交易，主要是通过销售产品或提供服务的收入扣减为实现这些销售所需的成本。

（2）收益的期间依据“会计分期”假设，即代表企业经营过程中一个既定期间的经营成果或财务业绩。

（3）收益的核算坚持配比原则，讲求合理的因果关系。某些成本或期间费用应分配给期间的收入，而其他一些与本期收入没有因果关系的成本应作为资产予以递延和报告。

（4）收益的形成依据收入实现原则，要求对收入进行明确的定义、确认和计量。一般地说，除了在个别情况下，“实现”是确认收入的标志，从而也是确认收益的标志。

（5）费用的计量依据历史成本原则。资产以其取得成本入账，直至销售之时才反映其市价的变动。所以，费用通常代表已消耗资产或已消耗的取得成本。

2. 全面收益观

随着全球经济一体化的形成，企业的规模不断扩大，跨国经营是企业参与国际竞争的重要战略，然而各国在政治、经济、法律等方面的差异，使企业所面临的经营环境日趋复杂。金融工具的创新为企业带来了机遇，但同时也隐含着巨大的风险，在瞬息万变的金融大潮中，决策者如何及时了解金融工具带来的风险收益状况。科技日新月异的发展推动着经济的发展，然而会计理论还在许多方面固守着它一贯遵循的原则。由于历史成本原则、收入实现原则、谨慎性原则的限制，外币报表折算差额、可供出售金融资产公允价值变动等已确认未实现的利得和损失无法在损益表中列示，或者在财务报表中反映的账面金额远远小于真实的价值或可能产生的利得和损失。

这样，传统收益由于其严格的限定条件，将未实现的损益排除在收益之外，不能真实反映企业收益，于是全面收益观便应运而生。

全面收益是指一个主体在某一期间与非业主方面进行交易或发生其他事项和情况所引起的权益（净资产）变动。它包括这一期间内除业主投资和派给业主款以外的一切权益的变动。其与传统收益观相比而言有如下不同。

（1）突破了交易观基础。全面收益将物价变动、偶发事件以及周围经济、法律、社会、政治和物质环境交互作用的其他结果也包括在内，从而能够更好地反映在报告期内产生（而不是实现）的净资产的全部变动。

（2）突破了实现原则。FASB 在 130 号财务会计准则公告《报告全面收益》（FAS130）和第 133 号财务会计准则公告《衍生金融工具和套期保值活动会计》（FAS133）列举的其他全面收益项目，包括外币折算调整项目、可销售证券上的利得和损失、最低退休金负债调整、现金流量避险工具上的利得和损失（包括对预期的以外币标价的交易进行避险的衍生工具上的利得和损失）。这些项目的共同特点在于它们都是未实现的，如果按照实现原则它们均不能包括在净收益中。

（3）趋于用现行价值作为主要计量属性。由于全面收益是由收入、费用、利得、损失等组成，与收入、利得相应的资产负债是采用现行价值计量，而与费用、损失相应的资产耗费或价值的变动既可采用历史成本也可采用现行价值计量，因此，全面收益的计量属性是混合属性。近年来，在迅速变化发展的经济挑战下，特别是在知识经济时代，为了提高会计信息的相关性，后续计量日趋增加，而后续计量必然要求采用现行价值。目前许多国家的准则制定机构已经意识到现行价值是最优选择。

（4）收益确认计量采用“资产负债观”。收益被视为企业某一期间内资源增加的净额。其计算方法就是要通过对资源的计量，即企业在投入资本得到保持的前提下，实现一定期间内资源的净增加。收益 = 期末资源–期初资源。这样，收益的决定就转化为对期初期末资产和负债的计价。

（二）所有者权益变动表中的全面收益理念

与传统的收益概念相比，全面收益理念中的净利润涵盖的内容要广泛得多，除传统的净利润之外，还包括其他全面收益项目，主要是一些已确认未实现列在权益项下的利得（或损失）。

在 20 世纪 90 年代，世界范围内，包括英国会计准则委员会（ASB）、美国财务会计准则委员会（FASB）、国际会计准则理事会（IASC）等欧美先进的会计准则机构，先后增加了企业的财务业绩报表，来反映企业的全面收益。这一改革体现了改进财务报表要服从财务会计的基本目标，即努力提高财务信息的有用性。

在借鉴国际先进经验基础上，经过不断尝试和努力，我国在 2007 年 1 月 1 日起实施的会计准则中，明确增加所有者权益变动表（或股东权益变动表）作为第四张主表。

所有者权益变动表涵盖了利润分配的全部内容以及其他所有者权益变动原因的内容，集中体现了全面收益理念。为了更好地诠释全面收益，会计准则将“利得”和“损失”分成两部分：一部分是直接计入所有者权益的利得和损失；另一部分是直接计入当期利润的利得和损失。正是这两个概念的引入及科学分类，使得全面收益的报告成为可能。“净利润”反映了当期全部已确认及已实现的收入（利得）和费用（损失），而“直接计入所有者权益的利得和损失项目及其总额”则使那些根据会计准则规定已确认但未实现的绕过利润表而在资产负债表中的“业绩”得以反映。所有者权益变动表，在一定程度上反映了企业的全面收益，实现了财务业绩报告与国际接轨的目标，对于我国收益呈报模式的改革具有划时代的意义。

（三）解读所有者权益变动表的要求

在解读所有者权益变动表时，需注意以下一些新变化。

1．计量观念改变

传统会计收益的计算采用“收入—费用”法。按照这种方法，收益被看作是确认的收入与相关的成本费用进行配比后的结果，即将一定期间的收入减去同期相关成本费用后得出收益。在“收入—费用”法下，资产负债表成了利润表的副产品。

而全面收益体现的是以公允价值为基础的“资产—负债”观。在这种计算方法下，收益的计量取决于资产和负债的计量，利润表被视为是反映企业一定期间内净资产变动情况的报表，利润表成了资产负债表的副产品。适时地调整收益计量观念，着眼于企业长期战略规划，从而避免因追求眼前利益而导致的短视行为。

2．报表格式变化

所有者权益变动表首次采用了矩阵式的列示格式。从横向上看，改变了以往按照所有者权益的各组成部分反映所有者权益变动情况，而是列示导致所有者权益变动的交易或事项，并根据所有者权益变动的来源对一定时期所有者权益变动情况进行全面反映；从纵向上看，按照所有者权益各组成部分及其总额列示交易或事项对所有者权益的影响。格式的变化丰富了会计信息，增强了会计信息的决策有用性。

3．余额调整明晰化

所有者权益变动表在上年年末余额与本年年初余额之间直接加入会计政策变更和前期差错更正对所有者权益的调整金额，让使用者对累计影响数的调整一目了然。此外，由于所有者权益变动表将各组成部分按“本年金额”和“上年金额”两栏列示，使报表的比较期数得以扩展，便于比较以前时点的相关信息。

三、任务实施

1．上年年末余额

本项目反映了企业上年资产负债表中股本、资本公积、盈余公积、未分配利润的年末余额，其数据来源可以直接从上年资产负债表获取。表 5-1 中，M 公司上年年末余额为：股本为 56 280 000.00，资本公积为 167 844.25，盈余公积为 9 203 030.41，未分配利润为 53 210 988.04，股东权益合计为 118 861 862.70。

2．会计政策变更和前期差错更正

“会计政策变更”和“前期差错更正”项目，分别反映企业采用追溯调整法处理的会计政策变更的累积影响金额和采用追溯重述法处理的会计差错更正的累积影响金额。表 5-1 中，M 公司未发生会计政策变更和前期差错更正，就不需要填列。

3．本年年初余额

为了体现会计政策变更和前期差错更正的影响，企业应当在上期期末所有者权益余额的基础上进行调整得出本期期初所有者权益，本年年初余额 = 上年年末余额 + 会计政策变更、前期差错更正。本年年初余额反映了会计政策变更、前期差错更正原因对本年所有者权益带来的影响，通过追溯调整，调整所有者权益的年初余额，无论调增、调减都与本期经营者行为无关。表 5-1 中由于 M 公司未发生调整，故本年年初余额 = 上年年末余额。

4．本年增减变动额

本项目分别反映如下内容。

（1）“净利润”项目，反映企业当年实现的净利润（或净亏损）金额，并对应列在“未分配利润”栏。表 5-1 中 M 公司未分配利润为 47 857 818.14 元。

（2）“其他综合收益”项目，反映企业当年直接计入所有者权益的利得和损失金额。表 5-1 中 M 公司直接计入所有者权益的利得和损失为 6 303 517 元。该项目主要包括可供出售金融资产公允价值变动净额，权益法下被投资单位其他所有者权益变动的影响等内容扣除所得税影响后的净额。

系非以上三项子项目原因形成的，所以列示在“其他”项目中。

“净利润”和“其他综合收益”小计项目为“综合收益”，即“综合收益” = 净利润 + 其他综合收益，反映企业当年实现的净利润（或净亏损）金额和当年直接计入所有者权益的利得和损失金额的合计额，反映经营者当期对股东权益的功过，是衡量经营者受托责任履行情况的完整指标。因为，“净利润”中不包括计入“资本公积”的“利得”与“损失”。表 5-1 中显示 M 公司“净利润”和“其他综合收益”小计项目就是未分配利润 47 857 818.14 元和直接计入所有者权益的利得和损失 6 303 517.00 元。

（3）“所有者投入和减少资本”项目，反映企业当年所有者投入的资本和减少的资本。其中包括如下内容。

①“所有者投入资本”项目，反映企业接受投资者投入形成的实收资本（或股本）和资本溢价或股本溢价，并对应列在“实收资本”和“资本公积”栏。表 5-1 中显示 M 公司接受投资者投入形成的实收资本 19 000 000.00 元，资本溢价 221 027 928.00 元。

②“股份支付计入所有者权益的金额”项目，反映企业处于等待期中的权益结算的股份支付当年计入资本公积的金额，并对应列在“资本公积”栏。表 5-1 中该项目为空，显示 M 公司未发生处于等待期中的权益结算的股份支付事项。

（4）“利润分配”下各项目，反映当年对所有者（或股东）分配的利润（或股利）金额和按照规定提取的盈余公积金额，并对应列在“未分配利润”和“盈余公积”栏。其中包括以下内容。

①“提取盈余公积”项目，反映企业按照规定提取的盈余公积。表 5-1 中显示 M 公司按照规定提取盈余公积 4 785 781.81 元。

②“对所有者（或股东）的分配”项目，反映对所有者（或股东）分配的利润（或股利）金额。表 5-1 中显示 M 公司对所有者（或股东）的分配为−4 785 781.81 元。

（5）“所有者权益内部结转”下各项目，反映不影响当年所有者权益总额的所有者权益各组成部分之间当年的增减变动，包括资本公积转增资本（或股本）、盈余公积转增资本（或股本）、盈余公积弥补亏损等项金额。为了全面反映所有者权益各组成部分的增减变动情况，所有者权益内部结转也是所有者权益变动表的重要组成部分，主要指不影响所有者权益总额、所有者权益的各组成部分当期的增减变动。其中包括以下内容。

①“资本公积转增资本（或股本）”项目，反映企业以资本公积转增资本或股本的金额。

②“盈余公积转增资本（或股本）”项目，反映企业以盈余公积转增资本或股本的金额。

③“盈余公积弥补亏损”项目，反映企业以盈余公积弥补亏损的金额。

表 5-1 中显示 M 公司均未发生上述事项。

5．本期期末余额

本期期末余额反映企业本年股本、资本公积、盈余公积、未分配利润的年末余额。表 5-1 中显示 M 公司年末股本余额为 75 280 000.00 元，资本公积余额为 221 195 772.25 元，盈余公积余额为 20 292 329.22 元，未分配利润余额为 96 283 024.37 元。

任务二 所有者权益变动表分析

一、任务引入

【基本资料】

（1）企业基本情况介绍（同模块一任务一）。

（2）企业所有者权益变动表（同表 5-1）。

【要求】

针对表 5-1，对该企业所有者权益变动情况进行结构分析和比率分析。

二、相关知识

1．所有者权益变动表分析概述

所有者权益变动表分析，即通过分析所有者权益的来源及其变动情况，从而了解会计期间内影响所有者权益增减变动的具体原因，判断构成所有者权益各个项目变动的合法性与合理性，为报表使用者提供较为真实的所有者权益总额及其变动信息，从而为股东、投资者、债权人以及其他报表使用者提供全面的财务信息，为他们进行经济决策提供依据和思路。

2．所有者权益变动表各项目之间的关系

所有者权益本年年末余额主要是由本年年初余额和本年增减变动金额组成，本年年初余额主要包括上年年末余额和会计政策变更、前期差错更正；本年增减变动金额主要包括净利润、直接计入所有者权益的利得和损失、所有者投入和减少资本、利润分配、所有者权益内部结转5项。所有者权益变动表各个项目之间的关系具体见下列公式：

$$BY = BC + BB \quad (1)$$

其中：

$$BC = SY + KC + QC \quad (2)$$

$$BB = R + Z + S + P + N \quad (3)$$

由公式（1）（2）（3）可得：$BY = BC + BB$

$$= SY + KC + QC + R + Z + S + P + N \quad (4)$$

式中：SY表示上年期末余额，BC表示本年期初余额，BB表示本年增减变动金额，BY表示本年年末余额，KC表示会计政策变更，QC表示前期差错更正，R表示净利润，Z表示直接计入所有者权益的利得和损失，S表示所有者投入和减少资本，P表示利润分配，N表示所有者权益内部结转。

3．所有者权益变动表的分析方法

（1）所有者权益变动表的水平分析。对所有者权益变动表的直接分析可以从水平分析和垂直分析两方面入手。所有者权益变动表的水平分析，是将所有者权益各个项目的本年数与基准数（可以是上年数）进行对比分析，从静态角度揭示公司当期所有者权益各个项目绝对数变动情况，从而反映所有者权益各个项目增减变动的具体原因和存在问题的一种分析方法。一般用变动额和变动率两个指标来反映所有者权益各个项目的本年数（报告期）与上年数（基期）的变动情况，计算公式为：

$$BDi = BQi - JQi \quad (5)$$

$$BLi = BDi/JQi \quad (6)$$

式中：BDi表示某项项目的变动额，BLi表示某项项目的变动率，BQi表示某项项目的报告期数额，JQi表示某项项目的基期数额。

（2）所有者权益变动表的结构分析。所有者权益变动表的结构分析，是将所有者权益变动表各个项目的本期发生数与所有者权益变动表本期年末余额进行比较（即各个项目金额占本年年末余额的比重），从而揭示公司当年所有者权益内部结构的情况，从静态角度判断所有者权益变动表各个项目构成的合理性。同时，将报告期各个项目所占的比重与基期进行对比分析，从动态角度反映所有者权益表的各个项目变动情况，找出影响所有者权益变动的主要项目，为报表使用者进行经济决策提供新的思路。

三、任务实施

（一）所有者权益变动表的变动结构分析

1．所有者权益变动表的变动结构分析基础

之所以要求企业编制所有者权益变动表，目的就是让投资者了解企业所有者权益是如何变动的，变动结构是否体现了企业的生产经营实际，是否符合企业的生产经营战略。正是由于所有者权益的结构是复杂的，且其变化原因更加复杂，关注企业所有者权益变动结构，对评估企业的发展前景及所有者财富增减变化的趋势是十分有意义的。下面假设有三家企业的所有者权益期初总额和结构是相同的，本期权益变动总额也相同，但变动结构不同，如表5-3所示。

表 5-2　所有者权益变动结构分析表　单位：万元

项目＼企业	A 企业	B 企业	C 企业
所有者权益期初数	10 000	10 000	10 000
所有者权益期末数	15 000	15 000	15 000
本期所有者权益增加	5 000	5 000	5 000
其中：实收资本增加	5 000	2 000	
资本公积增加		500	
盈余公积增加		1 000	4 500
未分配利润增加		1 500	500

可以看出，三家企业权益变动结构是不一样的。

（1）A 企业所有者权益增加中，100%是所有者追加投资形成的。资本公积、盈余公积和未分配利润本期维持不变，意味着企业当期无盈利也无资本溢价发生。所有者增加投资不代表资本增值和所有者财富的增加，其投资的持续性取决于所有者对企业未来盈利的预期。在表中的 3 种变动结构中，这种结构是最不理想的结构。

（2）B 企业所有者权益增加中，50%是追加投资和资本公积增加形成的，另外 50%则是通过留存收益形成的。表明企业有盈利，投资者对企业有一定信心，相对于 A 企业，B 企业资本得到了增值，所有者财富得到了增加，因此其权益变动结构要好于 A 企业。但是，B 企业留存收益中盈余公积只占三分之一，其余为未分配利润，一方面表明企业当期的盈利并不多，另一方面也表明其权益结构存在较大不稳定性。

（3）C 企业所有者权益增加中，100%是通过留存收益形成的，而且盈余公积占 90%，这意味着企业在当期盈利丰厚，通过留存收益增加所有者权益就是增加所有者财富。同时，由于盈余公积变动在一般情况下是较具稳定性和可持续性的，因此，这是表中 3 种结构中最为理想的结构。

2．M 公司股东权益变动结构分析

下面根据表 5-1 M 公司 2012 年所有者权益变动表数据，对该公司股东权益变动结构进行分析。首先，为便于分析编制该公司所有者权益变动结构分析表如表 5-3 所示。

表 5-3　M 公司所有者权益变动结构分析表　金额单位：元

项目＼年份	2012 年	2011 年
所有者权益期初数	118 861 862.70	79 642 435.62
所有者权益期末数	413 051 125.84	118 861 862.70
本期所有者权益增加	294 189 263.14	39 219 427.08
其中：实收资本增加	19 000 000.00	0
资本公积增加	221 027 928.00	57 277.62
盈余公积增加	11 089 298.81	5 715 250.06
未分配利润增加	43 072 036.33	33 446 899.40

从表 5-4 可以看到，M 公司 2012 年股东权益增加 294 189 263.14 元，由三部分构成，一部分是吸收投资及其由吸收投资所带来资本溢价计 240 027 928.00 元，一部分是净利润 47 857 818.14 元全部留存（其中盈余公积 4 785 781.81 元，未分配利润 43 072 036.33 元），另一部分是直接计入股东权益的利得和损失净额 6 303 517.00 元（计入盈余公积）。而在 2011 年中，该公司股东权益增加了 39 219 427.08 元，是由两部分构成，一部分是净利润留存 37 163 211.53 元（其中盈余公积 3 716 312.16 元，未分配利润 33 446 899.40 元），另一部分是直接计入股东权益的利得和损失净额 2 056 205.52 元（其中资本公积 57 277.62 元，盈余公积 1 998 927.90 元。对于该公司两年股东权益的这种变动结构，分析其合理性如下。

（1）2011 年 M 公司股东权益增加的 39 219 427.08 元中，盈余公积增加 5 715 250.06 元，资本公积增加 57 277.62 元，未分配利润增加 33 446 899.40 元，全部是通过收益形成的。这意味着企业在当期收益比较丰厚，通过收益增加股东权益就是增加股东财富；同时，由于盈余公积变动在一般情况下是较具稳定性和可持续性的，因此，这种权益变动结构是最为理想的结构。

（2）2012 年 M 公司股东权益增加的 294 189 263.14 元中，81.59%是吸收投资及其由吸收投资所带来资本溢价形成的，另外 18.41%则是当年的净收益。公司将当年净收益全部留存，表明公司下一步有增资扩张的打算，而且考虑到公司连续多年盈利且近两年盈利较多，对潜在投资者必定有吸引力，因而对另一部分扩张所需资本通过资本市场以发行股票的方式筹措，显然这种股东权益变动结构是符合公司发展战略的，是完全合理的。只是与 2011 年股东权益变动结构相比，在稳定性和持续性方面要差一些，但更灵活，是上市公司普遍采用的。

（二）所有者权益变动表的比率分析

1．资本保值增值水平和所有者财富增长能力分析

投资者对企业投入资本的目的，是通过企业的资本增值实现自身财富的最大化，而这个目标的实现程度，主要是借助于资本保值增值率和所有者财富增长率指标来判断。

（1）资本保值增值率。资本保值增值率是指企业期末所有者权益与期初所有者权益的比率，反映企业在一定会计期间资本保值增值水平的评价指标，是考核、评价企业经营效绩的重要依据。其计算公式为：

$$资本保值增值率 = 期末所有者权益 \div 期初所有者权益 \times 100\%。$$

在一般情况下，该指标比率越高，表明经营者的业绩越好；经营者业绩越好，给所有者带来的财富就越多。但是，所有者权益的变动是由多种原因引起的。如投资者追加投资等，虽然也增加了期末的所有者权益，但却不能作为资本增值或财富增加来看待；又如接受捐赠等，虽然增加了所有者权益和所有者的财富，但却与企业经营者的主观努力无关。对此，当用资本保值增值率指标来评价企业经营者的经营业绩时，国有企业可以按照财政部发布实施的《国有资本保值增值率结果计算和确认办法》的规定进行操作，其他企业也可比照此规定进行操作。

就一般企业而言，使用资本保值增值率指标评价企业经营业绩时所应考虑和调整的主要因素包括：所有者追加或缩减资本、资本溢价、接受捐赠、货币资本折算差额、会计政策变更、自然灾害损失、已分利润或股利等。这些需要考虑和调整的因素，其数据在所有者权益变动表都有反映。

（2）所有者财富增长率

所有者（股东）财富增长率是指实收资本（或股本）一定的情况下，附加资本的增长水平。其计算公式为：所有者财富增长率 =（期末每元实收资本净资产–期初每元实收资本净资产）÷ 期初每元实收资本净资产 × 100%，或股东财富增长率 =（期末每股净资产–期初每股净资产）÷ 期初每股净资产 × 100%。

所有者财富增长率是投资者或潜在投资者最为关心的指标，与每股收益一样，该指标集中体现了所有者的投资效益，也可作为对经营者的考核指标。

值得注意的是，股东财富增长率与资本保值增值率并不完全正相关，因为股东财富的增长直接受利润分配水平的影响，账面股东财富与股东的实际财富往往是不一致的。对于上市公司而言，股东财富是分红所得与股票市值之和。

根据表 5-1 M 公司 2012 年所有者权益变动表数据，对该公司资本保值增值率和每股净资产增长率分析如表 5-4 所示：

表 5–4　　M 公司资本保值增值率和每股净资产增长率分析计算表

项目 \ 年份	2012 年		2011 年	
	期初数	期末数	期初数	期末数
股东权益（元）	118 861 861.70	413 051 125.84	79 642 435.62	118 861 862.70
股本（元）	56 280 000.00	75 280 000.00	56 280 000.00	56 280 000.00
每股净资产（元）	2.11	5.49	1.42	2.11
资本保值增值率（%）	347.51		149.24	
股东财富增长率（%）	1.598		0.492	

从表 5-5 可以看出，M 公司 2012 年和 2011 年的资产保值增值率相差近 200 个百分点，结合前面股东权益变动分析知道这并不是由于公司经营业绩增长较快所致，主要是由于股本扩张带来巨额股本溢价而来。不仅如此，它还带来了 M 公司 2012 年和 2011 年的股东财富增长率相差比较悬殊这一结果。

2．所有者权益获利能力分析

（1）所有者权益报酬率分析。所有者权益报酬率亦称净资产收益率。它是企业利润净额与平均所有者权益之比，反映企业所有者权益收益率的大小。计算公式：

$$净资产收益率=\frac{净利润}{平均所有者权益}\times 100\%。$$

公式中，　平均所有者权益 =（年初所有者权益总额 + 年末所有者权益总额）÷ 2。

例如，某公司 2012 年实现净利润为 72 198 万元，年初所有者权益总额为 403 422 万元，年末所有者权益总额为 490 444 万元。则该公司净资产收益率如下。

$$净资产收益率=\frac{72\,198}{(403\,422+490\,444)\div 2}=16.15\%$$

净资产收益率是一个综合性很强的指标，该指标既可以反映投入资本的获利情况，也可以反映企业的管理水平，因此该指标是对所有者权益分析的核心指标。为进一步该指标需要对净资产收益率进行分解分析。

对净资产收益率指标进行分解分析的目的是找到影响净资产收益率变动的主要因素，从而分析净资产收益率的形成原因。净资产收益率的分解分析可以按权益乘数对净资产收益率的分解分析。

按权益乘数将净资产收益率分解成两个因素的乘积：净资产收益率＝资产净利率×权益乘数。

关系式表明，净资产收益率的高低决定于两个因素，即资产净利率和权益乘数。资产净利率反映了总资产的获利能力；权益乘数是总资产与所有者权益的比值，乘数越大，说明在企业总资产中，负债融资所占比重越大。因此，权益乘数反映了企业资本结构对净资产收益率的影响。两因素相比，显然资产净利率是决定净资产收益率高低的主要因素，权益乘数只起一个倍数的作用，因此分析净资产收益率时需重点关注资产净利率的变动。

资产净利率可进一步分解为两个因素的乘积，即资产净利率＝销售净利率×资产周转率。这样，就形成了净资产收益率的三因素分析，关系式如下。

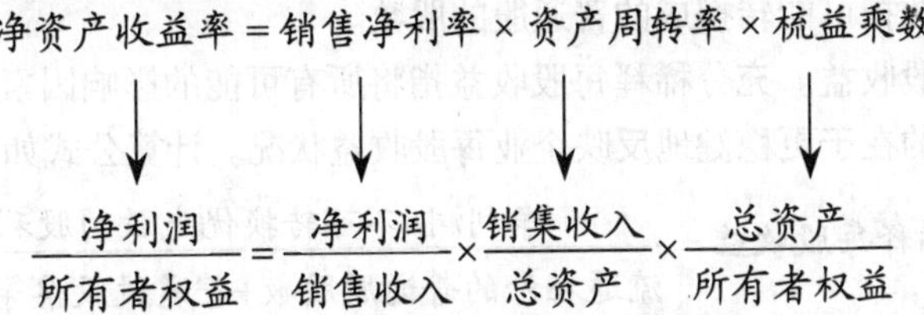

关系式表明，净资产收益率受到 3 个因素的影响。其中，销售净利率是净利润与销售收入的比值。销售收入一定的情况下，净利润越多，则销售净利率就越高。而净利润＝销售收入–成本总额＋其他利润–所得税，因此，要提高销售净利率，一方面要扩大销售收入，另一方面要降低成本费用。对成本总额还可以继续分解，分析影响成本总额变动的因素。

资产周转率是销售收入与资产占用额的比值。一定量的资产实现的销售收入越多，资产周转率就越快。而销售收入受到销售量和销售价格的影响，销售量和价格的变动又受到市场环境、企业销售政策等因素的影响。这样层层分解下去就可以从销售收入角度找到影响资产周转率变动的主要因素。同样也可以从资产占用的角度分析影响资产周转率变动的因素。即当销售收入一定的条件下，要提高资产周转率，只有减少资产的占用。即以最少的资产占用，取得最大的收益。对企业资产占用的情况可按各类资产的占用进行分解分析。

综上所述，净资产收益率指标的分析就是根据分解公式对各影响因素指标的变动进行层层分解，从而找到影响净资产收益率变动的主要原因。

（2）每股收益的计算分析。每股收益是企业净收益与发行在外的普通股股数的比率。它反映了某会计年度内企业平均每股普通股获得的收益。该指标可用于评价普通股持有者获得报酬的程度。每股收益是评价上市公司获利能力的基本和核心指标，具有引导投资、增加市场评价功能、简化财务指标体系的作用。计算公式如下。

$$每股收益=\frac{净利润-优先股股利}{发行在外的加权平均普通股股数}$$

注意：为了与分母计算口径一致，公式分子应将优先股股利从净利润中扣除；由于公式分母产权资本的构成不同，从而形成不同的每股收益的计算方法。

① 简单资本结构的每股收益。简单资本结构指企业发行的产权证券只有普通股一种，或虽有其他证券，但对企业普通股无稀释作用或稀释作用不明显。这种资本结构每股收益的计算方法为：每股收益＝净利润÷发行在外加权平均普通股股数，其中，加权平均股数＝∑（流通在外的股

数×流通在外的月数占全年月数的比例）。

② 复杂资本结构的每股收益。复杂资本结构指企业除了发行普通股外还发行可转换债券、认股权证、股票选购权、或有股份等，这些产权资本有可能转成普通股，从而增加流通在外的普通股股数。流通在外的普通股股数越多，对每股收益的稀释作用就越大。按照国际惯例，在复杂资本结构下，如果稀释证券的总稀释效果不超过 3%，企业只需披露基本每股收益指标；若超过 3%，企业必须同时列示两个每股收益数据，即基本每股收益和充分稀释的每股收益。

Ⅰ. 基本每股收益。基本每股收益反映未充分稀释前的每股收益，计算公式如下。

$$基本每股收益=\frac{净利润-优先股股利}{流通在外的普通股股数+增发的普通股股数+真正稀释的约当股数}$$

公式中的约当股数指可能转换成的普通股的股数。

Ⅱ. 充分稀释每股收益。充分稀释每股收益指将所有可能的影响因素都加入到普通股股数中去计算每股收益，目的在于更稳健地反映企业每股收益状况。计算公式如下。

$$充分稀释每股收益=\frac{净利润-不可转换优先股的股利}{流通在外的普通股股数+普通股股票等同权益}$$

作为股票投资者，具体评价一个公司的每股收益时，由于评价目的不同，选择的每股收益指标也不同。从分析企业业绩角度，选择基本每股收益较为合适，因为这种计算较为准确；从投资决策角度看，选择年末每股收益（全面摊薄每股收益）或充分稀释后的每股收益较为合适，因为这样较为谨慎，然后与其他企业的每股收益进行对比，从而对企业的获利能力和股票质量做出评价，以保证投资决策的科学性。

（三）市价比率分析

1．股票获利率分析

股票获利率指普通股每股利润与其市场价格之间的比例关系。计算公式如下。

$$股票获利率=\frac{普通股每股股利+每股市场利得}{普通股每股市价}\times 100\%$$

公式分母：指在证券市场上的买卖价格，通常采用年度平均价格，为简化计算也可采用报告日前一日的现时股价。

公式分子：每股市场利得指期初、期末的股票市价差额。该指标不能单独作为判断投资报酬的指标，因为指标数值的大小与企业采取的股利政策、市场的预期、市场的炒做等多种因素有关，因此，此指标必须与其他投资报酬指标结合使用。

2．市盈率分析

市盈率是普通股每股市价与每股收益的比值。计算公式如下。

$$市盈率=\frac{普通股每股市价}{普通股每股收益}$$

注意：当公司为复杂资本结构时分母应采用完全稀释的每股收益。

市盈率是投资者衡量股票潜力的重要指标，对该指标作用的理解应全面分析。一方面从该指标的本质含义看，在不考虑资金的时间价值的前提下，以公司目前的收益水平，投资者收回其所投资金的年数。即市盈率指标数值越大，投资者收回所投资金的时间越长，因此蕴含的风险越大。另一方面从投资角度看，较高的市盈率，说明公众对企业股票的评价较高，对企业的未来盈利能力信心较强，愿意以较高的价格支付每一元利润。但不管怎样，过高的市盈率总是不可取的。此外，使用该指标分析时，还必须注意以下几个问题。

（1）资本市场不健全，很难利用市盈率对企业做出分析和评价。

（2）市盈率指标的变动受到多种因素的影响：如经济环境的变化、宏观政策的变化、行业特点及发展前景、意外因素的发生、银行存款利率的变动、上市公司的规模等都会对市盈率指标数值的大小产生影响。

（3）当企业利润与资产相比很低，或发生亏损时，计算市盈率指标毫无意义。

3．市净率分析

市净率指普通股每股市价与每股净资产的比例关系。计算公式如下。

$$市净率=\frac{每股市价}{每股净资产}$$

$$公式中：每股净资产=\frac{股东权益总额-优先股权益}{发行在外的普通股股数}$$

市净率指标小于 1，每股市价低于每股净资产，说明投资者对企业发展情景持悲观态度；市净率大于 1，每股市价大于每股净资产，说明投资者对企业发展前景持乐观态度。市净率越大，说明投资者越看好企业，认为企业发展潜力越大。

采用此指标进行分析时须注意：计算每股净资产的股东权益总额采用的是企业账面价值，而不是当前市场价值。账面价值按当初投入资产的实际成本登记，是一种历史成本；历史成本与当期市场价值往往会有差异。因此，每股净资产指标并不能真正地反映每股净资产的价值。由此计算的市净率指标也必须与其他指标结合运用，才能对企业的投资报酬做出评价。

市净率指标与市盈率指标作用基本相同，即都代表着投资者对某股票或某企业未来发展潜力的判断，运用时都不能笼统地说高好还是低好。但两个指标分析的角度不同，市盈率指标主要从股票营利性角度进行考察，市净率指标主要从股票账面价值角度考虑。

通过以上分析可知，所有者权益变动表可以真实全面地反映企业的收益，增进了财务报表关于企业财务业绩信息的完整性和有用性，有利于投资者结合利润表、现金流量表以及市价表现做出更深入更全面的分析，有利于减小企业管理当局进行盈余管理、利润操纵的空间，有利于资本市场的健康发展。

小　结

本模块的主要任务是根据模块一编制出来的 M 公司 2012 年度的所有者权益变动表，结合资产负债表、利润表、现金流量表以及企业所有者权益增减变动的相关数据，逐一解析 M 公司的所有者权益变动等资本信息。本项目首先对所有者权益变动表进行浅层、直观的阅读，在了解企业导致所有者权益发生变动的各要素的基础上，再将各报表项目与资产负债表、利润表、现金流量表等报表中的各项目进行有机组合，通过趋势分析、对比分析、结构分析、比率分析等多种方式，全面、深入地解读企业的财务业绩信息。

课后习题与实训

一、判断题

1. 考虑到偿还债务的安全性，企业应以追求更高的利息保障倍数为经营目标。 （ ）
2. 在实收资本不变的条件下，资本保值增值率一定高于100%。 （ ）
3. 留存收益率越高，表明企业发展后劲越足。 （ ）
4. 股东财富增长率既是评价投资效益的指标，也是考核经营者经营业绩的指标。 （ ）
5. 在企业起步阶段实现的利润，一般不进行分配。 （ ）

二、单项选择题

1. 与资产负债表比，所有者权益变动表提供了（ ）方面的信息。
   A. 所有者权益总额　B. 所有者权益构成
   C. 所有者权益总额变动　D. 所有者权益变动结构
2. 评价资本保值增值率的关键是看企业（ ）。
   A. 资本总额的增长　B. 实收资本的增长　C. 附加资本的增长　D. 资产总额的增长
3. 以下表述正确的是（ ）。
   A. 资本保值增值率一定大于股东财富增长率
   B. 资本保值增值率一定小于股东财富增长率
   C. 股东财富增长率与资本保值增值率成正比
   D. 股东财富增长率与资本保值增值率不是正相关的关系
4. 下面说法正确的是（ ）。
   A. 决定企业利润分配水平是净收益
   B. 决定企业利润分配水平是现金
   C. 利润分配水平越高，表明企业的实力越强
   D. 利润分配水平与企业的经营状况、财务状况和未来发展有关
5. 留存收益与利润分配水平之间的关系是（ ）。
   A. 此高彼低
   B. 留存收益率与利润分配水平正相关
   C. 没有直接关系
   D. 有关系，但不一定是正相关，也不一定是负相关

三、多项选择题

1. 下面能引起所有者权益变动的事项有（ ）。
   A. 调整以前年度收益　B. 进行利润分配
   C. 用资本公积转增资本　D. 用盈余公积转增资本　E. 以上各项都是
2. 通过所有者权益变动表的分析，可以获取（ ）方面的信息。
   A. 评价经营者业绩　B. 股东权益变动结构是否合理
   C. 企业未来发展趋势　D. 股东财富增长　E. 经营质量
3. 以下关于企业利润分配水平表述正确的有（ ）。
   A. 利润分配水平的高低与留存收益有关
   B. 利润分配水平的高低与企业的经营状况、财务状况有关

C. 利润分配水平的高低与企业当期的净收益直接相关

D. 利润分配水平的高低直接反映了企业的实力

E. 对股东来讲现金股利越高越好

4. 以下关于留存收益表述正确的有（　　）。

A. 留存收益率越大越好

B. 留存收益率与股东财富增长率正相关

C. 留存收益率的高低与企业未来发展对资金的需求有关

D. 在企业生产经营成熟期不需要留存收益

E. 留存收益率的高低完全是由企业自己决定的，不受其他因素影响

5. 企业所有者权益变动结构良好的标志体现在（　　）两个方面。

A. 附加资本所占比重越来越大

B. 实收资本所占比重越来越大

C. 所有者权益变动结构与企业的经营发展战略相适应

D. 所有者权益变动结构与企业当期的经营状态和财务状况相适应

四、案例分析

案例：海达公司 2012 年度股东权益增减变动见表 5-5。

表 5-5　　海达公司 2012 年度股东权益变动简表　　单位：万元

项目	本年金额					上年金额				
	实收资本	资本公积	盈余公积	未分本利润	所有者权益合计	实收资本	资本公积	盈余公积	未分本利润	所有者权益合计
一、上年年末余额	200.00	70.00	98.97	35.02	403.99	200.00	70.00	80.46	10.13	360.59
二、本年年初余额	200.00	70.00	98.97	35.02	403.99	200.00	70.00	80.46	10.13	360.59
三、本年变动金额										
（一）本年净利润				140.60	140.60				123.40	123.40
（二）直接计入权益的利得和损失		30.00			30.00					
（三）所有者投入										
（四）本年利润分配			21.09	−81.09	−60.00			18.51	−98.51	−80.00
四、本年年末余额	200.00	100.00	120.06	94.53	514.59	200.00	70.00	98.97	35.02	403.99

思考：分析评价 2012 年海达公司所有者权益变动结构。

模块六 财务分析报告的编写

技能目标

1 能运用杜邦财务比率分析法等财务分析方法进行财务报表的综合分析；

2 会编写财务分析报告。

知识目标

1 掌握杜邦财务分析体系的构建方法，理解指标间的依存关系；

2 了解其他财务分析的基本原理和主要内容；

3 熟悉财务分析报告的基本结构和内容；

4 掌握财务分析的编写方法。

任务一 财务报表综合分析

一、任务引入

【基本资料】

M公司2012年12月资产负债表、利润表、现金流量表等财务报表资料（详见模块一）。

【要求】

请认真阅读M公司2012年度的财务报表体系，并利用杜邦财务分析体系对该公司财务报表进行综合分析。

二、相关知识

（一）财务报表综合分析概述

1．财务报表综合分析的意义

财务报表综合分析是在分别解读资产负债表、利润表、现金流量表和所有者权益变动表等报表，对企业的盈利能力、营运能力、发展能力等方面进行分析的基础上，将上述反映企业经营理财活动的各项财务分析指标作为一个整体，系统、全面、综合地对企业的财务状况和经营情况进行剖析、解释和评价，说明企业整体经营状况、财务状况和效益的好坏。

之前模块对财务报表所作的单项分析揭示的仅是企业经济效益与财务状况的某一侧面的信息，而财务报表分析的目的在于全方位地揭示企业经营理财的状况，进而评价企业的经济效益，并对未来的经营做出预测和指导。这是财务分析的最终目的。显然，要达到这样的分析目的，只测算几个简单的、孤立的财务比率，或者将一些孤立的财务分析指标堆垒在一起，彼此毫无联系地进行考察，是不可能得出合理、正确的综合性结论的，有时甚至会得出错误的结论。如偿债能力很强的企业，其盈利能力可能会很弱；或者偿债能力很强的企业，其营运能力可能很差。因此，只有将企业偿债能力、营运能力、盈利能力及发展趋势等各项分析指标有机地联系起来，作为一套完整的体系，相互配合使用，才能对企业的财务状况做出系统的综合评价。

由此可见，财务报表综合分析即是对单项财务分析的汇总综合，也是企业经营管理中不可缺少的必要环节，具有十分重要的意义。

2．财务报表综合分析的特点

综合分析与前述的单项分析相比，具有以下特点。

（1）分析的方法不同。单项分析是把企业财务活动的总体分解为每个具体部分，逐一加以分析考察；而综合分析是通过归纳综合，在分析的基础上从总体上把握企业的财务状况。因此，单项分析具有实务性和实证性，而综合分析具有高度的抽象性和概括性。

单项分析能够真切地认识每一具体的财务现象，可以对财务状况和经营成果的某一方面做出判断评价，但如果不在此基础上抽象概括，把具体的问题提高到理性高度认识，就难以全面、完整和综合地评价企业的财务状况和经营成果。因此，综合分析要以各单项分析指标及其各指标要素为基础，各单项指标要素及计算的各项指标一定要真实、全面和适当，所设置的评价指标必须能够涵盖企业盈利能力、偿债能力及营运能力等诸方面总体分析的要求。只有将单项分析和综合分析结合起来，才能提高财务报表分析的质量。

（2）分析的重点和基准不同。单项分析把每个分析的指标视为同等重要的角色来处理，它不太考虑各种指标之间的相互关系；而综合分析的各种指标有主辅之分，要抓住主要指标，在对主要指标分析的基础上，再对其他辅助指标进行分析，才能分析透彻，把握准确、详尽。

单项分析的重点和比较基准是财务计划、财务理论标准，而综合分析的重点和比较基准是企业的整体发展趋势，两者考察的角度是有区别的。由于分析的重点与基准不同，单项分析通常不考虑各种指标之间的相互关系。而财务报表综合分析强调各种指标有主辅之分，一定要抓住主要指标，只有抓住主要指标，才能抓住影响企业财务状况的主要矛盾，在主要指标分析的基础上再对其辅助指标进行分析，才能分析透彻，各主辅指标功能应相互协调匹配。在利用主辅指标时，还应特别注意主辅指标间的本质联系和层次关系。

（3）分析的目的不同。单项分析的目的是有针对性的，侧重于找出企业财务状况和经营成果某一方面存在的问题，并提出改进措施；综合分析的目的是要全面评价企业的财务状况和经营成果，并提出具有全局性的改进意见。显然只有综合分析获得的信息才是最系统、最完整的，而单项分析仅涉及一个领域或一个方面，往往达不到这样的目的。

通过以上的对比分析不难看出，综合分析更有利于财务报表分析者把握企业财务的全面状况。

3．财务报表综合分析的方法

对财务报表进行综合分析的方法有很多，其中主要有杜邦分析法、沃尔评分法、雷达图分析法等。

（1）杜邦财务分析体系。杜邦财务分析体系是利用各主要财务比率的内在联系，对企业财务状况和经营状况进行综合分析和评价的方法。杜邦财务分析体系是以所有者权益报酬率为龙头，以总资产净利率为核心，重点揭示企业获利能力及其原因。因其最初由美国杜邦公司成功运用而得名。

（2）沃尔评分法。沃尔评分法也叫沃尔比重评分法，或叫评分总和法，是一种采用确定核心指标分数比重进行综合分析的方法。它给定 7 种财务比率在总评价中所占有的分值，总和为 100 分，然后确定标准比率，并与实际进行比较，评出每项指标的实际得分，最后求出总分，以总评分来评价企业的财务状况。

（3）雷达图分析法。雷达图分析法，是将企业各方面主要财务分析指标进行汇总，绘成一张直观的财务分析雷达图形，即以雷达图形的方式表达企业各方面的主要财务分析指标，借以综合反映企业总体财务状况，探测企业经营症状，并指导企业经营的方法。

（4）财务预警分析法。财务预警分析法，是通过对企业财务报表及相关经营资料的分析，将企业已面临的财务危机情况、危机产生的原因及财务运营体系中隐藏的问题，预先告知企业经营者和其他利益关系人，并提出做好防范措施的财务分析系统。

（二）杜邦财务分析体系

1．杜邦财务分析体系概述

杜邦财务分析体系，又称杜邦分析法，是以盈利能力为企业的核心能力，以净资产收益率为核心财务指标，根据盈利能力比率、资产管理比率和债务管理比率三者之间的内在联系，对企业的财务状况和经营成果进行综合、系统的分析和评价的一种方法。

杜邦财务分析体系是一种分解财务比率的方法，从评价企业绩效最具综合性和代表性的净资产收益率指标出发，利用各主要财务比率指标间的内在有机联系，对企业财务状况及经济效益进行综合系统分析评价。

杜邦分析体系最显著的特点，是将若干用以评价企业财务状况和经营成果的比率按其内在联系有机地结合起来，形成一个完整的指标体系，并最终通过诸如净资产收益率指标来综合反映，它把销售利润率、资产周转率和财务杠杆（即计权益乘数）结合起来说明净资产收益率的变化。即该体系以净资产收益率为龙头，以资产净利率和权益乘数为核心，重点揭示企业获利能力及权益乘数对净资产收益率的影响，以及各相关指标间的相互影响作用关系。该体系层层分解至企业最基本生产要素的使用、成本与费用的构成和企业风险，揭示指标变动的原因和趋势，满足经营者通过财务分析进行绩效评价需要，在经营目标发生异动时能及时查明原因并加以修正，为企业经营决策和投资决策指明方向。

2．杜邦财务分析指标分解及应用

（1）净资产收益率的分解。

净资产收益率＝净利润÷净资产

＝（净利润÷销售净额）×（销售净额÷总资产）×（总资产÷净资产）

＝销售净利率×总资产周转率×权益乘数

其中：

权益乘数＝总资产÷净资产＝1÷（1−资产负债率）

销售净利率＝净利润÷销售净额

总资产周转率＝销售净额÷总资产

根据净资产收益率核心指标与各项分解指标之间的内在联系，及其所涉及的各项会计要素，按照一定规律有序排列成杜邦财务分析指标体系图，简称“杜邦图”，以便能更直观、更明晰地理解并运用杜邦分析法，进行财务综合分析。将上述关系用图来表示，如图 6-1 所示。

由图 6-1 可见，在杜邦财务分析体系中，首先构建的是核心指标——净资产收益率。净资产收益率是一个综合性极强的投资报酬指标，决定因素主要是总资产净利率和权益乘数。

① 总资产净利率反映了企业全部资产的创利能力，是影响净资产收益率的关键指标，其本身也是一个综合性的指标。从图示可以看出，总资产净利率同时受到销售净利率和总资产周转率的影响。销售净利率和总资产周转率越大，则资产净利率越大；而资产净利率越大，则净资产收益率越大，反之亦然。

② 销售净利率的高低取决于企业实现的销售收入和企业净利润的关系。企业的净利润是其销售收入扣除了有关成本费用后的部分，它的高低取决于销售收入和成本总额的高低。因此，销售净利率的分析，需要从销售收入和销售成本两个方面进行。这个指标可以分解为销售成本率、销售其他利润率和销售税金率。销售成本率还可进一步分解为毛利率和销售期间费用率。深层次的指标分解可以将销售利润率变动的原因定量地揭示出来，如售价、成本或费用的高低等，进而分析投入付出和产出回报的关系，为企业决策服务。当然还可以根据企业的一系列内部报表和资料进行更详尽的分析。要想提高销售净利率，有两条途径：一是扩大销售收入；二是要降低成本费用。扩大销售收入，既有利于提高销售净利率，又可提高总资产周转率。降低成本费用是提高销

售净利率的一个重要因素，从杜邦分析图可以看出成本费用的结构是否基本合理，从而找出降低成本费用的途径和加强成本费用控制的办法。如企业财务费用支出过高，就要进一步分析其负债比率是否过高，如果管理费用过高，就要进一步分析其资产周转情况等。

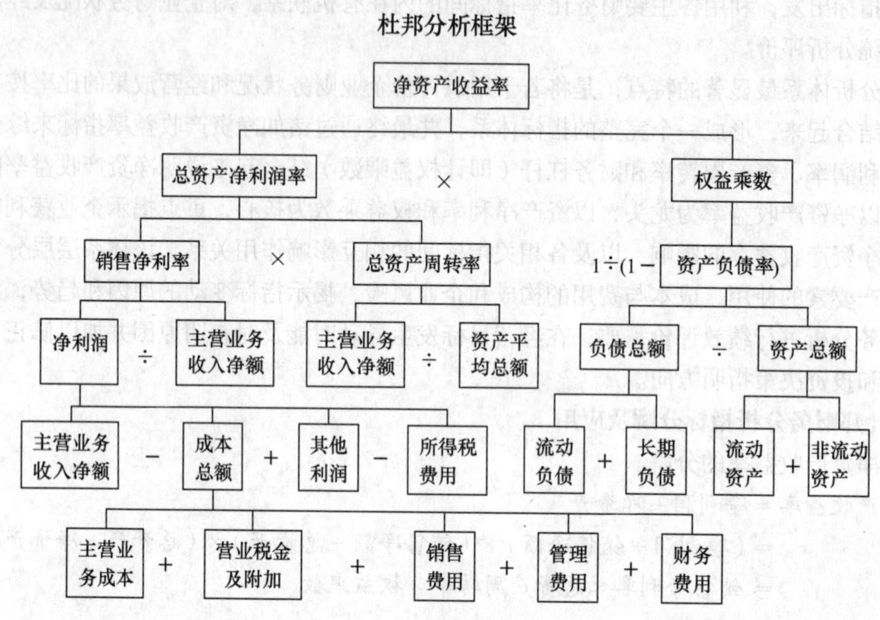

图 6-1　杜邦财务分析图

③ 总资产周转率是反映企业通过资产运营实现销售收入能力的指标。影响总资产周转率的一个重要因素是资产总额，它由流动资产与非流动资产（即长期资产）组成。它们的结构合理与否直接影响资产的周转速度。一般来说，流动资产直接体现企业的偿债能力和变现能力，而长期资产则体现该企业的经营规模、发展潜力。两者之间应保持一种合理的比率关系。如果发现某项资产比重过大，影响资金周转，就应深入分析原因。如企业持有的货币资金超过业务需要，就会增加资金的沉淀，影响企业的盈利能力；而企业占有过多的存货和应收账款，则既会影响获利能力，又会影响偿债能力。因此，除了对资产的各构成部分从占用量上是否合理进行分析外，还可以通过对流动资产周转率、存货周转率、应收账款周转率等有关资产组成部分使用效率的分析，判明影响资产周转的问题出在哪里。

④ 权益乘数实质上代表了企业的融资结构，表明企业负债程度，它受资产负债率影响。企业负债程度越高，负债比率越大，权益乘数越高，说明企业有较高的负债程度，给企业带来较多的杠杆利益，同时也给企业带来了较多的风险。

权益乘数对净资产收益率具有倍率影响，反映了财务杠杆对利润水平的影响。财务杠杆具有正反两方面的作用。在收益较好的经营周期，它可以使股东获得的潜在报酬增加，但股东要承担因负债增加而引起的风险；在收益不好的经营周期，则可能使股东潜在的报酬下降。当然，从投资者角度而言，只要资产报酬率高于借贷资本利息率，负债比率越高越好。企业的经营者则应审时度势，全面考虑，在制定借入资本决策时，必须充分估计预期的利润和增加的风险，在二者之间权衡，从而做出正确决策。在资产总额不变的条件下，适度开展负债经营，可以减少所有者权益所占的份额，达到提高净资产收益率的目的。最终不断把“蛋糕做大”，促进企业成长，拓宽企业发展空间。

（2）销售净利率的分析。通过分析销售净利率可以对企业的经营损益进行一系列的分析，发现经营活动中存在的问题，为进一步提高企业盈利水平提供决策依据。具体分析如下。

① 计算销售产品的毛利率，分析企业是否具有产品成本的竞争优势。

② 计算成本利润率，分析企业是否具有产品创利能力。

③ 计算期间费用占收入比重，分析企业费用对盈利的影响程度。

④ 计算营业利润占利润总额的比重，分析企业主营业务利润对利润的贡献程度。

⑤ 计算费用与成本比例与结构，分析企业耗费构成。

（3）总资产周转率的分析。通过分析总资产周转率可以对企业资产投资效率进行进一步的分析，体现企业在一定时期内资产营运的效率和效果。具体分析如下。

① 计算总资产周转率，分析企业资产创造营业收入的能力，可以看出资产的总体营运效率。

② 计算流动资产及非流动资产的周转率，分析两类资产各自的营运效率。

③ 计算应收账款周转率，分析企业对应收账款的规模控制能力和变现能力。

④ 计算存货周转率，分析企业对存货的规模控制能力和销售转化能力。

⑤ 计算其他单项资产对销售收入的贡献程度。

（4）财务杠杆的分析。以资产负债率为核心，对企业负债结构的分析，可以反映企业在一定期间内的偿债能力。具体分析如下。

① 计算资产负债率，分析企业总体的负债水平。

② 计算流动比率，分析企业是否具有流动资产保障流动负债的能力。

③ 计算速动比率，分析企业以高流动性资产保障流动负债的能力。

④ 计算利息保障倍数，分析企业以盈利现金流偿付债务利息的能力。

⑤ 计算短期债务与长期债务的比例，分析企业因偿还债务对现金流的压力。

（5）利润留存比率的分析。以利润留存率为核心，可以展开融资与股利政策分析，可以反映股利政策对企业预期业绩的影响。具体分析如下。

① 计算利润留存率，分析企业总体以留存利润进行内源融资的水平。

② 计算在一定的负债权益结构下，分析企业负债增量能力。

③ 计算在预期的销售增长率下，分析企业内源融资支持业务增长能力。

④ 计算预期的销售增长率下，分析企业外源融资的数量与比例。

⑤ 计算利润留存对所有者权益的贡献度。

（6）净资产收益率是企业财务价值分析的核心。净资产收益率反映了企业权益投资的综合盈利能力，可以在不同规模、不同业务类型的企业比较投资价值，并分析基于长期价值的公司成长能力取决于净资产收益率的状况及变化趋势。

3．杜邦财务分析的作用

财务分析作为财务报告的基础，是评价财务指标、衡量经营业绩的重要依据，对企业一定期间的财务报表数据利用杜邦分析体系进行进一步的加工、整理、比较、分析，解释和评价企业财务状况是否健全，经营成果是否优良等，通过分析数据发现企业管理中存在的问题和经营面临的困难，为财务预测、决策和计划提供有用信息减少了我们对预感、猜测和直觉的依赖，减少决策的不确定性 ，挖掘潜力，改进工作，实现理财目标的重要手段，合理实施投资决策的重要步骤。

（1）利用杜邦财务分析可以评价企业资产的营运能力。在杜邦财务分析体系中，总资产周转率是综合评价企业全部资产经营质量和资产利用效率的重要指标，反映出企业单位资产创造的销售收入，体现企业在一定期间全部资产从投入到产出周而复始的流转速度。其计算公式为：总资产周转率＝销售净额÷总资产。

企业的总资产周转率又可分解为流动资产周转率和固定资产周转率两部分。其中，流动资产周转率越高，资产周转速度就越快，能够相对节约流动资金投入，增强企业的盈利能力，提高企业的短期偿债能力。如果周转速度过低，会形成资产的浪费，使企业的现金过多的占用在存货、应收账款等非现金资产上，变现速度慢，影响企业资产的流动性及偿债能力。

流动资产周转率比较高，说明企业在以下4个方面全部或某几项做得比较好：快速增长的销售收入；合理的货币资金存量；应收账款管理比较好，货款回收速度快；存货周转速度。

固定资产周转率高，表明企业固定资产投资得当，固定资产结构合理，能够充分发挥效率。反之，则表明固定资产使用效率不高，提供的生产成果不多，企业的运营能力不强。因此，在固定资产管理中，一是要注意控制固定资产的规模，规模太大会造成设备闲置，形成资产浪费，而规模过小，又表明企业生产能力小，形不成规模效益；二是要注意控制生产经营用和非生产经营用的固定资产结构，主次得当，才能最大限度发挥资产的作用。

总之，提高企业总资产周转率，在企业盈利能力较高的前提下，通过适当降低产品售价，提高销售量，加快资金的周转速度，从而提高企业总资产周转率，提高企业盈利能力；在企业资产规模不变，生产效率不变的情况下，通过提高产品销售价格，增加销售收入，可以提高企业总资产周转率；企业通过处置闲置的固定资产，减小资产规模，也会提高企业的总资产周转率；在企业资产规模不变时，通过提高生产效率，提高产能利用率，从而达到提高企业总资产周转率的目的。

下面通过图6-2举例说明提高总资产周转率对企业盈利能力的影响。

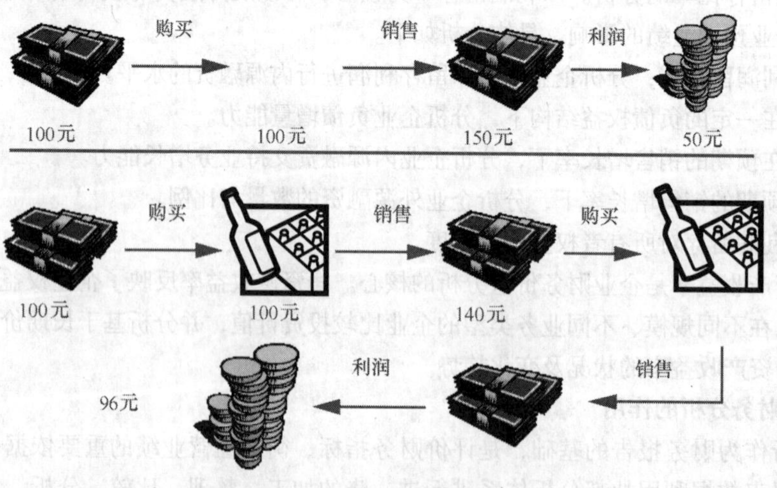

图6-2　资产周转与企业盈利能力影响关系图

通过图6-3我们可以看出，虽然企业销售净利率由50%下降到40%，但是由于采取薄利多销的方式加快资产的周转，使资产周转次数增加一次，为企业多增加46元的利润，提高了企业的净资产收益率，企业的营运能力得到有效提高。

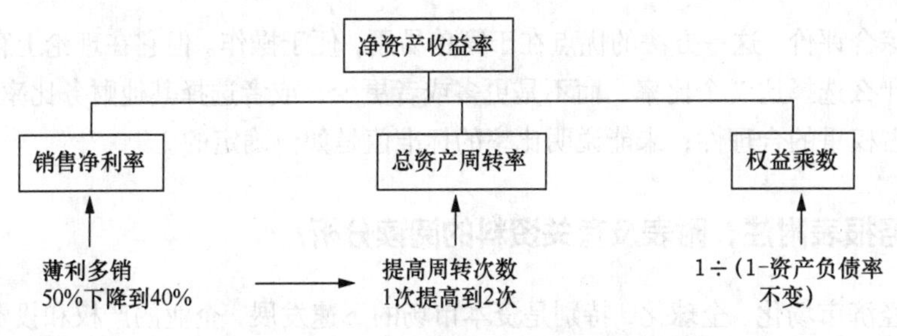

图 6-3 杜邦财务分析示例图

（2）利用杜邦财务分析可以评价企业的盈利能力。净资产收益率是综合评价企业投资者投入企业的资本获取净收益的能力，反映企业持续收益的能力，其计算公式为：净资产收益率＝净利润÷净资产。

该指标如果持续增长，说明企业的盈利能力持续提高，如果该指标降低，可能并非是受企业的盈利减少影响，而是由于其他的一些相关因素所致。比如，增发股票、接受捐赠等。企业经营管理业绩的最终反映，是偿债能力、营运能力、获利能力综合作用的结果，是评价企业资本经营效益的核心指标，该指标在我国评价上市公司业绩综合指标的排序中居于首位。一般认为，企业净资产收益率越高，企业的运营效益越好，对投资者、债权人的保证程度越高。对该指标的综合对比分析，可以看出企业获利能力在同行业中所处的地位以及与同类企业的差异水平。

（三）沃尔评分法

沃尔比重评分法又叫综合评分法，它通过对选定的多项财务比率进行评分，然后计算综合得分，并据此评价企业综合的财务状况。由于创造这种方法的先驱者之一是亚历山大。沃尔，因此被称作沃尔评分法。沃尔评分法的雏形是选择 7 个财务比率，分别给定各个比率在 100 分的总分中所占的分数，即权重，然后确定各个比率的标准值，并用比率的实际值与标准值相除得到的相对值乘以权重，计算出各项比率的得分，最后将 7 个比率的得分加总得到总分，即信用能力指数。最基本的沃尔评分法如表 6-1 所示。

表 6-1 沃尔评分法的基本思想

财务比率	权重（1）	标准值（2）	实际值（3）	相对值 （4）＝（3）/（2）	评分 （5）＝（1）×（4）
流动比率	25	2.00			
净资产/负债	25	1.50			
资产/固定资产	15	2.50			
销售成本/存货	10	9			
销售额/应收账款	10	6			
销售额/固定资产	10	4			
销售额/净资产	10	3			
合计	100	—		—	

沃尔评分法为综合评价企业的财务状况提供了一种非常重要的思路，即将分散的财务指标通过一个加权体系综合起来，使得一个多维度的评价体系变成一个综合得分，这样就可以用综合得

分对企业做出综合评价。这一方法的优点在于简单易用，便于操作。但它在理论上存在一定缺陷：它未能说明为什么选择这 7 个比率，而不是更多或者更少，或者选择其他财务比率；未能证明各个财务比率所占权重的合理性；未能说明比率的标准值是如何确定的。

（四）财务报表附注、附表及有关资料的阅读分析

随着中国经济市场化、全球化，特别是资本市场的飞速发展，企业的产权和投资出现多样化、多元化，关注企业利益和与企业存在直接利益关系的人或相关利益集团也随之扩大。不论企业经营管理者还是企业外部的管理部门、监管机构、金融单位、证券分析师和广大的投资者，都和企业发生了利益关系，必然产生了需要知晓与理解企业经营成果和财务状况的需求。这种需求的满足途径主要是依赖于公司披露或报告的以会计报表为主要载体的会计信息。除此之外，还需依赖财务报表附注、附表及其他有关资料所揭示的其他相关信息，以达到对企业经营活动全貌的正确认识。

1．财务报表附注阅读分析内容

通过阅读财务报表附注所披露的内容，可以对企业财务报表数据的形成有深入的了解，有助于评析报表信息的质量高低。

（1）不符合会计核算前提的说明。例如当持续经营假设不再适用时，则企业不应在持续经营的基础上编制会计报表；同时，还应披露如下内容。

① 不以持续经营假设编制会计报表的事实；

② 持续经营假设不再适用的原因；

③ 编制非持续经营会计报表所运用的基础。

（2）重要会计政策和会计估计的说明。

① 坏账及准备。应说明坏账的确认标准，以及坏账准备的计提方法和计提比例，并重点说明如下事项。

a. 企业本年度全额计提坏账准备，或计提坏账准备比例较大的（计提一般超过 40%及以上的，下同），应单独说明计提的比例及其理由。

b. 以前年度已全额计提坏账准备，或计提坏账准备比例较大的，但在本年度又全额或部分收回的，或通过重组等其他方式收回的，应说明其原因，原估计计提比例的理由，以及原估计计提比例的合理性。

c. 企业本年度对某些金额较大的应收款项不计提坏账准备，或计提坏账准备比例较低（一般为 5%或低于 5%）的理由。

d. 本年度实际冲销的应收款项及其冲销原因，其中，实际冲销的关联交易产生的应收款项应单独披露。

② 存货。应说明存货分类、取得、发出、计价以及低值易耗品和包装物的摊销方法；说明企业计提存货跌价准备的方法以及存货可变现净值的确定依据。

③ 投资。应说明短期投资、长期投资的计价及核算方法；说明股权投资差额的摊销方法、债券投资溢价和折价的摊销方法；说明当年提取的短期投资与长期投资减值准备的计提方法。

④ 固定资产。应说明固定资产的标准、分类、计价方法和折旧方法，各类固定资产的预计使用年限、预计净残值率和折旧率；说明当年提取的固定资产减值准备的计提方法。

⑤ 在建工程。应说明在建工程的计价以及借款费用资本化的方法；说明当年提取的在建工程

减值准备的计提方法。

⑥ 无形资产和长期待摊费用。应说明计价和摊销方法；说明当年提取的无形资产减值准备的计提方法。

⑦ 收入。应说明收入确认原则。

⑧ 所得税。应说明所得税的会计处理。

（3）重要会计政策和会计估计变更的说明以及重大会计差错更正的说明。

① 会计政策变更的内容和理由。

② 会计政策变更的影响数。

③ 累积影响数不能合理确定的理由。

④ 会计估计变更的内容和理由。

⑤ 会计估计变更的影响数。

⑥ 会计估计变更的影响数不能合理确定的理由。

⑦ 重大会计差错的内容。

⑧ 重大会计差错的更正金额。

（4）或有负债的类型及其影响。

① 已贴现商业承兑汇票形成的或有负债。

② 未决诉讼、仲裁形成的或有负债。

③ 为其他单位提供债务担保形成的或有负债。

④ 其他或有负债（不包括极小可能导致经济利益流出企业的或有负债）。

⑤ 或有负债预计产生的财务影响（如无法预计，应说明理由）。

⑥ 或有负债获得补偿的可能性。

⑦ 如果或有资产很可能会给企业带来经济利益时，则应说明其形成的原因及其产生的财务影响。

（5）资产负债表日后事项的说明。应说明股票和债券的发行、对一个企业的巨额投资、自然灾害导致的资产损失以及外汇汇率发生较大变动等非调整事项的内容，估计对财务状况、经营成果的影响；如无法做出估计，应说明其原因。

（6）关联方关系及其交易的说明。

① 存在控制关系的情况下，关联方如为企业时，不论他们之间有无交易，都应说明如下事项。

a. 企业经济性质或类型、名称、法定代表人、注册地、注册资本及其变化；

b. 企业的主营业务；

c. 所持股份或权益及其变化。

② 在企业与关联方发生交易的情况下，应说明关联方关系的性质、交易类型及其交易要素：交易的金额或相应比例；未结算项目的金额或相应比例；定价政策（包括没有金额或只有象征性金额的交易）。

③ 关联方交易应分别关联方以及交易类型予以说明，类型相同的关联方交易，在不影响会计报表使用者正确理解的情况下可以合并说明。

④ 对于关联方交易价格的确定如果高于或低于一般交易价格的，应说明其价格的公允性。

（7）重要资产转让及其出售的说明。

（8）企业合并、分立的说明。

（9）会计报表重要项目的说明。

（10）有助于理解和分析会计报表需要说明的其他事项。

2．财务报表其他资料阅读分析内容

财务报表的其他资料主要是指财务情况说明书。财务情况说明书是对企业基本情况以及企业在一定会计期间内的生产经营、资金周转、利润实现及分配等情况的综合性分析报告，是年度财务会计报告的重要组成部分，是对本年度的经营成果、财务状况等情况进行的总结，以财务指标和相关统计指标为主要依据，运用趋势分析、比率分析和因素分析等方法进行横向、纵向的比较、评价和剖析，以反映企业在经营过程中的利弊得失、财务状况及发展趋势，促进企业的经营管理和业务发展；同时便于财务会计报告使用者了解企业生产经营和财务活动情况，考核评价其经营业绩。

（1）财务情况说明的主要内容如下。

① 生产经营基本情况说明。

② 利润实现、分配及企业亏损情况。

③ 资金增减和周转情况。

④ 实收资本变动情况。

⑤ 预算执行完成情况。

⑥ 经营相对值指标评价。

⑦ 经营的主要风险。

⑧ 对企业财务状况、经营成果和现金流量有重大影响的其他事项。

⑨ 针对本年度经营管理中存在的问题，新年度拟采取的改进管理和提高经营业绩的具体措施，以及业务发展计划。

（2）财务情况说明书的基本表述形式。财务情况说明书以文字说明为主，并可利用各种图表进行分析和说明。

（3）财务情况说明的特殊问题。财务情况说明书应对企业所处的行业及与公司经营业务密切相关的其他行业进行分析，月度财务情况说明书应简要对公司经营、财务状况主要方面进行分析；季度、半年和年度财务报告应按照上述基本内容的要求，进行详细的分析和说明。

3．财务报表的综合阅读分析

对于包括投资人、债权人、管理者在内的许多人来说，必须掌握财务分析的运用技能，特别是对公司内部的管理者，只有掌握这种技能，才能自己诊断公司的症状，开出治疗药方，并能预测其经营活动的财务成果。不完全懂得财务分析的经营者，就好比是个不能得分的球员。

财务分析主要是借助于对资产负债表、利润表、现金流量表的分析来实现对企业经营结果、财务状况总结的目的，前面模块详细对三张报表的内容、分析方法从理论方面进行了阐述，从实务方面我们对这三张报表再认识，以提高财务分析的综合应用。作为报表的使用者，拿到这些报表后，应当明确重点看哪些地方，以便得到报表的什么信息。由于要得到企业的一些深层次的信息，必须结合几个报表的各个项目一起来分析，才能使财务分析的利用效果得到提升。

三、任务实施

（一）计算 M 公司财务分析指标

1. M公司简略利润表如表 6-2 所示。

表 6-2　　　　　　　　M 公司简略利润表　　　　　　　　单位：万元

序　号	项　目	2011 年上半年	2012 年上半年
01	销售收入	42 335	59 176
02	成本总额	38 829	55 067
03	其中：营业成本	34 312	49 772
04	销售费用	2 222	3 196
05	管理费用	1 455	2 051
06	财务费用	399	53
07	投资收益	18	15
08	销售利润	3 524	4 124
09	其他利润	–61	192
10	税前利润	3 463	4 346
11	应交税费	1 188	1 165
12	净利润	2 275	3 182

2. M 公司简略资产负债表如表 6-3 所示。

表 6-3　　　　　　　　M 公司简略资产负债表　　　　　　　　单位：万元

序　号	项　目	2011 年上半年	2012 年上半年
01	流动资产	42 697	51 943
02	固定资产	9 406	18 748
03	其他资产	5 229	6 850
04	资产总计	57 332	77 541
05	流动负债	18 456	33 351
06	长期负债	80	80
07	负债总计	18 536	33 431
08	所有者权益	38 796	44 110

3. 根据上述两表计算 M 公司杜邦财务分析指标如表 6-4 所示。

表 6-4　　　　　　　　M 公司杜邦财务分析指标表

序　号	指标（值）	2011 年上半年	2012 年上半年
01	净资产收益率	5.86%	7.21%
02	权益乘数	1.48	1.76
03	资产负债率	33%	44%
04	总资产净利率	3.97%	4.1%
05	销售净利率	5.37%	5.38%
06	总资产周转率	73.8%	76.3%

从上表分析反映出该公司 2012 年上半年净资产收益率比上年同期增加产品品种 1.35 个百分点，主要得益于 2012 年上半年该公司销售收入及利润总额都大幅增长，资产利用率提高，总资产利用率上升，但同时反映出该公司权益乘数加大，体现出公司负债增加，资产负债率上升，在将来的经营中为了减少

企业风险，应控制资产负债率的上升，从目前指标看，该公司资产负债率在一个合理的水平。

（二）利用杜邦财务分析比率法对 M 公司进行综合分析

根据任务引入部分 M 公司资料和前述计算出来的各项指标等资料，采用杜邦财务比率分析体系，得出分析过程及结果如图 6-4 所示。

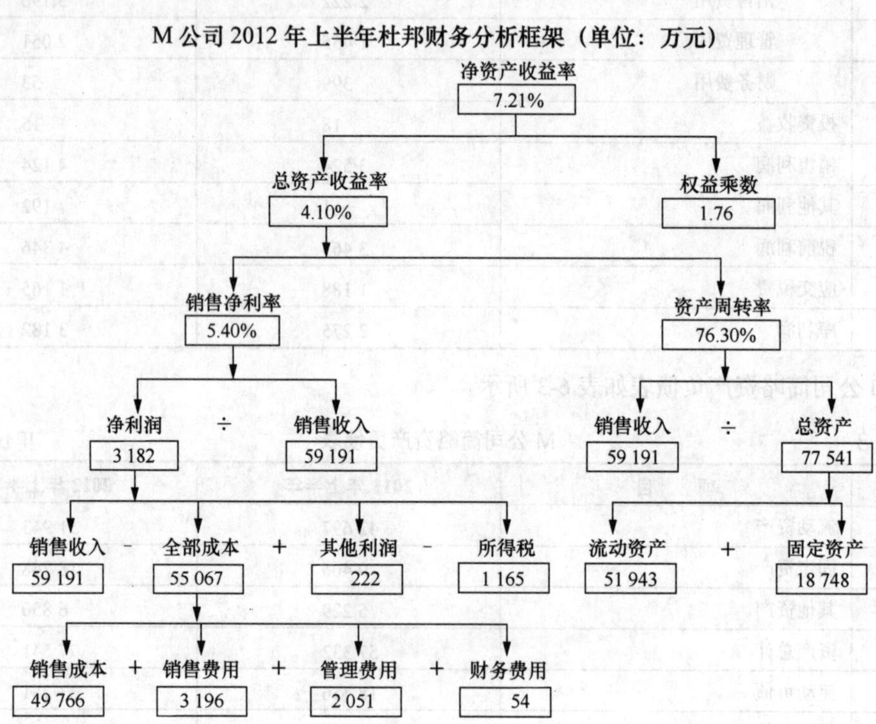

图 6-4　M 公司杜邦财务分析详图

任务二　财务分析报告的编写

一、任务引入

根据给出的 W 公司 2008 年度财务报表体系和其他相关资料编写 W 公司 2008 年度财务分析报告（具体资料和数据见后任务实施部分）。

二、相关知识

（一）财务分析报告的内容和格式

1. 财务分析报告的含义

财务分析报告是在对财务报表和其他资料为依据和起点分析的基础上，对企业过去和现在的经营成果、财务状况及其变动的总结，通过财务分析报告可以了解企业过去的业绩，评价企业现在的表现，预测企业未来的发展趋势，针对经营管理中存在的问题与不足提出改善建议，有助于经营管理者完善管理，提高企业盈利水平，实现可持续发展。

2．财务分析报告的分类

财务分析报告从编写的时间来划分，可分为两种：一是定期分析报告，二是非定期分析报告。定期分析报告又可以分为每日、每周、每旬、每月、每季、每年报告，具体根据公司管理要求而定，有的公司还要进行特定时点分析。

财务报告从编写的内容可划分为3种：一是综合性分析报告，二是专项分析报告，三是项目分析报告。综合性分析报告是对公司整体运营及财务状况的分析评价；专项分析报告是针对公司运营的一部分，如资金流量、销售收入变量的分析；项目分析报告是对公司的局部或一个独立运作项目的分析。

财务分析报告和财务报告的区别

财务报告是会计报表、附注、附表及财务情况说明的综合，侧重对企业过去的经营情况、财务状况披露，供投资者、债权人等了解企业的发展，财务分析报告是通过对企业经营成果与历史同期、预算进行比较，对产生差异原因分析说明，对将来企业的经营成果进行预测，并提出改善建议，作为企业管理经营者的决策依据。财务分析报告是供企业内部管理者使用的管理报告，财务报告是供外部投资者使用的一个公司信息披露文件。所以财务报告和财务分析报告的含义、所起的作用、报告的构成、使用者都不同。

3．财务分析报告的格式

严格地讲，财务分析报告没有固定的格式和体裁，但要求能够反映要点、分析透彻、有实有据、观点鲜明、符合报送对象的要求。一般来说，财务分析报告均应包含以下几个方面的内容：提要段、说明段、分析段、评价段和建议段，即通常说的五段论式。但在实际编写分析报告时要根据具体的目的和要求有所取舍，不一定要囊括这五部分内容。

此外，财务分析报告在表达方式上可以采取一些创新的手法，如可采用文字处理与图表表达相结合的方法，使其易懂、生动、形象。

4．财务分析报告的内容

财务分析报告属于企业内部管理报告，是对企业经营状况、资金运作的综合概括和高度反映，由此决定了财务分析报告的内容一定要有一个清晰的框架和分析思路。财务分析报告的基本内容应反映企业一定时期的基本财务情况、经营成果、与上年同期及预算对比成绩和产生差异的原因说明、对经营管理中存在的问题分析、改善建议。财务分析报告主要包括下述5项内容。

第一部分提要段，即概括公司综合情况，让财务报告接受者对财务分析说明有一个总括的认识。

第二部分说明段，是对公司运营及财务现状的介绍。该部分要求文字表述恰当、数据引用准确。对经济指标进行说明时可适当运用绝对数、比较数及复合指标数。特别要关注公司当前运作上的重心，对重要事项要单独反映。公司在不同阶段、不同月份的工作重点有所不同，所需要的财务分析重点也不同。如公司正进行新产品的投产、市场开发，则公司各阶层需要对新产品的成本、回款、利润数据进行分析的财务分析报告。

第三部分分析段，是对公司的经营情况进行分析研究。在说明问题的同时还要分析问题，寻找问题的原因和症结，以达到解决问题的目的。财务分析一定要有理有据，要细化分解各项指标，因为有些报表的数据是比较含糊和笼统的，要善于运用表格、图示，突出表达分析的内容。分析问题一定要善于抓住当前要点，多反映公司经营焦点和易于忽视的问题。

第四部分评价段，做出财务说明和分析后，对于经营情况、财务状况、盈利业绩，应该从财务角度给予公正、客观的评价和预测。财务评价不能运用似是而非、可进可退、左右摇摆等不负责任的语言，评价要从正面和负面两方面进行，评价既可以单独分段进行，也可以将评价内容穿插在说明部分和分析部分。

第五部分建议段，即财务人员在对经营运作、投资决策进行分析后形成的意见和看法，特别是对运作过程中存在的问题所提出的改进建议。值得注意的是，财务分析报告中提出的建议不能太抽象，而要具体化，最好有一套切实可行的方案。

（二）财务分析报告的编写要求和方法

1. 撰写财务分析报告的基本要求

（1）要以阅读者及报告分析的范围为导向编写财务分析报告。报告阅读对象不同，报告的写作应因人而异。例如，提供给财务部领导可以专业化一些，而提供给其他部门领导尤其对本专业相当陌生的领导的报告则要力求通俗一些；同时提供给不同层次阅读对象的分析报告，则要求分析人员在写作时准确把握好报告的框架结构和分析层次，以满足不同阅读者的需要。

（2）财务分析报告是为企业经营管理服务的，因此必须了解阅读者的信息需求，充分领会管理者所需要的信息是什么，如果不了解编写财务分析报告的目的，提供的财务分析报告虽然内容很多，篇幅也很长，但从中可利用的信息太少，对改善管理没有起到促进作用。

（3）财务分析报告一定要与公司经营业务紧密结合，深刻领会财务数据背后的业务背景，切实揭示业务过程中存在的问题。财务人员在做分析报告时，由于不了解业务，往往闭门造车，并由此陷入“就数据论数据”的被动局面，得出来的分析结论也就常常令人啼笑皆非。因此，有必要强调的一点是，各种财务数据并不仅仅是通常意义上数字的简单拼凑和加总，每一个财务数据背后都寓示着会计要素项目非常生动的增减变化，如费用的发生、负债的偿还等。财务分析人员通过对业务的了解和明察，并具备对财务数据敏感性的职业判断，即可判断经济业务发生的合理性、合规性，由此写出来的分析报告也就能真正为业务部门提供有用的决策信息。财务数据毕竟只是一个中介（是对各样业务的如实反映，或称之为对业务的映射），因而财务数据为对象的分析报告就数据论数据，报告的重要质量特征“相关性”受挫，对决策的“有用性”自然就难以谈起。

（4）对公司管理、经营、销售等政策尤其是近期来公司大的方针政策有一个准确的把握，在吃透公司政策精神的前提下，在分析中还应尽可能地立足当前，瞄准未来，以使分析报告发挥导航器作用。

（5）观点明确。财务人员在平时的工作当中，应多一点了解国家宏观经济环境尤其是尽可能捕捉、搜集同行业竞争对手资料。因为，公司最终面对的是复杂多变的市场，在这个大市场里，任何宏观经济环境的变化或行业竞争对手政策的改变都会或多或少地影响着公司的竞争力甚至决定着公司的命运。

（6）客观公正，用事实说明问题，勿轻易下结论。财务分析人员在报告中的所有结论性词语对报告阅读者的影响相当之大，如果财务人员在分析中草率地下结论，很可能形成误导。如目前在国内许多公司里核算还不规范，费用的实际发生期与报销期往往不一致，如果财务分析人员不了解核算的时滞差，则很容易得出错误的结论。

（7）财务分析报告清楚，文字简练，行文要尽可能流畅、通顺、简明、精练，避免口语化、冗长化。

（8）财务分析报告要遵循发现差异——分析原因——提出建议措施的写作步骤。撰写财务分析报告的根本目的不仅仅是停留在反映问题、揭示问题上，而是要通过对问题的深入分析，提出合理可行的解决办法，真正担负起"财务参谋"的重要角色，只有这样才能提高财务分析报告的有用性。

2．撰写财务分析报告应做好的日常工作

（1）积累素材，为撰写报告做好准备。

① 建立台账和数据库。通过会计核算形成了会计凭证、会计账簿和会计报表。但是编写财务分析报告仅靠这些凭证、账簿、报表的数据往往是不够的。例如，在分析销售费用与营业收入的比率增长原因时，往往需要分析不同区域、不同商品、不同责任人实现的收入与费用的关系，但这些数据不能从账簿中直接得到。这就要求分析人员平时就做大量的数据统计工作，对分析的项目按性质、用途、类别、区域、责任人，按月度、季度、年度进行统计，建立台账，以便在编写财务分析报告时有据可查。

② 关注重要事项。财务人员对经营运行、财务状况中的重大变动事项要勤于做笔录，记载事项发生的时间、计划、预算、责任人及发生变化的各影响因素。必要时马上做出分析判断，并将各类各部门的文件归类归档。

③ 关注经营运行。财务人员应尽可能争取多参加相关会议，了解生产、质量、市场、行政、投资、融资等各类情况。参加会议，听取各方面意见，有利于财务分析和评价。

④ 定期收集报表。财务人员除收集会计核算方面的有些数据之外，还应要求公司各相关部门（生产、采购、市场等）及时提交可利用的其他报表，对这些报表要认真审阅、及时发现问题、总结问题，养成多思考、多研究的习惯。

⑤ 岗位分析。大多数企业财务分析工作往往由财务经理来完成，但报告素材要靠每个岗位的财务人员提供。因此，应要求所有财务人员对本职工作养成分析的习惯，这样既可以提升个人素质，也有利于各岗位之间相互借鉴经验。只有每一岗位都发现问题、分析问题，才能编写出内容全面的、有深度的财务分析报告。

（2）建立财务分析报告指引。财务分析报告尽管没有固定格式，表现手法也不一致，但并非无规律可循。如果建立分析工作指引，将常规分析项目文字化、规范化、制度化，建立诸如现金流量、销售回款、生产成本、采购成本变动等一系列的分析说明指引，就可以达到事半功倍的效果。

（3）财务分析的关建在于将财务报表及其他相关资料所提供的数据进行数量、百分比及比率等形式的比较，予以量化。财务报表应当依据流动性、营运性及获利性来进行分析。

要确定公司已发生的主要变化就要分析连续的财务报表。如通过资产负债表的分析比较，可以反映出企业在资产以及负债和所有者权益方面的主要变化。资产的增加是资金的运用，需要提供资金；而负债和所有者权益的增加则是资金的来源，为获取资产提供资金。

三、任务实施

企业的财务分析报告按编写的时间范围分为年度分析报告和中期财务分析报告两大类。大多数企业的中期财务分析报告主要为半年度和季度分析报告两种。但对于一些财务分析人员力量比较充足的大中型企业根据管理要求也可按月编写简要的财务分析报告。下面列举的W公司财务分析报告即是根据每月的财务报表及其他相关经营数据资料等按月编写的。虽然每月工作量较大，但能及时满足企业管理层对经营活动的决策和控制需要。

财务分析报告编写应用举例如下。

W公司2008年12月财务分析报告

（一）实现利润分析

1．利润总额

2008年12月实现利润为80.62万元，与2008年11月的89.48万元相比有所下降，下降9.90%。实现利润主要来自于内部经营业务，公司盈利基础比较可靠。该公司实现利润变化图如图6-5所示。

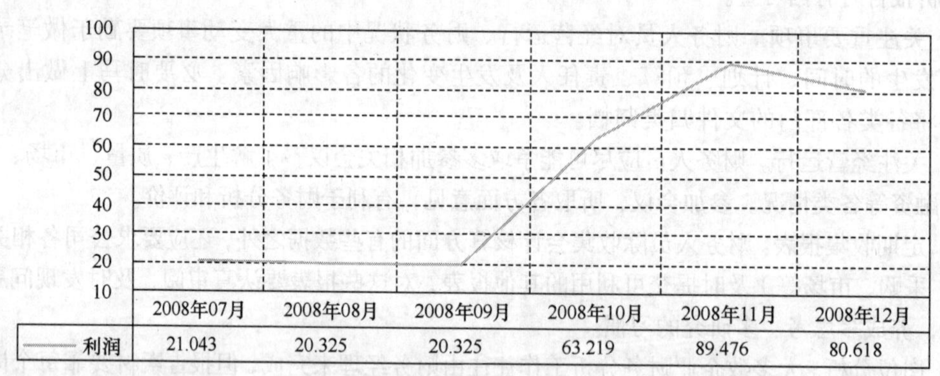

图6-5　W公司实现利润变化图

2．主营业务的盈利能力

2008年12月主营业务收入净额为973.41万元，与2008年11月的864.37万元相比有较大增长，增长12.61%。从主营业务收入和成本的变化情况来看，2008年12月的主营业务收入净额为973.41万元，比2008年11月的864.37万元有所增长，增长12.61%，主营业务成本为838.41万元，比2008年11月的740.15万元有所增加，增加13.27%，主营业务收入和主营业务成本同时增长，但主营业务成本增长幅度大于主营业务收入，表明公司主营业务盈利能力下降。该公司实现利润增减情况表如表6-5所示。

表 6-5　实现利润增减情况表

项目名称	2008 年 12 月		2008 年 11 月		2008 年 10 月	
	数值（万元）	增长率（%）	数值（万元）	增长率（%）	数值（万元）	增长率（%）
销售收入	973.41	12.61	864.37	10.14	784.79	0.00
实现利润	80.62	−9.90	89.48	41.53	63.22	0.00
营业利润	80.62	−9.90	89.48	41.53	63.22	0.00
投资收益	0.00	0.00	0.00	0.00	0.00	0.00
营业外利润	0.00	0.00	0.00	0.00	0.00	0.00
补贴收入	0.00	0.00	0.00	0.00	0.00	0.00

3．利润真实性判断

从报表数据来看，公司销售收入主要是现金收入，收入质量是可靠的。公司的实现利润主要来自于营业利润。W 公司销售收入变化图如图 6-6 所示。

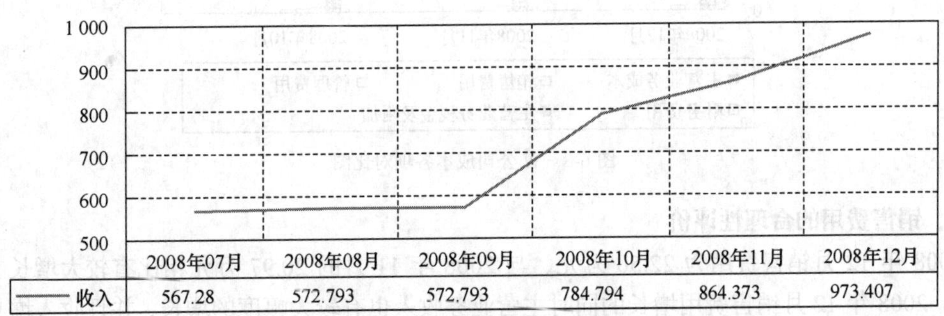

图 6-6　W 公司销售收入变化图

在市场份额迅速扩大的情况下，营业利润却有所下降，公司应注意在市场销售业绩迅速上升背后所隐藏的经营压力和风险。

（二）成本费用分析

1．成本构成情况

2008 年 12 月 W 公司成本费用总额为 893.55 万元，其中：主营业务成本为 838.41 万元，占成本总额的 93.83%；销售费用为 22.50 万元，占成本总额的 2.52%；管理费用为 29.31 万元，占成本总额的 3.28%；财务费用为 3.32 万元，占成本总额的 0.37%。W 公司的成本构成图如图 6-7 所示。列表如表 6-6 所示。成本各项对比图如图 6-8 所示。

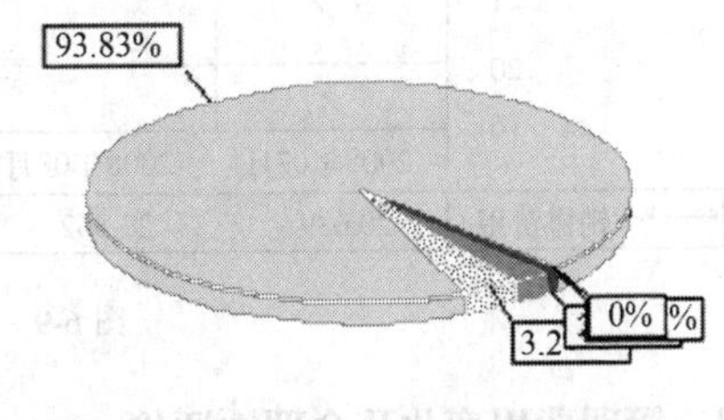

图 6-7　W 公司的成本构成图

表 6-6 成本构成表（占成本费用总额的比例）

项目名称	2008 年 12 月		2008 年 11 月		2008 年 10 月	
	数值（万元）	百分比（%）	数值（万元）	百分比（%）	数值（万元）	百分比（%）
成本费用总额	893.55	100.00	793.01	100.00	721.84	100.00
主营业务成本	838.41	93.83	740.15	93.33	666.24	92.30
销售费用	22.50	2.52	20.97	2.64	19.80	2.74
管理费用	29.31	3.28	23.88	3.01	21.22	2.94
财务费用	3.32	0.37	8.01	1.01	14.58	2.02
营业税金及附加	0.00	0.00	0.00	0.00	0.00	0.00

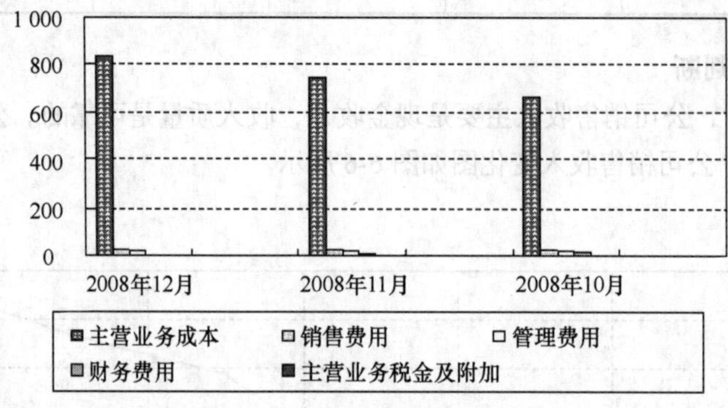

图 6-8 W 公司成本各项对比图

2．销售费用的合理性评价

2008 年 12 月销售费用为 22.50 万元，与 2008 年 11 月的 20.97 万元相比有较大增长，增长 7.31%。2008 年 12 月销售费用增长的同时主营业务收入也有较大幅度的增长，并且收入增长快于投入的增长，公司销售活动取得了良好效果。W 公司销售费用变化图如图 6-9 所示。

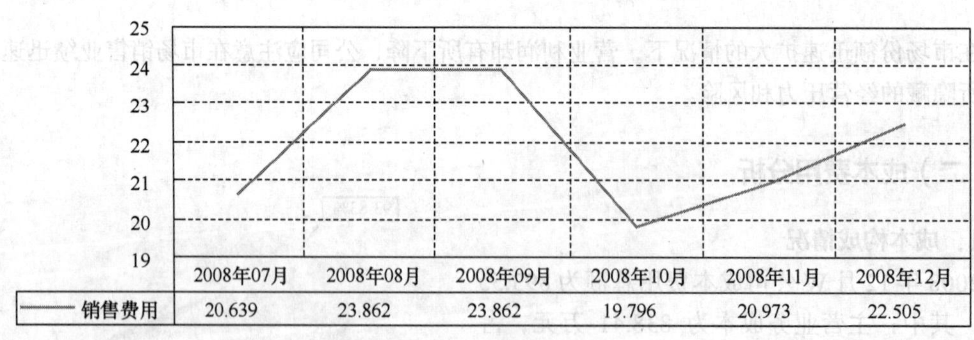

图 6-9 W 公司销售费用变化图

3．管理费用变化及合理性评价

2008 年 12 月管理费用为 29.31 万元，与 2008 年 11 月的 23.88 万元相比有较大增长，增长 22.74%。2008 年 12 月管理费用占销售收入的比例为 3.01%，与 2008 年 11 月的 2.76%相比变化不大。管理费用与销售收入同步增长，但销售利润却大幅度下降，要注意提高管理费用支出的效率。W 公司管理费用变化图如图 6-10 所示。

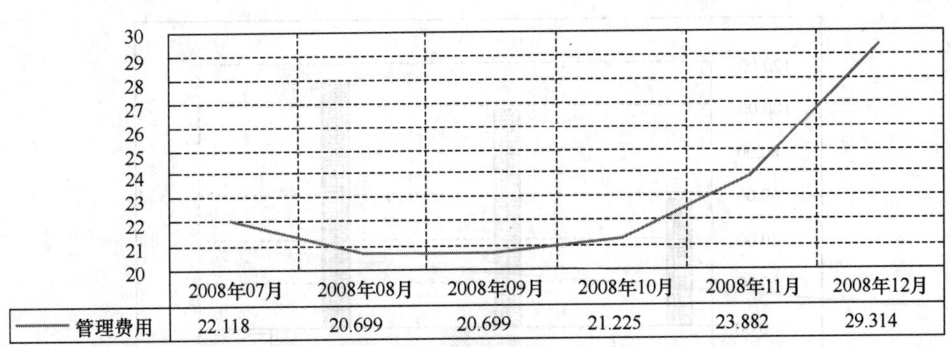

图 6-10　W 公司管理费用变化图

（三）资产结构分析

1．资产构成

W 公司 2008 年 12 月资产总额为 10 582.94 万元，其中流动资产为 8 688.89 万元，主要分布在存货、其他应收款、货币资金等环节，分别占公司流动资产合计的 48.77%、36.09%和 8.25%。非流动资产为 1 894.05 万元，主要分布在长期股权投资和长期债权投资，分别占公司非流动资产的 0.00%、0.00%。W 公司资产构成图如图 6-11 所示，资产构成各项对比图如图 6-12 所示，资产构成各项增量对比图如图 6-13 所示。W 公司资产各项增量表如表 6-7 所示，资产构成表如表 6-8 所示。

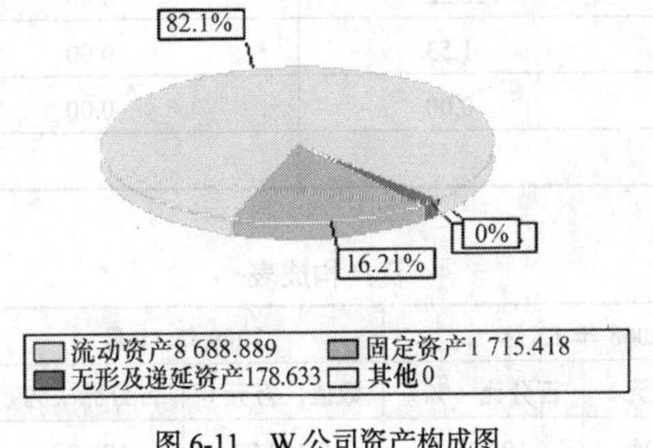

图 6-11　W 公司资产构成图

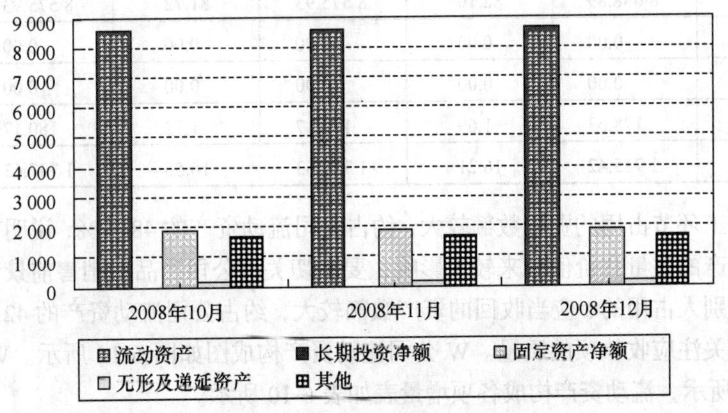

图 6-12　W 公司资产构成各项对比图

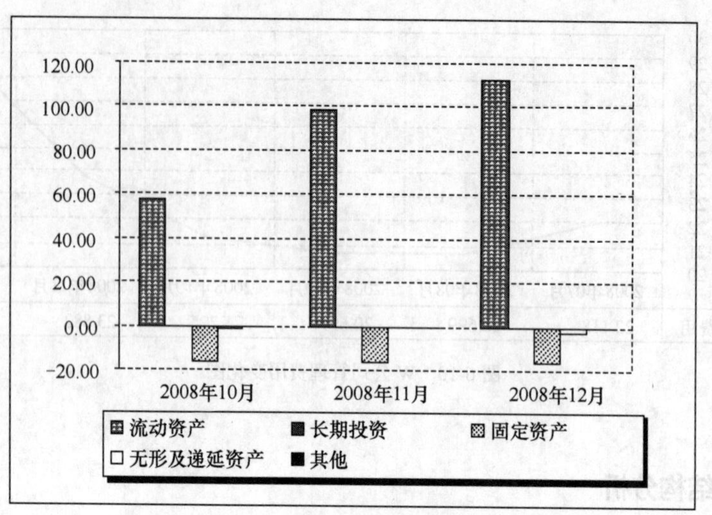

图 6-13　资产构成各项增量对比图

表 6-7　　　　资产构成各项增量表

项目名称	2008 年 12 月	2008 年 11 月	2008 年 10 月
流动资产	112.96	0.00	95.58
长期投资	0.00	0.00	0.00
固定资产	−22.22	0.00	−16.19
无形及递延资产	−1.53	0.00	−0.77
其他	0.00	0.00	0.00

表 6-8　　　　资产构成表

项目名称	2008 年 12 月		2009 年 11 月		2008 年 10 月	
	数值（万元）	百分比（%）	数值（万元）	百分比（%）	数值（万元）	百分比（%）
总资产	10 582.94	100.00	10 493.73	100.00	10 493.73	100.00
流动资产	8 688.89	82.10	8 575.93	81.72	8 575.93	81.72
长期投资净额	0.00	0.00	0.00	0.00	0.00	0.00
固定资产净额	0.00	0.00	0.00	0.00	0.00	0.00
无形及递延资产	178.63	1.69	180.17	1.72	180.17	1.72
其他	1 715.42	16.21	1 737.63	16.56	1 737.63	16.56

公司生产加工环节占用的资金数额较大，约占公司流动资产的 48.77%，说明市场销售情况的变化会对公司资产的质量和价值带来较大影响，要密切关注公司产品的销售前景和增值能力。公司流动资产中被别人占用的、应当收回的资产数额较大，约占公司流动资产的 42.94%，应当加强应收款项管理，关注应收款项的质量。W 公司流动资产构成图如图 6-14 所示。W 公司流动资产构成表如表 6-9 所示，流动资产构成各项增量表如表 6-10 所示。

从资产构成来看，公司流动资产所占比例较高，流动资产的质量和周转效率对公司的经营状况起决定性作用。

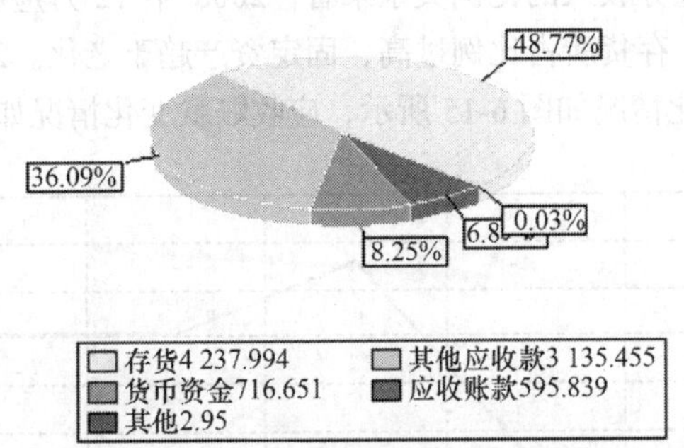

图 6-14　W 公司流动资产构成图

表 6-9　流动资产构成表

项目名称	2008 年 12 月		2008 年 11 月		2008 年 10 月	
	数值（万元）	百分比（%）	数值（万元）	百分比（%）	数值（万元）	百分比（%）
流动资产	8 688.89	100.00	8 575.93	100.00	8 575.93	100.00
存货	4 237.99	48.77	4 208.40	49.07	4 208.40	49.07
应收账款	595.84	6.86	635.19	7.41	635.19	7.41
其他应收款	3 135.45	36.09	2 701.67	31.50	2 701.67	31.50
交易性金融资产	0.00	0.00	0.00	0.00	0.00	0.00
应收票据	0.00	0.00	80.00	0.93	80.00	0.93
货币资金	716.65	8.25	912.87	10.64	912.87	10.64

表 6-10　流动资产构成各项增量表

项目名称	2005 年 12 月	2005 年 11 月	2005 年 10 月
存货	29.60	0.00	−147.79
应收账款	−39.36	0.00	−64.99
其他应收款	433.79	0.00	−2.61
交易性金融资产	0.00	0.00	0.00
应收票据	0.00	0.00	0.00
货币资金	−196.22	0.00	214.11
其他	−114.85	0.00	96.85

2．资产的增减变化

2008 年 12 月总资产为 10 582.94 万元，与 2008 年 11 月的 10 493.73 万元相比变化不大，变化幅度为 0.85%。具体来说，以下项目的变动使资产总额增加：其他应收款增加 433.79 万元；存货增加 29.60 万元；共计增加 463.39 万元，以下项目的变动使资产总额减少：预付待摊费用减少 34.85 万元；应收账款减少 39.36 万元；应收票据减少 80.00 万元；货币资金减少 196.22 万元；共计减少 350.42 万元，增加项与减少项相抵，使资产总额增长 112.96 万元。

3．资产结构的合理性评价

从资产各项目与主营业务收入的比例关系来看，2008 年 12 月应收账款所占比例基本合理，其他应收款所占比例过高，存货所占比例过高，固定资产趋于老化。2008 年 12 月公司资产结构基本合理。W 公司存货变化情况如图 6-15 所示，应收账款变化情况如图 6-16 所示。

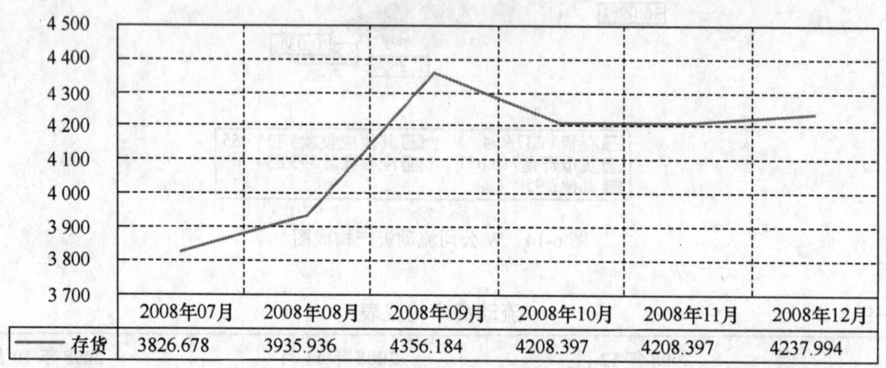

图 6-15　W 公司存货变化图

2008 年 12 月与 2008 年 11 月相比，2008 年 12 月存货占销售收入的比例明显下降，应收账款占销售收入的比例下降，其他应收款增长过快。总体来看，流动资产增长慢于主营业务收入增长，资产的盈利能力没有提高。因此与 2008 年 11 月相比，资产结构趋于恶化。W 公司主要资产项目变化情况如表 6-11 所示。

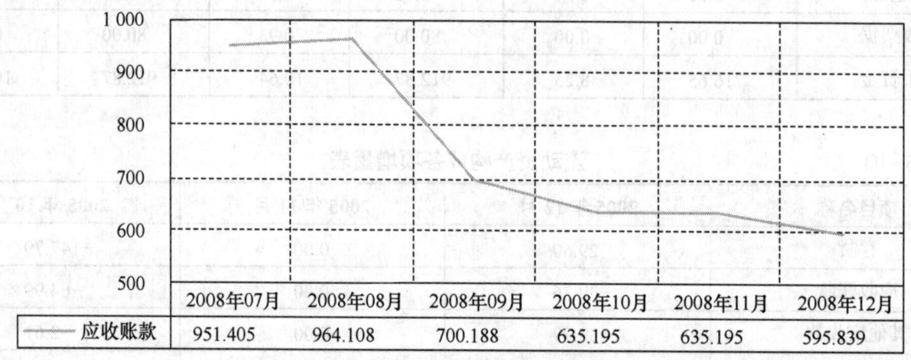

图 6-16　W 公司应收账款变化图

表 6-11　主要资产项目变动情况表

项目名称	2008 年 12 月		2008 年 11 月		2008 年 10 月	
	数值（万元）	增长率（%）	数值（万元）	增长率（%）	数值（万元）	增长率（%）
流动资产	8 688.89	1.32	8 575.93	0.00	8 575.93	0.00
长期股权投资	0.00	0.00	0.00	0.00	0.00	0.00
固定资产	0.00	0.00	0.00	0.00	0.00	0.00
存货	4 237.99	0.70	4 208.40	0.00	4 208.40	0.00
应收账款	595.84	–6.20	635.19	0.00	635.19	0.00
货币性资产	716.65	–27.82	992.87	0.00	992.87	0.00

（四）偿债能力分析

1．短期偿债能力

从支付能力来看，W公司2008年12月的日常现金支付资金比较紧张，主要依靠短期借款。从发展角度来看，按照当前资产的周转速度和盈利水平，W公司短期债务的偿还没有充足的资金保证，需要依靠借新债还旧债。从变化情况来看，2008年12月流动比率为1.42，与2008年11月的1.39相比变化不大。2008年12月速动比率为0.73，与2008年11月的0.70相比变化不大。W公司的流动比率及速动比率情况分析见图6-17和图6-18。

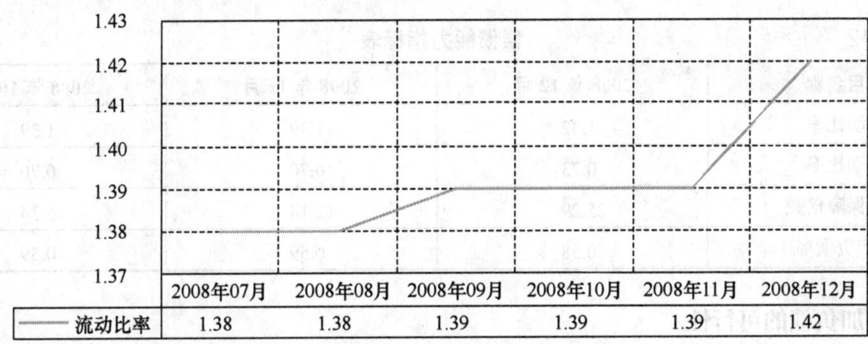

图6-17 W公司流动比率

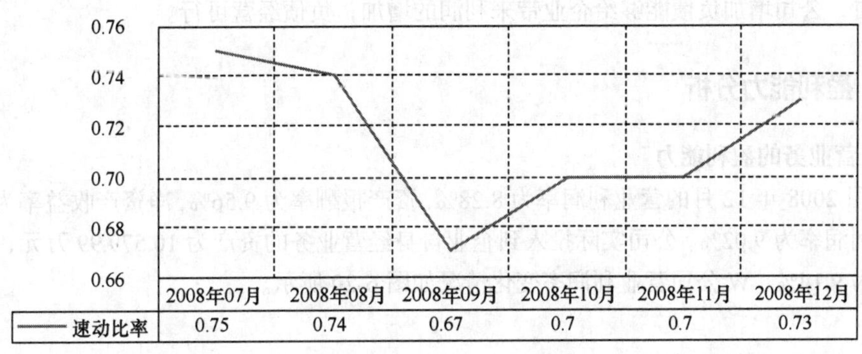

图6-18 W公司速动比率

公司短期偿债能力提高，这是由公司流动资产周转速度加快、经营活动创造的现金净流量增加引起的，是可靠的。

2．还本付息能力

从短期来看，公司经营活动的资金主要依靠短期借款，短期来看全部偿还短期债务本息会有一定困难。从盈利情况来看，公司盈利对利息的保障倍数为25.29倍。从实现利润和利息的关系来看，公司盈利能力较强，利息支付有保证。W公司资产负债率变化情况如图6-18所示，偿债能力指标情况如表6-12所示。

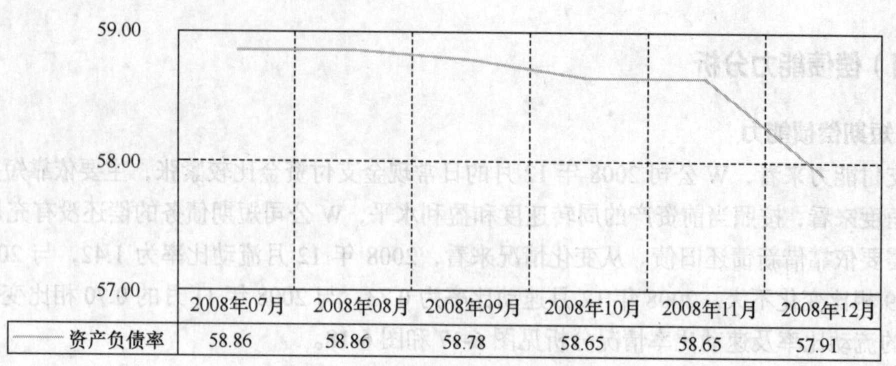

图 6-19 W 公司资产负债率变化图

表 6-12 偿债能力指标表

项目名称	2008 年 12 月	2008 年 11 月	2008 年 10 月
流动比率	1.42	1.39	1.39
速动比率	0.73	0.70	0.70
利息保障倍数	25.29	12.18	5.34
资产负债率	0.58	0.59	0.59

3．增加负债的可行性

从资本结构和资金成本来看，W 公司 2008 年 12 月的付息负债为 3 400.00 万元，实际借款利率水平为 0.10%，公司的财务风险系数为 1.65。从公司当期资本结构、借款利率和盈利水平三者的关系来看，公司增加负债能够给企业带来利润的增加，负债经营可行。

（五）盈利能力分析

1．主营业务的盈利能力

W 公司 2008 年 12 月的营业利润率为 8.28%，资产报酬率为 9.56%，净资产收益率为 13.46%，成本费用利润率为 9.02%。公司实际投入到企业自身经营业务的资产为 10 579.99 万元，经营资产的收益率为 9.14%。W 公司营业利润率变化情况如图 6-20 所示。

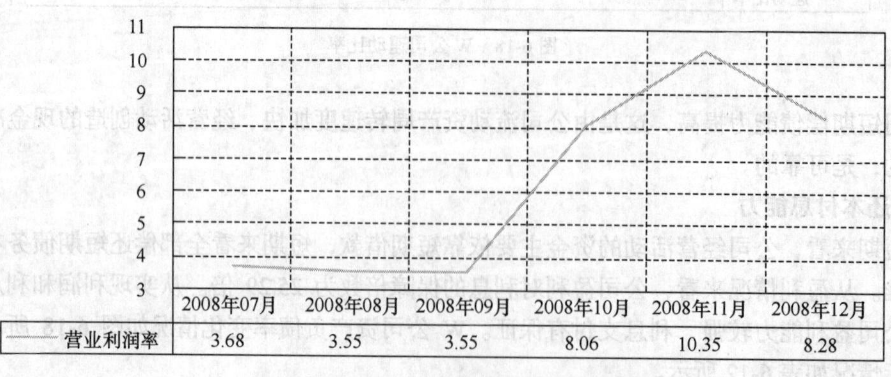

图 6-20 W 公司营业利润率变化情况图

2．内部经营资产和对外长期投资的盈利能力

W 公司 2008 年 12 月内部经营资产的盈利能力为 0.76%，与 2008 年 11 月的 0.86%相比变化不大。对外投资或投资收益为零。

3．净资产收益率

2008 年 12 月净资产收益率为 13.46%，与 2008 年 11 月的 18.06%相比有所降低，降低 4.60 个百分点。W 公司净资产收益率变化情况如图 6-21 所示。

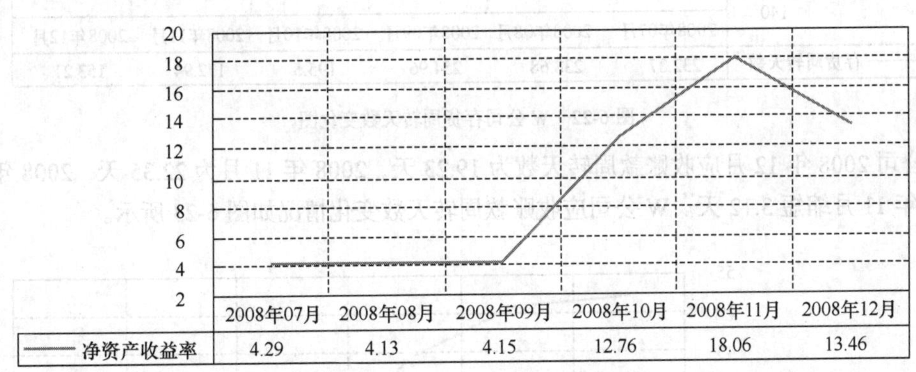

图 6-21 W 公司净资产收益率变化图

4．总资产报酬率

2008 年 12 月总资产报酬率为 9.56%，与 2008 年 11 月的 11.15%相比有所降低，降低 1.59 个百分点。2008 年 12 月总资产报酬率比 2008 年 11 月下降的主要原因是：2008 年 12 月息税前收益为 83.94 万元，与 2008 年 11 月的 97.48 万元相比有较大幅度下降，下降 13.89%。2008 年 12 月平均总资产为 10 538.33 万元，与 2008 年 11 月的 10 493.73 万元相比变化不大，变化幅度为 0.43%。

5．成本费用利润率

2008 年 12 月成本费用利润率为 9.02%，与 2008 年 11 月的 11.28%相比有所降低，降低 2.26 个百分点。2008 年 12 月期间费用投入的经济效益为 146.21%，与 2008 年 11 月的 169.27%相比有较大幅度的降低，降低 23.05 个百分点。

（六）营运能力分析

W 公司 2008 年 12 月存货周转天数为 153.21 天，2008 年 11 月为 172.94 天，2008 年 12 月比 2008 年 11 月缩短 19.73 天。2008 年 12 月存货周转天数比 2008 年 11 月缩短的主要原因是：2008 年 12 月平均存货为 4 223.20 万元，与 2008 年 11 月的 4 208.40 万元相比变化不大，变化幅度为 0.35%。2008 年 12 月主营业务成本为 838.41 万元，与 2008 年 11 月的 740.15 万元相比有较大增长，增长 13.27%。平均存货增加速度慢于主营业务成本的增长速度，致使存货周转天数缩短。收入增长而存货没有多大变化，存货水平未出现不合理增长。W 公司存货周转天数变化情况如图 6-22 所示。

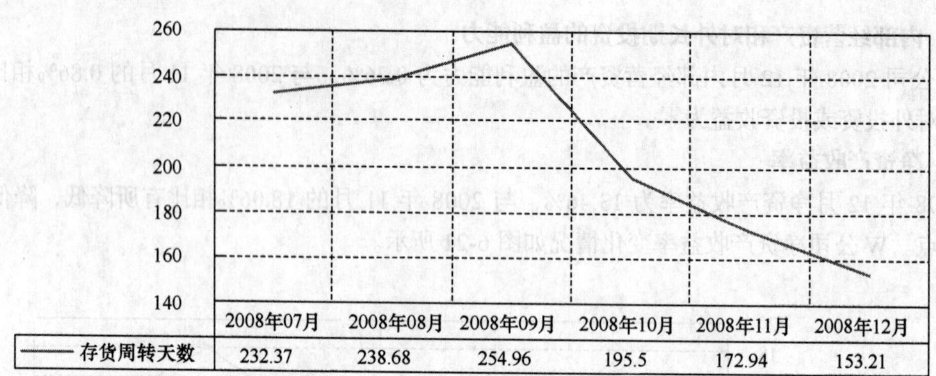

图 6-22 W 公司存货周转天数变化图

W 公司 2008 年 12 月应收账款周转天数为 19.23 天，2008 年 11 月为 22.35 天，2008 年 12 月比 2008 年 11 月缩短 3.12 天。W 公司应收账款周转天数变化情况如图 6-23 所示。

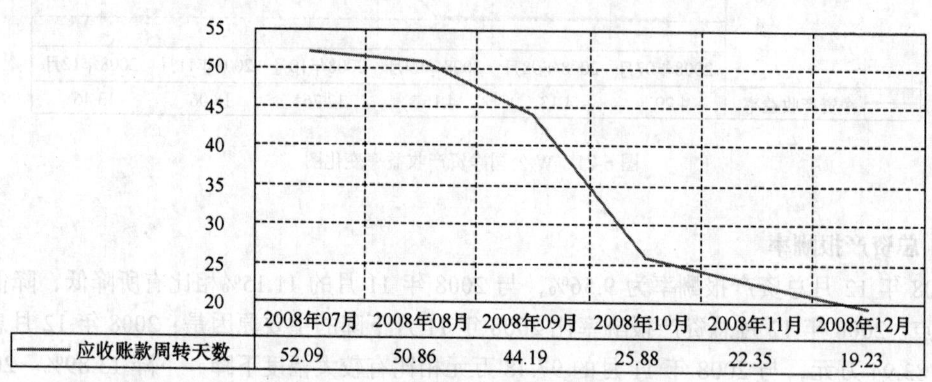

图 6-23 W 公司应收账款周转天数变化图

W 公司 2008 年 12 月应付账款周转天数为 0.00 天，2008 年 11 月为 0.00 天，如图 6-24 所示。

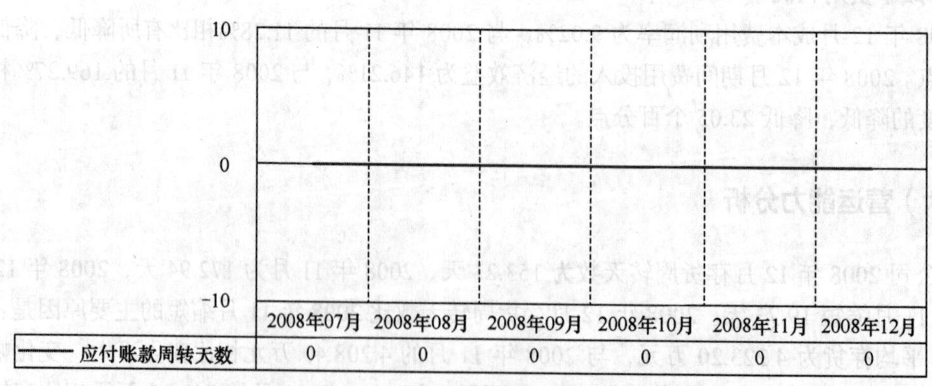

图 6-24 W 公司应付账款周转天数变化图

W 公司 2008 年 12 月现金周转天数为 172.45 天，2008 年 11 月为 195.30 天，2008 年 12 月比 2008 年 11 月缩短 22.85 天。

W 公司 2008 年 12 月营业周期为 172.45 天，2008 年 11 月为 195.30 天，2008 年 12 月比 2008

年 1 月缩短 22.85 天。从存货、应收账款、应付账款三者占用资金数量及其周转速度的关系来看，公司经营活动的资金占用有较大幅度的下降，营运能力明显提高。W 公司营业周期变化情况如图 6-25 所示，营运能力指标如表 6-13 所示。

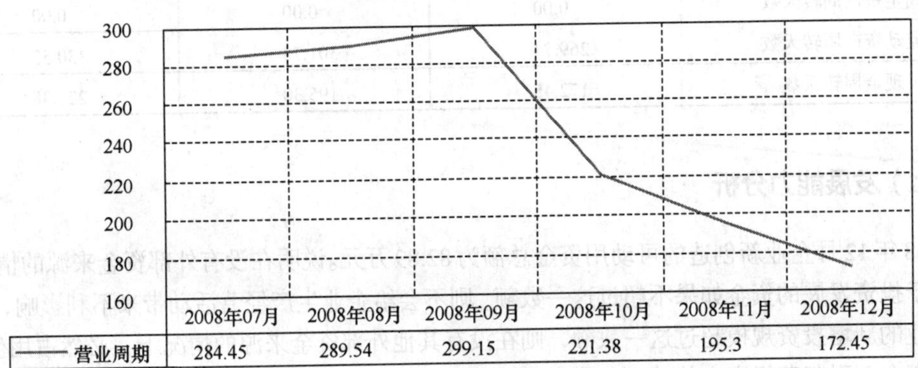

图 6-25 W 公司营业周期变化图

表 6-13

营运能力指标表

项目名称	2008 年 12 月	2008 年 11 月	2008 年 10 月
存货周转天数	153.21	172.94	195.50
应收账款周转天数	19.23	22.35	25.88
应付账款周转天数	0.00	0.00	0.00
营业周期	172.45	195.30	221.38

2008 年 2 月流动资产周转天数比 2008 年 11 月缩短的主要原因是：2008 年 12 月流动资产为 8 632.41 万元，与 2008 年 11 月的 8 575.93 万元相比变化不大，变化幅度为 0.66%。2008 年 12 月主营业务收入为 973.41 万元，与 2008 年 11 月的 864.37 万元相比有较大增长，增长 12.61%。流动资产增加速度慢于主营业务收入的增长速度，致使流动资产周转天数缩短。

W 公司 2008 年 12 月总资产周转次数为 1.11 次，比 2008 年 11 月周转速度加快，周转天数从 369.27 天缩短到 329.30 天。如图 6-25 所示。公司在资产规模增长的同时，使主营业务收入有较大幅度增长，表明公司经营业务有较大幅度的扩张，总资产周转速度有较大幅度的提高。W 公司资产周转速度情况如表 6-14 所示。

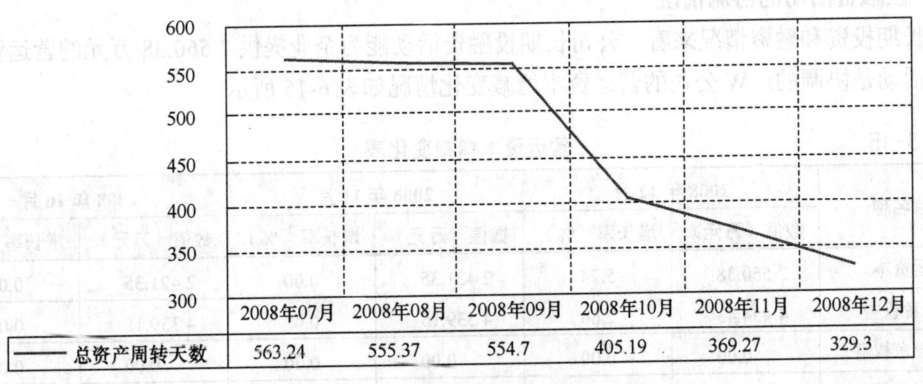

图 6-26 W 公司总资产周转天数变化图

表 6-14　　资产周转速度表

项目名称	2008 年 12 月	2008 年 11 月	2008 年 10 月
总资产周转天数	329.30	369.27	405.19
固定资产周转天数	0.00	0.00	0.00
流动资产周转天数	269.74	301.78	330.53
现金周转天数	172.45	195.30	221.38

（七）发展能力分析

2008 年 12 月企业新创造的可动用资金总额为 82.89 万元。说明在没有外部资金来源的情况下，企业用于投资发展的资金如果不超过这一数额，则不会给企业生产经营活动带来不利影响，反之，如果企业的新增投资规模超过这一数额，则在没有其他外部资金来源的情况下，必然占用生产经营活动资金，引起营运资本的减少，将会引起经营活动的资金紧张。在加速企业流动资产周转速度方面，如果使公司流动资产周转速度提高 0.05 次，则使流动资产占用缩短 9.61 天，由此而节约资金 307.61 万元，可用于企业今后发展。如图 6-27 所示。

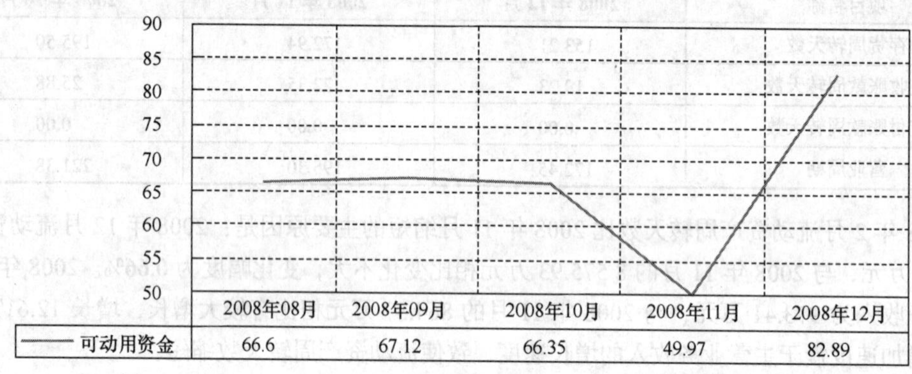

图 6-27　W 公司可动用资金变化表

（八）经营协调性分析

1．投融资活动的协调情况

从长期投资和融资情况来看，公司长期投融资活动能为企业提供 2 560.38 万元的营运资本，投融资活动是协调的。W 公司的营运资本增减变化情况如表 6-15 所示。

表 6-15　　营运资本增减变化表

项目名称	2008 年 12 月		2008 年 11 月		2008 年 10 月	
	数值（万元）	增长率（%）	数值（万元）	增长率（%）	数值（万元）	增长率（%）
营运资本	2 560.38	5.74	2 421.35	0.00	2 421.35	0.00
所有者权益	4 454.43	2.66	4 339.15	0.00	4 339.15	0.00
少数股东权益	0.00	0.00	0.00	0.00	0.00	0.00
长期负债	0.00	0.00	0.00	0.00	0.00	0.00

续表

项目名称	2008 年 12 月		2008 年 11 月		2008 年 10 月	
	数值（万元）	增长率（%）	数值（万元）	增长率（%）	数值（万元）	增长率（%）
固定资产	0.00	0.00	0.00	0.00	0.00	0.00
长期投资	0.00	0.00	0.00	0.00	0.00	0.00
其他长期资产	0.00	0.00	0.00	0.00	0.00	0.00

2．营运资本变化情况

2008 年 12 月营运资本为 2 560.38 万元，与 2008 年 11 月的 2 421.35 万元相比有所增长，增长 5.74%。企业经营规模扩大，经营活动的资金占用也迅速增加，致使资金紧张状况加剧。W 公司营运资本变化情况如图 6-28 所示。

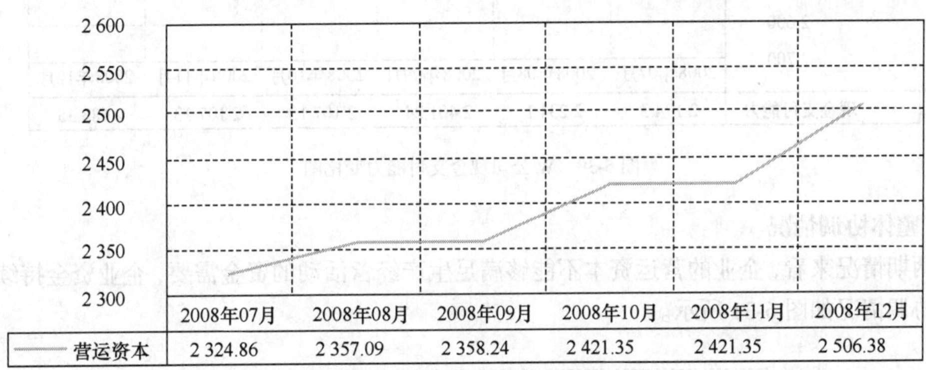

图 6-28　W 公司营运资本变化图

3．经营协调性及现金支付能力

从公司经营业务的资金协调情况来看，公司经营业务正常开展，需要企业提供 5 243.73 万元的流动资金。但公司投融资活动没有为企业经营活动提供足够的资金保证，经营活动是不协调的。

4．营运资金需求的变化

2008 年 12 月营运资金需求为 5 243.73 万元，与 2008 年 11 月的 4 528.47 万元相比有较大增长，增长 15.79%。如图 6-29 所示。营运资金占用大幅度上升，销售收入也在增长，经营活动管理效率有待提高。

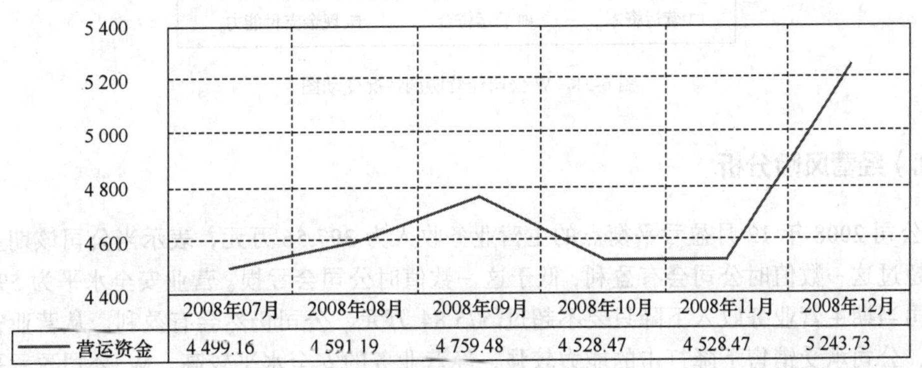

图 6-29　W 公司营运资金变化图

5．现金支付情况

从企业的现金支付能力来看，企业当期生产经营活动的开展，需要 5 243.73 万元的流动资金，企业通过长期性投融资活动准备了 2 560.38 万元的营运资金，但这部分资金不能满足企业经营活动的资金的需求，结果出现了支付困难，现金支付能力为−2 683.35 万元，即企业的支付能力主要依靠短期借款来维持。W 公司现金支付能力变化情况如图 6-30 所示。

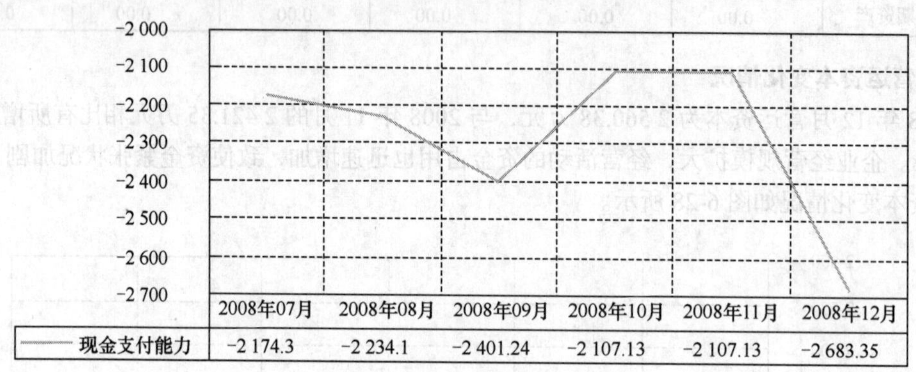

图 6-30　W 公司现金支付能力变化图

6．整体协调情况

从两期情况来看，企业的营运资本不能够满足生产经营活动的资金需要，企业资金持续紧张。其经营协调情况如图 6-31 所示。

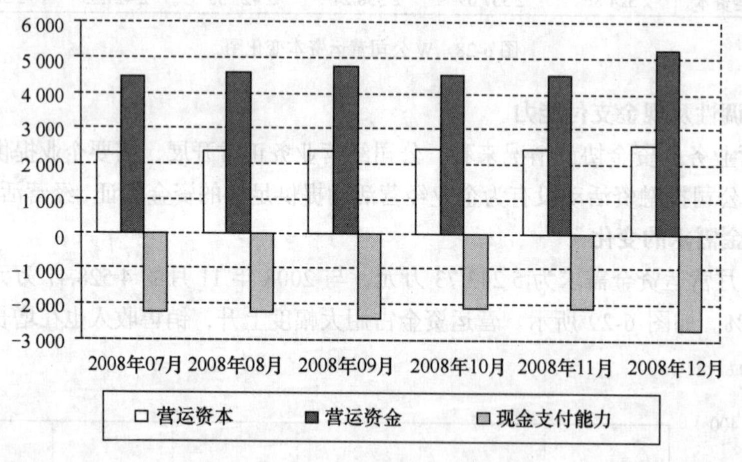

图 6-31　W 公司经营协调情况变动图

（九）经营风险分析

W 公司 2008 年 12 月盈亏平衡点的主营业务收入为 397.56 万元，表示当公司该期主营业务收入超过这一数值时公司会有盈利，低于这一数值时公司会亏损。营业安全水平为 59.16%，表示公司当期主营业务收入下降只要不超过 575.84 万元，公司仍然会有盈利。从营业安全水平来看，公司承受销售下降打击的能力较强，经营业务的安全水平较高。W 公司盈亏平衡点变动情况如图 6-32 所示。

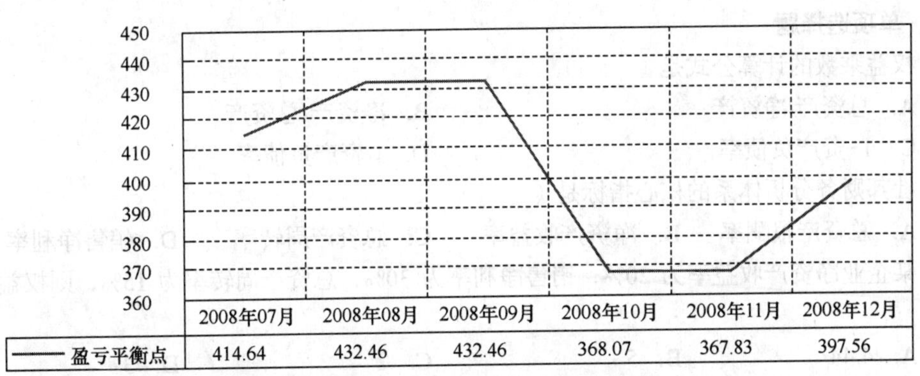

图 6-32　W 公司盈亏平衡点变动图

从资本结构和资金成本来看，W 公司 2008 年 12 月的付息负债为 3 400.00 万元，实际借款利率水平为 0.10%，公司的财务风险系数为 1.65。从公司当期资本结构、借款利率和盈利水平三者的关系来看，公司增加负债能够给企业带来利润的增加，负债经营可行。W 公司经营风险指标情况如表 6-16 所示。

表 6-16　　经营风险指标表

项目名称	2008 年 12 月		2008 年 11 月		2008 年 10 月	
	数值（万元）	增长率（%）	数值（万元）	增长率（%）	数值（万元）	增长率（%）
盈亏平衡点	397.56	8.08	367.83	−0.07	368.07	0.00
营业安全水平	0.59	2.98	0.57	8.19	0.53	0.00
经营风险系数	1.62	10.77	1.46	−4.40	1.53	0.00
财务风险系数	1.69	7.62	1.57	12.96	1.39	0.00

小　结

本模块主要介绍了财务报表综合分析和财务分析报告的编写方法，在进行财务报表综合分析时，杜邦财务分体系是所采用的主要方法。本模块通过图解详细介绍了净资产收益率这个综合财务指标的形成过程及相关的分指标，并结合本书贯穿始终的 M 公司 2012 年度的财务报表体系，采用杜邦财务分体系进行具体的计算和分析。在此基础上，以另一会计主体 W 公司 2008 年度的报表数据和经营活动数据介绍了完整的年度财务分析报告的框架结构、主要内容和撰写方法。

课后习题与实训

一、判断题

1. 权益乘数越大，财务杠杆作用就越大。（　　）
2. 偿债能力很强的企业，其盈利能力也很强。（　　）
3. 单项分析具有实务性和实证性，综合分析具有高度的抽象性和概括性。（　　）
4. 影响总资产周转率高低的因素主要是流动资产和非流动资产的结构是否合理。（　　）
5. 财务分析报告与财务会计报告所反映的内容基本相同。（　　）

二、单项选择题

1. 权益乘数的计算公式是（　　）。

A. 总资产/净资产　　B. 净资产/总资产

C. 1-资产负债率　　D. 1/资产负债率

2. 杜邦财务分析体系的核心指标是（　　）。

A. 总资产报酬率　B. 净资产收益率　C. 总资产周转率　D. 销售净利率

3. 某企业净资产收益率为 20%，销售净利率为 30%，总资产周转率为 15%，则权益乘数为（　　）。

A. 4.44　B. 5　C. 2　D. 3

4. 下列指标中，既能反映投资与报酬的关系，又是评价企业资本经营效益的核心指标是（　　）。

A. 总资产报酬率　B. 成本利润率　C. 净资产收益率　D. 资本保值增值率

5.（　　）是分解财务比率的一种综合分析方法。

A. 沃尔评分法　　B. 雷达图法

C. 财务预警分析法　　D. 杜邦财务分析法

三、多项选择题

1. 根据杜邦财务分析体系，影响净资产收益率的因素有（　　）。

A. 权益乘数　B. 销售净利率　C. 总资产周转率　D. 成本利润率

2. 财务报表综合分析的方法主要有（　　）。

A. 杜邦财务分析体系　　B. 沃尔评分法

C. 趋势分析法　　D. 可持续发展财务分析体系

3. 在其他条件不变的情况下，下列业务可能导致总资产周转率上升的有（　　）。

A. 赊购一批原材料　　B. 偿还短期借款本金

C. 计提坏账准备　　D. 用现金购买设备

4. 财务综合分析与单项分析的主要差异有（　　）。

A. 分析的方法不同　　B. 分析的重点和基准不同

C. 分析的目的不同　　D. 服务对象不同

5. 提高企业销售净利率最直接的途径有（　　）。

A. 增强偿债能力　B. 扩大销售收入　C. 降低成本费用　D. 提高发展能力

四、单项实训

1. 国嘉公司 2012 年主营业务收入 8 000 万元，息税前利润总额 4 100 万元，其中利息费用 100 万元，所得税率 25%。该公司 2012 年平均资产总额 10 000 万元，平均负债总额 4 000 万元。

要求：用杜邦财务分析体系计算该公司 2012 年的净资产收益率。

2. 光达股份有限公司 2008 年有关资料如表 6-17 所示。

表 6-17　　财务资料表

项　目	年 初 数	年 末 数	本年数或平均数
存货	7 200	9 600	
流动负债	6 000	8 000	

续表

项 目	年 初 数	年 末 数	本年数或平均数
总资产	15 000	17 000	
流动比率		1.5	
速动比率	0.8		
权益乘数			1.5
流动资产周转次数			4
净利润			2 880

要求：（1）计算流动资产的年初余额、年末余额和平均余额（假定流动资产由速动资产与存货组成）。

（2）计算本年产品销售收入净额和总资产周转率。

（3）计算销售净利率和净资产收益率。

五、综合实训

1. 资料

（1）资产负债表如表 6-18 所示。

表 6-18 资产负债表

编制单位：光明机械厂　　2012 年 12 月 31 日　　单位：元

项 目	期末余额	年初余额	项 目	期末余额	年初余额
流动资产：			流动负债：		
货币资金	1 430 000	2 216 072	短期借款	100 000	100 000
交易性金融资产			交易性金融负债		
应收票据	282 000	570 000	应付票据	350 000	517 000
应收账款	198 000	429 660	应付账款	250 000	153 800
预付款项			预收款项		40 000
应收利息			应付职工薪酬		
其他应收款			应交税费	120 068	211 000
存货	430 000	520 000	应付股利		300 000
一年内到期的非流动资产			其他应付款		
其他流动资产			一年内到期的非流动负债		
			其他流动负债		
流动资产合计	2 340 000	3 735 732	流动负债合计	820 068	1 321 800
非流动资产：			非流动负债：		
可供出售金融资产			长期借款	880 000	1 190 000
持有至到期投资			应付债券		
长期应收款			长期应付款		
长期股权投资	1 300 000	1 480 000	专项应付款		
投资性房地产			预计负债		
固定资产	2 100 000	2 100 000	递延所得税负债		
在建工程		342 000	其他非流动负债		

续表

项　目	期末余额	年初余额	项　目	期末余额	年初余额
工程物资			非流动负债合计	880 000	1 190 000
固定资产清理			负债合计	1 700 068	2 511 800
生产性生物资产			所有者权益（或股东权益）：		
油气资产			实收资本（或股本）	2 000 000	2 000 000
无形资产			资本公积	900 000	900 000
开发支出			减：库存股		
商誉			盈余公积	19 932	301 132
长期待摊费用			未分配利润	1 120 000	1 944 800
递延所得税资产			外币报表折算差额		
其他非流动资产					
非流动资产合计	3 400 000	3 922 000	少数股东权益		
			所有者权益合计	4 039 932	5 145 932
资产合计	5 740 000	7 657 732	负债和所有者权益合计	5 740 000	7 657 732

（2）利润表如表 6-19 所示。

表 6-19　利润表

2012 年

编制单位：光明机械厂　金额单位：元

项　目	本 期 金 额	上 期 金 额
一、营业收入	8 700 000	7 800 000
减：营业成本	6 060 000	5 460 000
营业税金及附加	350 000	36 000
销售费用		
管理费用	360 000	314 040
财务费用	300 000	114 000
资产减值损失		
加：公允价值变动收益（损失以“–”号填列）		
投资收益（损失以“–”号填列）	500 000	60 000
其中：对联营企业和合营企业的投资收益		
汇兑收益（损失以“–”号填列）		
二、营业利润（亏损以“–”号填列）	2 130 000	1 935 960
加：营业外收入		
减：营业外支出	130 000	120 000
三、利润总额（亏损总额以“–”号填列）	2 000 000	1 815 960
减：所得税费用	594 000	582 000
四、净利润（净亏损以“–”号填列）	1 406 000	1 233 960
归属于母公司所有者的净利润		

续表

项　目	本期金额	上期金额
少数股东损益		
五、其他综合收益各项目扣除所得税影响后的净额		
六、综合收益总额		
七、每股收益		
（一）基本每股收益		
（二）稀释每股收益		

（3）假设光明机械厂 2011 年、2012 年经营活动产生的现金流量净额分别为 442 800 元、694 072 元，同期同行业现金债务总额平均为 15%。

（4）假设光明机械厂 2010 年末应收账款余额为 472 500 元，存货余额为 480 000 元，流动资产余额为 3 687 000 元，固定资产净值为 1 980 000 元，各项长期资产余额为 3 265 000 元。

（5）假设光明机械厂本年利息总支出为 350 000 元，2012 年利息总支出为 160 000 元，2012 年的期初资产总额为 6 952 000 元，资本金没有变化。

2. 要求（1）计算 2012 年年初、年末短期偿债能力指标。

（2）计算 2012 年年初、年末长期偿债能力指标。

（3）根据计算结果对光明机械厂的偿债能力进行综合分析。

（4）计算 2011 年、2012 年短期资产的周转率指标。

（5）计算 2011 年、2012 年长期资产的周转率指标。

（6）计算 2011 年、2012 年总资产的周转率指标。

（7）根据计算结果对光明机械厂的营运能力进行综合分析。

（8）计算光明机械厂生产经营获利能力指标。

（9）计算光明机械厂资产获利能力指标。

（10）计算光明机械厂资本金利润率指标。

（11）根据上述结果对光明机械厂获利能力进行综合分析。

（12）综合上述分析内容，编写光明机械厂的财务分析报告。

参考文献

[1] 财政部. 企业会计准则 2006. 北京：经济科学出版社，2006.
[2] 财政部. 企业会计准则——应用指南 2006. 北京：中国财政经济出版社，2006.
[3] 财政部. 企业会计准则——指南讲解 2006. 北京：中国财政经济出版社，2006.
[4] 陈强. 中级财务会计（第二版）. 北京：清华大学出版社，2008.
[5] 刘顺仁. 财报就像一本故事书. 太原：山西出版集团、山西人民出版社，2007.
[6] 张利，周淑芸. 新编财务报表分析（第二版）. 大连：大连理工大学出版社，2008.
[7] 贺志东. 新会计准则下财务报告的列示与披露. 北京：电子工业出版社，2007.